2017年度宁波市社会科学学术著作出版资助项目

青海湖自然保护区旅游生态
足迹测度与动态变化研究

赵莺燕 著

中国社会科学出版社

**图书在版编目（CIP）数据**

青海湖自然保护区旅游生态足迹测度与动态变化研究/赵莺燕
著 . —北京：中国社会科学出版社，2017.7
ISBN 978 - 7 - 5203 - 0981 - 3

Ⅰ . ①青…　Ⅱ . ①赵…　Ⅲ . ①青海湖—自然保护区—旅游业
发展—可持续性发展—研究　Ⅳ . ①F592.744

中国版本图书馆 CIP 数据核字（2017）第 220181 号

| | | |
|---|---|---|
| 出 版 人 | 赵剑英 | |
| 责任编辑 | 刘晓红 | |
| 责任校对 | 周晓东 | |
| 责任印制 | 戴　宽 | |
| 出　　版 | 中国社会科学出版社 | |
| 社　　址 | 北京鼓楼西大街甲 158 号 | |
| 邮　　编 | 100720 | |
| 网　　址 | http：//www. csspw. cn | |
| 发 行 部 | 010 - 84083685 | |
| 门 市 部 | 010 - 84029450 | |
| 经　　销 | 新华书店及其他书店 | |
| 印　　刷 | 北京明恒达印务有限公司 | |
| 装　　订 | 廊坊市广阳区广增装订厂 | |
| 版　　次 | 2017 年 7 月第 1 版 | |
| 印　　次 | 2017 年 7 月第 1 次印刷 | |
| 开　　本 | 710 × 1000　1/16 | |
| 印　　张 | 14.75 | |
| 插　　页 | 2 | |
| 字　　数 | 205 千字 | |
| 定　　价 | 68.00 元 | |

凡购买中国社会科学出版社图书，如有质量问题请与本社营销中心联系调换
电话：010 - 84083683

# 序

2016 年 8 月，习近平总书记在青海考察时强调：生态环境保护和生态文明建设，是我国持续发展最为重要的基础。青海最大的价值在生态、最大的责任在生态、最大的潜力也在生态，必须把生态文明建设放在突出位置来抓，尊重自然、顺应自然、保护自然，筑牢国家生态安全屏障，实现经济效益、社会效益、生态效益相统一。这些论断为青海省实现可持续发展指明了方向。

青海湖国家级自然保护区面积 49.52 万公顷，以高原湿地生态系统和珍稀鸟类为主要保护对象，其丰富多样的湿地生态系统类型和生物资源，被列入了国际重要湿地名录。青海湖自然保护区不仅具有重要的生态地位，同时，在生物多样性保护中也发挥了重要的作用。正是基于此，如何开发利用及保护青海湖自然保护区，实现保护区的可持续发展，成为实现青海省乃至全国生态安全的一个极为重要的现实问题。

生态足迹理论与方法是近几年在国内外研究领域的一个热点问题，而且得到了很好的应用。赵莺燕副教授长期从事青海省可持续发展问题研究，特别是有关生态足迹测度理论与应用方面的研究，并发表了一系列学术论文。近年来，她致力于青海湖自然保护区旅游生态足迹测度方面的研究，《青海湖自然保护区旅游生态足迹测度与动态变化研究》一书就是其研究成果的集成。

该书提出了旅游生态足迹测度的理论基础，并对可持续发展理论、生态经济协调发展理论、生态价值理论、旅游系统协调理论等进行了系统的阐述；在此基础上，剖析了自然保护与旅游发展之间的关系。结合中国的实际情况，对旅游生态足迹模型及应用技术进行了深入解析，并构建了旅游本底生态足迹的计算模型及评价指标体系，同时，对基于"国家公顷"旅游生态足迹模型的关键指标进行了修正，以更好地应用于中国的实际。在对青海湖自然保护区旅游市场发展的环境分析的基础上，利用上述理论模型及方法，对青海湖自然保护区旅游的生态足迹进行了动态分析，同时，评价了青海湖自然保护区旅游经济可持续发展的能力。在此基础上，提出了促进青海湖自然保护区旅游可持续发展的策略。

通过认真阅读该书，得到了很大启发，也丰富了自己的视野，欣喜之余，遂写下以上文字，是为序。

于法稳

2017 年 3 月 21 日

# 前　言

在社会经济发展过程中，旅游也呈现出明显的变化特点，由区域性的群体行为，逐步演变为全域性的群体行为；由一个国家或地区的群体行为，逐步演变为全球性的群体行为。当前，旅游业已经发展成为世界上产业规模最大，发展势头最强劲的产业。在此背景下，中国旅游业呈现出持续高速发展的态势，旅游消费需求，特别是生态旅游消费需求更呈现出日趋旺盛的态势。我国社会经济发展"十三五"规划纲要中明确指出，旅游业是我国经济转型升级的重要推动力，是生态文明建设的重要引领产业，并且强调"创新、协调、绿色、开放、共享"发展理念。这为旅游业进一步发展提供了战略机遇。

旅游业是一种比较特殊的产业，其突出表现就是对生态环境具有较强的依赖性。众所周知，人们旅游的过程，不仅是一个心灵放飞的过程，也是一个情操陶冶的过程，更是一个品德养成的过程。对旅游者来说，他们追求的是精神享受和精力恢复。正是旅游者的这种追求，决定了只有良好的生态环境，才能满足人类在旅游过程中的各种需求。可以说，旅游业的健康、持续发展必须建立在良好的生态环境基础之上。

青海湖自然保护区地处被誉为"世界屋脊"和"地球第三极"的青藏高原，旅游资源十分丰富。首先，美丽的自然景观。该地区内复杂的地貌特征，多样化的气候类型以及人与自然的和谐相处造就了绮丽的自然景观，并且还孕育、生长着珍稀动植物，是动植物的资源宝库。其次，内涵丰富的人文景观。青海湖自然保护区内的旅游资源丰富，随着青藏铁路的开通运行，以及自驾旅游的兴起，旅游者数量激增。旅游业的迅速发展对青海湖自然保护区经济增长的贡献是不言而喻的，但由此也带来了巨大的资源环境成本。因此，如何实现青海湖自然保护区旅游业的可持续发展，自然成为该区必须关注的重要问题之一。

要实现青海湖自然保护区旅游业的可持续发展，首先应对旅游环境承载力和旅游可持续发展能力进行评估。而对旅游活动对自然资源的消耗和对环境的影响进行定量测度，一直是青海湖自然保护区旅游可持续发展研究中的一个重点和难点问题。生态足迹模型为定量测度可持续发展提供了一种新方法。旅游生态足迹是从生态足迹理论衍生而来的一种定量评估旅游可持续发展的方法，它综合考虑各种旅游因素对旅游区环境的影响，其评价结果可以为区域可持续发展提供依据。

鉴于此，本书以青海湖自然保护区作为研究载体，通过旅游者生态足迹模型对青海湖自然保护区旅游可持续发展状态进行测度。从旅游生态足迹、旅游生态承载力、旅游地生态安全系数、旅游业生态效率等方面定量评价了青海湖自然保护区旅游可持续发展状况，并提出了实现青海湖自然保护区旅游可持续发展的对策建议。

本书在写作过程中参阅了大量的相关文献，这些文献对本书的写作是不可或缺的，在此对本书所有直接引用或参阅文献的作者表示诚挚的谢意。感谢中国社会科学出版社编辑刘晓红女士为本书的出版所付出的辛苦劳动。感谢家人对我多年来一贯的支持和信任。

赵莺燕

2017 年 1 月 12 日于宁波

# 目　录

# 第一章 绪论

## 第一节 研究背景与研究意义

### 一 研究背景

党的十八大确立了建设生态文明的战略思想，将生态文明建设提高到与经济建设、政治建设、文化建设、社会建设并列的战略地位，描绘了建设"美丽中国"的框架和愿景。生态文明建设是关系到人民福祉和民族未来的长远大计。良好的生态环境是人民最普惠的民生福祉。科学评价生态系统的服务价值，以及人类活动对生态环境的影响，一方面，可以掌握生态系统服务功能的状态及其变化情况，为制定区域可持续发展政策提供科学依据；另一方面，也可以为生态文明建设成效的考核提供一种重要手段。

2016 年，习近平总书记在青海考察时强调指出："生态环境保护和生态文明建设，是我国持续发展最为重要的基础。青海最大的价值在生态、最大的责任在生态、最大的潜力也在生态，必须把生态文明建设放在突出位置来抓，尊重自然、顺应自然、保护自然，筑牢国家生态安全屏障，实现经济效益、社会效益、生态效益相统一。"[1] 由此可以看出，青海在国家生态安全中的战略地位，以及其生态保护的重要性和特殊性。从青海社会经济发展的实际来看，青海作为经济欠发

---

① 《尊重自然顺应自然保护自然，坚决筑牢国家生态安全屏障》，《人民日报》2016 年 8 月 25 日第 1 版。

达的资源型地区，目前陷入了经济发展与环境保护的"两难困境"①。一方面，作为我国重要的生态大省，青海省的生态重要性不言而喻，加强生态保护无疑是对国家生态安全和可持续发展的重大贡献；与此同时，对于经济欠发达的资源型区域来说，国家和地方两个层面的生态环境保护政策却又严重限制了经济社会发展；另一方面，与国家经济社会的快速发展相比，青海省的经济社会发展长期滞后，甚至呈现出与中部、东部地区差距不断拉大趋势，由此形成了政府和民众对经济社会发展的强烈诉求。如何在经济社会发展中把资源的开发利用与生态保护有机统一起来，是青海省转变经济发展方式必须解决的最突出、最核心的现实问题之一。

青海湖是青海省域内生物多样性保护和生态环境建设的重要区域。作为青海省生态旅游业、草地畜牧业发展的集中区域之一，近几十年来，在气候变化和人类活动的共同影响下，青海湖自然保护区逐渐出现了草地退化、沙化土地扩张等生态环境问题，引起了各级政府、国际社会和学术界的广泛关注。

要实现青海湖自然保护区的可持续发展，需要有机地协调生态与经济之间的关系，而要正确处理两者之间的关系，需要解决的关键问题是寻找如何在保护中开发、在开发中保护的有效路径。为此，需要在生态旅游发展方面下功夫，以推动青海湖自然保护区的可持续发展。

（一）旅游发展与环境保护需求的矛盾日益尖锐

在生态旅游发展中，旅游发展与环境保护的互动关系主要体现在②：一方面，生态旅游的发展都建立在蓝天、绿水和青山基础之上，只有在良性循环状态的自然景观和人文景观，才能激发人们的旅游愿望并转化为现实的旅游需求；另一方面，旅游业的健康发展，可以有效地推动社会经济的发展，提高人民物质文化生活水平，并且有助于

---

① 杨皓然：《青海高原生态经济系统可持续发展研究》，中国社会科学出版社 2014 年版，第 3 页。

② 吾买尔·海孜尔：《区域旅游资源开发对社会经济环境影响的研究——以阿克苏地区为例》，硕士学位论文，新疆师范大学，2009 年，第 9 页。

推动生态环境保护的工作。对青海湖自然保护区而言，与旅游业发展直接相关的环境问题主要包括：湖区的野生动物保护、景区景点的草地和湿地的保护、景点的"三废"排放以及构成旅游景观且具有观赏价值的地形地貌等要素的保护。近些年，由于外延式的发展模式，导致大批游客拥入，凸显了基础设施的不足及其过度使用，并加快了青海湖自然保护区旅游资源的退化；另外，由于早期旅游业发展中，投资商及当地旅游部门保护环境的意识较弱，同时，旅游业的发展也缺乏科学合理的旅游规划，导致了大规模的开发活动，对青海湖自然保护区的生态环境也造成了严重的破坏。青海湖自然保护区日益恶化的生态环境状况与国际旅游业发展趋势中对生态、环境越来越高的质量要求形成反差，旅游发展与环境保护需求的矛盾越来越突出。

（二）旅游生态足迹的影响程度和影响范围在不断扩大

随着社会经济的不断发展，旅游业已经成为现代经济中举足轻重的产业，各国和各地区在旅游高速增长中获得巨大收益的同时，旅游业对社会和环境所带来的负面影响也越来越明显，其中对旅游资源的消耗和环境的影响成为关注的焦点。由此所导致的旅游生态足迹的影响程度及范围在不断扩大。

**二　研究意义**

在新常态背景下，如何协调经济发展与生态环境保护之间的关系，成为一个十分重要的主题。在快速工业化、城市化进程中，针对日益严重的生态环境危机，需要深刻反思以往的发展理念、思路和模式，并从中找到实现经济与生态之间协调、共赢的发展路径。青海湖自然保护区作为经济社会发展滞后，但其生态地位极其重要的资源型地区，对其旅游发展进行宏观的定性与定位，是本书的重要基础和着力点。

（一）理论意义

1. 自古"不谋万世者，不足谋一时；不谋全局者，不足谋一域"

无论是在旅游业系统内部，还是旅游业系统赖以生存的外部环境中都存在着大量的能量、信息和物质之间的复杂交换与流动。基于区域经济学、生态经济学和系统学等交叉学科的思想、理论、方法，深入研究旅游生态经济系统的可持续发展，一方面可以发挥不同理论的长处，同时从系统科学的视角看旅游业的可持续发展，可以比较系统、合理、公平地配置青海湖自然保护区的各项资源和生产要素；另一方面，又可以为旅游系统的可持续发展研究注入历史性的意义。

2. 解决青海湖自然保护区可持续发展中缺乏系统性、动态性和预测性的现实问题，实现理论性、创新性与可操作性的有机融合

通过旅游生态足迹模型定量评估旅游景区的可持续发展，从旅游者的角度对旅游生态足迹方法进行探讨，分析研究旅游可持续发展的本质，并以青海湖自然保护区为例，对旅游生态足迹应用基础理论体系进行逐步丰富与完善，实现生态经济协调可持续发展。旅游可持续发展的核心基础是生态可持续性，而旅游生态足迹模型是从生态空间角度研究判断旅游可持续发展的经典方法。将旅游生态足迹理论纳入旅游可持续发展理论体系，有助于寻求旅游生态足迹问题分析测度的理论方法，以及现实解决途径，从而推动旅游业可持续发展理论体系中的应用基础理论的完善，同时也探索了将生态足迹模型应用于旅游领域小尺度方面的可能性。

3. 将安全评价纳入保障系统的范畴，完善旅游系统研究的模型

通过对已有研究文献的梳理发现，一般是将旅游安全作为一个独立的系统进行研究，而对旅游安全与其他旅游要素之间的联系和互动关系进行研究的文献较少。在信息化时代和复杂化的现实背景下，旅游业的可持续发展不但要实现系统内各个子系统之间的协调，而且要实现旅游系统与其环境要素之间的组合优化。旅游地生态安全评价可以帮助旅游者认识旅游过程和日常生态消耗的差异，促进旅游者提高其生态意识，达到旅游者自我教育的目的；而对旅游业、旅游目的地、旅游产业及旅游产品的资源消耗、社会贡献等方面进行评价，则有利于提高旅游管理者、旅游企业、旅游者和当地居民的生态意识与环境保护意识，推动青海湖自然保护区旅游实现可持续发展。

（二）现实意义

1. 为青海湖自然保护区旅游资源的优化配置和产业升级，实现生态与经济协调发展提供依据

青海湖自然保护区内的生态环境较为脆弱，其生态系统自身稳定

性较差，抵御自然灾害和人为破坏等外界干扰的能力弱，环境极易受到污染和破坏；而其生态环境自我恢复的功能低，一旦遭到污染和破坏很难恢复到原有水平。如何科学地开发青海湖自然保护区旅游资源，测度旅游发展对青海湖自然保护区生态环境的影响，评价青海湖自然保护区旅游业可持续发展的状态都是值得关注的重要问题。在传统的旅游业发展中，旅游资源的开发与利用对于旅游环境的压力和影响缺乏准确的测度。而旅游生态足迹分析方法，可以从旅游资源供给和需求两个角度，测量人类发展对旅游业可持续发展标准的偏离程度，评价结果一方面为旅游业的可持续发展决策提供有力的科学依据，另一方面为旅游资源的优化配置和产业升级提供一条新的发展思路。

2. 准确把握青海湖自然保护区旅游资源的整体状况，为该区可持续发展提供参考

在研究前期，通过查阅文献、统计资料等途径，对青海湖自然保护区的旅游资源的分布状况、开发现状、质量品级等情况已经进行了细致的分析，并做出了基础性的评估。对青海湖自然保护区旅游经济运行的宏观环境进行分析，研究成果有助于青海湖自然保护区旅游管理者和从业人员全面、科学地掌握旅游资源的现状；而运用旅游生态足迹模型，对2000—2015年青海湖自然保护区旅游者生态足迹进行测算，则可以科学地量化评价该地区旅游发展的可持续状况。并针对实际情况分析青海湖自然保护区未来发展趋势，为科学制定该区长远发展规划提供参考。

3. 为青海湖自然保护区旅游业的发展提供科学的预警

本书着重强调保护青海湖自然保护区的生物多样性和文化多样性，根据青海湖自然保护区的生态环境和旅游景区的特点，进行功能分区，并提出了相应的开发策略。从可持续发展的视角研究旅游，可以最大限度地保护青海湖自然保护区的旅游资源，而且在一定程度上，对青海湖自然保护区也起到积极的促进作用。

# 第二节　研究内容与研究方法

## 一　研究内容

本书以青海湖自然保护区为研究对象，以旅游生态足迹测度及动态变化为研究内容，按照背景分析、理论研究、应用研究和对策研究的基本思路和逻辑顺序展开。本书共分 11 章，各章结构和内容安排如下：

第一章　绪论。主要阐述本书的选题背景和研究意义。在分析旅游业发展趋势和青海湖自然保护区旅游的现实背景的基础上，提出了本书的研究思路、基本框架、研究重点和研究方法等。对国内外生态足迹研究进展进行了较为详细的综述，并加以评述。

第二章　旅游生态足迹测度的理论基础。选择了生态经济协调发展理论、生态价值理论、可持续发展理论以及旅游发展系统协调理论作为青海湖自然保护区旅游生态足迹测度的理论基础，为研究青海湖自然保护区旅游经济系统和生态环境系统的可持续发展提供理论指导。

第三章　自然保护与旅游发展。分析了旅游业与环境的关系，认为共生关系是旅游和环境二者之间互动的最佳模式。生态旅游业对自然保护区具有一定的促进作用，青海湖自然保护区生态环境脆弱，只有实现旅游与环境的共生一体化，才能真正落实旅游业可持续发展的内涵，为青海湖自然保护区旅游生态化提供科学依据。

第四章　旅游生态足迹模型及应用技术解析。本章是后面研究的理论基础，是研究的重点内容。该部分详细阐述了生态足迹模型的主要概念、理论假设前提条件、计算步骤及公式。旅游生态足迹有两种分析方法：旅游要素生态足迹分析方法和旅游者生态足迹分析方法。这两种分析方法的定义、计算公式及特点都有一定的区别，但是二者都是从旅游生态需求（旅游生态足迹）和旅游生态供给（旅游生态承载力）的视角进行分析，体现了不同的功能。旅游生态足迹和旅游生态承载力二者是作用力与反作用力的关系。

第五章 基于"国家公顷"旅游生态足迹模型关键指标的修正。在生态足迹理论研究的基础上，针对目前生态足迹分析模型存在的缺陷，试图建立适合一个国家特定研究区域的具有时空性、更为科学的生态足迹模型。对现有模型的修正和完善主要体现在：将"全球公顷"生态足迹模型修正为"国家公顷"生态足迹模型，通过引入"热值"概念对生态足迹模型关键指标当量因子和产量因子进行了计算并分析。采取修正后的生态足迹模型，对青海湖自然保护区旅游生态足迹的计算结果，更具有科学性和解释说服力。

第六章 青海湖自然保护区旅游概述。鉴于旅游业关联性强的特点，青海湖自然保护区一草一木在旅游开发的过程中，都具有成为旅游产品的可能性。因此，这一章在介绍青海湖自然保护区的自然地理特征、社会经济状况以及目前主要存在的生态环境问题的基础上，对青海湖自然保护区的自然和人文旅游资源进行了细致的分类和评价。

第七章 青海湖自然保护区旅游发展的环境分析。从青海湖自然保护区旅游发展所处的宏观环境以及国内市场现状出发，分析了青海湖自然保护区旅游发展中存在行业规模小、客源地分布广、过境游客停留时间短等问题。通过对这些问题的剖析，可以为青海湖生态旅游业的发展提供更为有效、更具有针对性的政策建议。

第八章 青海湖自然保护区旅游生态足迹的动态分析。本章突破了旅游生态足迹研究多为静态研究的框架，以2000—2015年为研究时段，计算了青海湖自然保护区旅游业发展不能脱离的本底（青海省）生态足迹、生态承载力和旅游者生态足迹，借助青海湖自然保护区旅游业对全省旅游业的贡献，计算了青海湖自然保护区的旅游生态足迹，并分析了其动态变化情况以及成因。

第九章 青海湖自然保护区旅游经济可持续发展能力评估。本章采用旅游地生态供需能力、生态经济协调性、生态安全、万元GDP生态足迹、生态环境压力指数、旅游业生态效率等指标，对青海湖自然保护区生态系统功能及服务、旅游经济发展对环境影响、旅游经济发展与生态系统协调进行了评价。

第十章　保护区旅游可持续发展的策略研究。针对青海湖自然保护区生态可持续评价结果，结合青海湖自然保护区旅游业发展中存在的问题，从青海湖旅游资源生态承载力的提升、旅游发展对生态环境的保护、青海湖自然保护区大力发展生态旅游业三个方面，分别提出一些切实可行的策略和措施。

第十一章　结论与展望。总结研究的主要结论，并指出了研究中存在的不足之处以及未来拓展的研究方向。

**二　研究方法**

旅游者生态足迹分析是生态学、旅游经济学相结合的产物，为此，必须结合二者的特点以及旅游活动的实际情况，以确定相关的研究方法。发挥典型区域与整体相结合的地域优势，完成资料的收集、数据集成、理论分析与实践应用的不同研究环节，重点分析理论分析与实践应用层次，主要突出了"五性"：

（一）实证分析法——真实性

实证分析方法是经济学中常用的分析方法，同样也适用于本书，本书在生态足迹测算过程中运用了实证分析法，在针对青海湖自然保护区旅游业可持续发展方面运用了规范分析法，通过将两种方法有效结合在一起，确保分析有事实和有说服力、对策有观点有立场。

（二）统计分析法——科学性

统计分析法是在统计整理的基础上进行的分析研究，其任务是运用一定的方法对整理过的统计资料进行计算与深入分析，得出反映经济社会现象本质特征的结论。本书在青海湖自然保护区层面，对自然、经济、社会等方面的统计资料开展了有针对性的收集，并进行数据的综合集成。

（三）案例分析法——针对性

以青海湖自然保护区作为主要研究对象，利用2000—2015年的时间序列数据，计算与分析旅游者生态足迹的变化规律，根据分析的结果，提出有针对性的对策建议，从而使本书的研究结果更具有针对性。

（四）目标分析法——操作性

本书的落脚点是可操作性的政策目标。根据青海湖自然保护区的实际情况，提出可持续性发展的政策建议，而所有政策建议的提出，都是基于有利于经济、社会、环境三个方面都盈利的目标。

（五）系统分析法——完整性

系统思想可以说是从整体上把握事物内部结构和变化规律的思想方法，将研究对象看成具有一定层次结构的系统，以整体的观念对系统要素进行组合、分解、协调以及反馈分析。[①] 系统思想有助于认识整体和局部之间的关系，厘清相互之间的联系。本书尝试性地使用系统思维方法对青海湖自然保护区旅游者生态足迹进行综合性的分析和整体上的把握。

# 第三节　研究的创新点和技术路线

## 一　研究的创新点

（一）构建旅游者生态足迹模型

目前，对旅游生态足迹的研究，主要是从旅游要素的角度入手构建模型，该模型包括餐饮、住宿、交通、娱乐、购物、游览观光六个子模型。每一个子模型都涉及太多的原始数据，这些数据获取困难，需要进行广泛的调研，除用于研究之外，在地区政府和当地的景区景点中普及确有一定的难度。为了克服数据的限制，本书提出了旅游者生态足迹模型，该模型计算方法简洁，计算数据容易获得，而且以地区的生态足迹计算结果为基础数据，从旅游者的消费账户入手进行研究，涵盖旅游活动中所有的服务和消耗资源。

（二）对一些关键性概念进行了界定及拓展

在旅游者生态足迹模型构建过程中，对一些关键研究内容进行了

---

① 吴育标：《中国世界遗产战略管理模式研究》，博士学位论文，中国地质大学，2010年，第10页。

新的阐述，并提出了自己的见解，诸如：

（1）对生态足迹的内涵进行了拓展：生态足迹是经济增长的生态代价或生态消耗，是经济系统运行的生态需求的强度表达，是经济系统与生态系统作用冲突的客观存在。

（2）丰富了旅游生态足迹内涵：旅游生态足迹是指旅游地用于生产一定数量旅游者在旅游活动过程中所需的资源与服务以及消纳所产生废弃物的生物生产土地的总面积。

（3）界定了旅游者生态足迹的定义：旅游者生态足迹是指旅游者在一定的时间内（通常为一次完整的旅游经历）所消费的资源和消纳旅游者所排放的所有废弃物所需要的生物生产性面积。

（4）概括了旅游者生态足迹的特点：本书提出了旅游者生态足迹具有变动性、叠加性、层次性、隐蔽性、时滞性的特点，并且说明了旅游生态足迹功能。

（三）关键技术参数的修正

建立在生态足迹模型基础上的旅游者生态足迹模型，涉及当量因子和产量因子等关键技术指标。青海省位于青藏高原，对于其各类生物生产性土地的生产力不能用世界的平均水平来衡量，而且本书计算出来的结果也不是为了进行世界范围的比较，因此，对当量因子和产量因子这两个关键技术指标进行了修正。通过当量因子和产量因子的基本含义，概括出以生物生产量为依据的计算公式，不仅容易理解，而且科学合理。传统定义中存在生物生产产品性质不一致的难题，为了克服这个难题，引入"热值"概念将生物量转化成性质相同的热量值，使各类生物产品可以直接加总和相互比较。修正后的当量因子和产量因子所计算出的生态足迹和生态承载力的单位是"国家公顷"（national hectare，$nhm^2$），并赋予"国家公顷"为计量单位时的当量因子与产量因子新的含义。

**二 技术路线**

本书结合当前国内外学者对生态足迹、旅游生态经济系统、可持续发展领域的文献资料和青海湖自然保护区发展现实需求，首先，确定了青海湖自然保护区旅游生态足迹对区域旅游生态经济可持续发展评价作为研究选题；其次，对生态足迹理论与实践领域的国内外相关文献进行了系统的综述和研究，作为本书的理论支撑；再次，在大量数据归纳和分析的基础上，运用生态足迹模型对青海湖自然保护区旅游生态足迹进行了定量评估，并从定性和定量两个方面分析其发展中存在的问题及成因；最后，针对旅游经济系统问题产生的主要原因，从青海湖自然保护区、青海省旅游业和青海省经济发展三个层面对青海湖自然保护区旅游可持续发展提出针对性的措施，并提出了模型评价中存在的不足以及有待于进一步完善的问题。具体技术路线如图1-1所示。

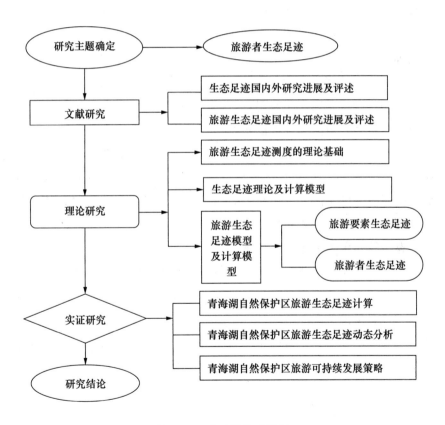

图1-1 本书的技术路线

# 第四节　国内外研究进展及评述

自 1992 年以来，诸多学者广泛应用生态足迹环境指标去衡量人类生产消费活动对资源环境的影响。Rees 把生态足迹定义为："用相对应的生产性土地去估算特定人口与经济规模下的资源消费与废弃物吸收的面积，不论这块土地处于何处。"从定义上看，生态足迹不过是利用土地面积来测量人类对生态系统依赖程度的资源核算工具。[①] 通过把"生态承载力"与"资源公平分配"两个理论相结合，不仅可以检验生态系统中的产品与服务在国与国之间是否得以平等的消费（国家生态足迹的对比），而且还可以进一步检验资源是否在以一种不可持续的模式被人类开发。由于可持续性发展的标准通常无法直接从定义上进行度量判断，生态足迹则由于其直观、可操作性强的优点让其成为衡量环境可持续发展的资源核算工具。

生态足迹在我国学术界研究较晚，目前仍处于起步阶段，而且会随着个人的认知、需求、学术观点与文化背景不同而有所差异。因此，随着研究的不断深入，研究者对该理论不断提出了质疑，并结合其他理论、数量方法修正模型以求获得更为精准的计算模型。

## 一　国外生态足迹研究进展

近年来，随着全球气候变暖，各国对环境保护意识逐渐加强以及政府相关部门对环境问题的日益重视，有关环境问题的研究成果不断涌现。生态足迹方法通过生物生产性土地对各种资源进行了统一描述，利用当量因子和产量因子实现了各种土地相加、可比。因此，生态足迹分析方法提出之后，随即引起了国际社会的广泛关注。[②] 联合国环境规划署（United Nations Environment Programme，UNEP）、世界

---

① 余建国、张宏武：《生态足迹的修正模型研究前沿与动态》，《安徽农业科学》2009 年第 3 期。

② 徐中民、程国栋等：《生态足迹方法的理论探析》，《中国人口·资源与环境》2006 年第 6 期。

自然基金会（World Wide Fund for Nature，WWF）、美国发展重定义组织（Redefining Progress，RP）等非政府组织都开辟了国际互联网网站，提供生态足迹的最新研究信息，并且提供诸如个人生态足迹在线计算等服务，同时，生态足迹的研究领域也在不断扩展，从世界、国家、地区、城市到产业、行业的生态足迹都有大量的研究。

（一）国外生态足迹在不同尺度上的研究

1. 全球尺度的研究

全球尺度上生态足迹模型的应用始于 1996 年 Wakernagel 等完成的《国家生态足迹报告》，该报告计算了全球 1993 年的生态足迹。计算结果表明：全球 1993 年人均生态足迹为 2.8hm$^2$，而人均生态承载力为 2.1hm$^2$，人均生态赤字为 0.7hm$^2$。WWF 自 2000 年起每两年公布一次包括我国在内的世界各国生态足迹资料。[1] *Living Planet Report 2004* 表明，2001 年全球人口达到 61.48 亿，全球总的生态足迹达到 135 亿公顷，而全球的生态承载力只有 113 亿公顷，仅占地球表面积的 1/4。在静态分析的基础上，*Living Planet Report 2004* 同时对全球 1961—2001 年的生态足迹进行了时间序列的动态分析，结果表明：1978 年以前，全球生态足迹均小于生态承载力，全球在可持续发展状态下运行。Justin Kitzes（2007）等[2]认为，"生态足迹"是计量人类对生态系统需求的指标，计量内容包括人类拥有的自然资源、耗用的自然资源以及资源分布情况。最新的生态足迹核算结果显示，到 2005 年人类大约需要 1.3 个等量单位的地球来满足我们的生产消费活动，即人类总生态足迹超过了地球的承载力 30% 左右。如果全球人口规模与消费方式按目前的方式持续下去，到 2030 年人类需要大约两个地球的资源来满足他们的资源需求。

2. 国家尺度研究

较典型的国家尺度研究，是全球生态足迹网络（Global Footprint

---

① 杨庆宪、胡仪元：《生态赤字及其成因探析》，《社会科学辑刊》2009 年第 6 期。

② Justin Kitzes, Audrey Peller, Steve Goldinger, and Mathis Wackernagal. Gobal Footprint Network, Current Method for Calculating National Footprint Account. *Science for Environment & Sustainable Society*, Vol. 4, No. 1, 2007.

Network）的《国家生态足迹和生物承载力账户》（2005 年版）。该成
果公布了 1999 年、2001 年、2002 年全球生态足迹和生物承载力数
据。目前，全球生态足迹网络所做的国家足迹账户（National Footprint
Account）是公认的标准数据。[①]《国家生态足迹和生物承载力账户》
（2005 年版）把全球按照收入和地区进行了分类，计算了不同组别国
家的生态足迹和生态承载力。结果表明：按收入分类，2002 年高收入
国家、中等收入国家和低收入国家的人均生态足迹分别为 6.4hm$^2$、
1.9hm$^2$ 和 0.8hm$^2$，其中，高收入和低收入国家的生态足迹大于人均
生态承载力 3hm$^2$、0.1hm$^2$，出现生态赤字，处于不可持续发展状态；
按地区分类，北美、欧盟 25 国及瑞士、中东及中亚、亚洲及太平洋
地区、非洲 5 个地区人均生态赤字分别为 3.7hm$^2$、2.4hm$^2$、1.1hm$^2$、
0.6hm$^2$ 和 0.2hm$^2$，处于不可持续发展状态；拉美及加勒比地区和其
他欧洲国家处于可持续发展状态。生态足迹国家账户的计算主要是基
于联合国粮食农业组织、国际能源署的数据来完成的。

　　3. 区域或城市层次的研究

　　区域尺度生态足迹研究报告有《欧洲生态足迹报告（2005）》和
《亚太地区生态足迹与自然财富报告（2005）》，上述报告中对城市生
态足迹也进行了研究。Folk C. 等(1997)[②] 以波罗的海流域为研究对
象，计算了占流域面积 0.1% 的 29 个城市的生态足迹，计算结果表
明：生态足迹占到整个流域的 1.5 个生态系统。Van Vuuren 和
Smeets[③] 在 2000 年的时候，对贝宁、不丹、哥斯达黎加、荷兰、澳大
利亚、奥地利、菲律宾、韩国、新西兰等国家的生态足迹进行了详细
的计算。Senbel 等 （2003）[④] 采用生态足迹方法，分析了北美洲人类

---

　　① 吴隆杰、杨林等：《近年来生态足迹研究进展》，《中国农业大学学报》2006 年第 3
期。

　　② Folk C., Jansson A., Larsson J. et al., Ecosystem Appropriation by Cities. AMBIO（in
Chinese），Vol. 26, No. 3, 1997, pp. 167 – 170.

　　③ Van Vuuren D. P., Smeets. E. M. W., Ecological Footprint of Benin, Bhutan, Costa Ri-
ca and The Netherlands. *Ecological Economics*, Vol. 34, No. 1, 2000, pp. 115 – 130.

　　④ 尚海洋：《甘肃省生态足迹的投入—产出分析》，硕士学位论文，西北师范大学，
2006 年，第 7 页。

活动造成的环境风险；此外，欧洲部分国家开展了一系列的生态足迹
的研究，如荷兰对 8 个市区生态足迹的研究，西班牙的纳瓦拉市生态
足迹研究，芬兰地区生态足迹研究以及意大利都灵郡的生态足迹研
究等。

（二）国外生态足迹在旅游领域内的研究

旅游包括食、住、行、游、购、娱六要素。国外学者就生态足迹
分析方法在旅游领域的应用始于对旅游要素的生态足迹分析[1]。

Wackenragel（2000）[2] 是对国际旅游业的生态足迹进行初步分析
和探索的第一人。Colin Hunter（2000）[3] 在对可持续旅游（Sustain-
able Tourism，ST）和旅游生态足迹的概念进行阐述的基础上，认为旅
游生态足迹有助于对可持续旅游的理解和测度。他指出：目前的旅游生
态足迹还仅限于对旅游目的地区域环境的分析，在地域范围和研究内容
方面没有新的突破，尚不能够综合地衡量旅游发展的可持续状态。

美国马萨诸塞州伍斯特学院的经济学家 Thomas White（2000）[4]
用生态足迹分析法分析了食物的摄取与环境影响之间的关系。他通过
对非洲、亚洲、中美洲、南美洲、澳洲、欧洲、北美洲 7 个地区人们
食物构成的分析得出：人类摄入能够在体内产生同样能量的肉类要比
粮食类所需的生态足迹更大，以肉食为主要食物摄入的生活方式较之
以素食为主要食物摄入的生活方式所消耗的自然生物资源更多，故对
自然生态环境的影响更大。

荷兰格罗宁根大学能源与环境研究中心的 P. W. Gerbens - Leenes，
Nonhebel S.（2002）[5] 将消费分为基础、生存、文化三个层次，并将

[1] 周国忠、沈刚：《旅游生态足迹研究进展》，《生态经济》2007 年第 2 期。

[2] Wackenragel M.，Yount J. D.，"Footprint for Sustainability：The Next Steps"，*Environment Development and sustainability*，No. 2，2000，pp. 21 – 42.

[3] Colin Hunter，"Sustainable Tourism and The Ecological Footprint"，*Environment Development and sustainability*，No. 4，2000，pp. 7 – 20.

[4] Thomas White，"Dite and Distribution of Environment Impact"，*Ecological Economics*，No. 34，2000，pp. 145 – 153.

[5] P. W. Cerbens - Leenes，S. Nonhebel，"Consumption Patterns and Their Effects on Land Required for Food"，*Ecological Economics*，No. 42，2002，pp. 185 – 199.

食物分为以下 5 类：饮料（啤酒、烈酒、咖啡和茶）、脂类（人造黄油、低脂涂抹料和植物油）、肉（牛肉、猪肉、家禽和其他肉类）、奶制品（全脂奶、半丝滑和丝滑奶、白脱牛奶、浓缩奶、黄油和奶酪）和蛋；谷类、面粉、糖、土豆、蔬菜和水果。他们通过对欧洲和美国两地居民消费方式进行了深入的分析和比较，结果显示：文化层次的消费所需的农业生产土地面积要比基本生存消费层次的大，洲际、地区间由于消费结构的变化导致其消费所需的农业生产土地面积相差几倍甚至几十倍。

Stefan Gossling 等（2002）[①] 以塞舌尔群岛旅游业为例，根据该岛旅游业特点，对岛内各种人类活动产生的资源消费进行了分析，最后将其归入六类生态生产性土地中，得出旅游业对塞舌尔群岛的生态影响；Cole 等（2002）[②] 对印度喜马拉雅山的一个小村庄（Manali）30 年（1964—1994）中旅游生态足迹的变化情况进行了研究。在该研究中将吃、住、行等各个要素都折算到每个床位上，发现在不同地区一个床位一夜的生态足迹是不一样的。在马约卡岛度假，一个床位一夜的生态足迹为 $0.030\text{hm}^2$，而在塞浦路斯度假，一个床位一夜的生态足迹为 $0.07\text{hm}^2$。该研究对旅游可持续发展的重要性也进行了详细的说明。

Wiedmann（2003）[③] 对英国几种常见的交通方式产生的生态足迹进行了研究，结果表明：飞机（短途）为 $0.00472\text{hm}^2/$（千人·km），飞机（长途）为 $0.00293\text{hm}^2/$（千人·km），火车为 $0.0174\text{hm}^2/$（千人·km），长途巴士为 $0.0170\text{hm}^2/$（千人·km），小轿车（汽油）为 $0.0455\text{hm}^2/$（千人·km），小轿车（柴油）为 $0.0293\text{hm}^2/$（千人·km），出租车为 $0.0808\text{hm}^2/$（千人·km）。由此

① Stefan Gossling et al., "Ecological footprint analysis as a tool to assess tourism sustainablilty", *Ecological Economics*, No. 43, 2002, pp. 199 – 211.

② Cole, Victoria, Sinclair, John A., "Measuring the Ecological footprint of a Himalayan tourist center", *Mountain Research and Development*, No. 2, 2002, pp. 132 – 141.

③ ［奥地利］陶在朴：《生态包袱与生态足迹：可持续发展的重量及面积观念》，经济科学出版社 2003 年版，第 190 页。

可见，不同类型的旅游交通出行方式对旅游当地生态环境产生不同程度的影响。

（三）国外生态足迹在其他领域的研究

Jason Venetoulis（2000）[①] 根据 Redlands 分校的教学科研和师生生活对学校所在区域的环境影响用水足迹、固废足迹、能源足迹和交通足迹四类生态足迹来表示，由此评估了学校活动对校区环境的影响。Friedland（2003）对个人足迹进行了研究。初步研究表明：加拿大 20% 穷人的平均生态足迹不到 $3hm^2$，而 20% 最富的人的平均生态足迹则高达 $12hm^2$。Gerbens-Leenes 与 Nonhebel（2002）[②] 计算了食物消费的土地需求，并分析了食物消费结构变化引起的土地需求变化。Karl（2003）[③] 等探讨了住房条件对挪威城市发展影响的问题，利用生态足迹分析了源于住房物理结构、住房所处地段、社会经济学和人口社会学背景及家庭的生活方式等引起的消费行为及消费取向的差异所造成的环境需求，第一个研究了家庭生态足迹。

**二 国内生态足迹研究进展**

1999 年生态足迹概念被引入国内，此后相关研究迅速展开。以中国期刊全文数据期刊网（CNKI）（1999—2016）为检索平台进行统计，有关生态足迹类研究论文共 6068 篇。根据 CNKI 中国优秀博硕学位论文全文数据库的检索，以生态足迹为题的博士、硕士学位论文共 1372 篇。由此可见，生态足迹领域的研究日益受到国内学者的关注，公开发表的"生态足迹"类论文呈持续增长状态，特别是 2004 年以后，论文数量增长更为迅速，2008 年后平均每年在 500 篇左右。

---

① Jason, Venetoulis, Accessing Ecological Impact of a University the Ecological Footprint for the University of Redlands, *International Journal of Sustainability in Higher Education*, 2000, pp. 180 – 196.

② P. W. Gerbens-Leenes, S. Nonhebel, et al., A Method to Determinr Land Requirements Relating to Food Consumption Patterns. *Ecological Economices*, Vol. 43, No. 1, 2002, pp. 47 – 58.

③ Karl G. H., Holden E., Household Consumption and Ecological Footprint in Eorway – Dose Urban Form Matter. *Journal of Consumer Policy*, Vol. 26, 2003, pp. 227 – 249.

（一）国内生态足迹初期理论引入

杨开忠、杨咏、陈洁（2000）① 系统地介绍了生态足迹分析法的理论框架、指标体系和计算方法，并通过介绍世界 52 个国家和地区的生态足迹，具体阐述了生态足迹分析方法的应用，并对该方法及其应用前景进行了评价。张志强、徐中民、程国栋（2000）② 介绍了生态足迹的概念、生态足迹计算模型，分析总结了生态足迹模型的优缺点。王书华、毛汉英、王忠静（2002）③ 对生态足迹方法产生的背景、理论、计算方法和近期成果做了简要介绍，详尽综述了该方法的优缺点，指出该模型具有概念形象性、内涵丰富性、理论思想角度全面而新颖、对生态目标的测度及极强的可操作性等优点，同时也指出了与传统经济指标相脱离的生态偏向性、静态性、忽视污染的生态影响等方面的不足。吴隆杰（2005）④ 提出了一个新的评估可持续发展程度的指标——生态足迹指数，并依据生态足迹指数范围将可持续发展分为：可持续发展状态、强可持续发展状态、弱可持续发展状态。还有些学者提出生物多样性指数、生态与经济协调指数、万元 GDP 生态占用等指标的计算。徐中民、程国栋、张志强（2006）⑤ 介绍了生态足迹账户框架建立的假设条件，重点介绍了生态足迹计算中容易引起误解和疏忽的两个问题：化石能源用地的处理、均衡因子和产量因子的计算。

（二）国内不同城市和区域层次生态足迹的研究

国内生态足迹研究对象覆盖全国、省级以上地区、省级、省级以下地区、城市、县、乡镇等不同空间尺度，分析了中国经济发展对自

---

① 杨开忠、杨咏、陈洁：《生态足迹分析理论与方法》，《地球科学进展》2000 年第 6 期。

② 张志强、徐中民、程国栋：《生态足迹的概念及计算模型》，《生态经济》2000 年第 10 期。

③ 王书华、毛汉英、王忠静：《生态足迹研究的国内外进展》，《自然资源学报》2002 年第 6 期。

④ 吴隆杰：《基于生态足迹指数的中国可持续发展动态评估》，《中国农业大学学报》2005 年第 6 期。

⑤ 徐中民、程国栋、张志强：《生态足迹方法的理论解析》，《中国人口·资源与环境》2006 年第 6 期。

然资源的利用程度和对生态环境产生的压力等（见表 1 - 1）。研究领域涉及农业、旅游业、水资源、交通、项目、贸易等行业，也对学校（大学）、家庭、个人生态足迹进行了研究。研究内容包括区域可持续发展水平评价、城市生态安全评价、城乡居民消费差异分析、城市规划以及环境评价等方面。

表 1 - 1 　　　　　　　　我国生态足迹应用研究情况

| 研究内容 | 案例 |
| --- | --- |
| 国家尺度 | 中国/1995（谢高地，2001），中国/1999（徐中民，2002），中国/1962—2001（刘宇辉，2005），中国/1961—2002（刘建兴等，2005），中国/1978—2002（陈敏等，2005），中国/1991—2003（陈丽萍等，2006），中国/1949—2006（陈成忠等，2009），中国/1991—2003（史丹等，2016）等 |
| 区域尺度 | 西北地区/1999（陈东景，2001）、西部地区/1999（张志强，2001），东北地区/（赵新宇，2009），珠江三角区/（李政海，2006），中部地区/2000—2011（梁波，2013），西部地区/2009（张青等，2013），长江经济带/2000—2012（汪凌志，2015）等 |
| 省级尺度 | 甘肃省/1998（徐中民，2000），四川/2001（邓砾，2003），广东/1990—2002（高长波，2005），海南省/2000—2004（符国基，2006），西藏/2002（刘孝宝，2003），浙江省/2007（李永奎，2010），江苏省/1990—2007（肖思思等，2012），安徽省/1990—1999（张红霞，2006），青海省/2002（陈克龙等，2004）等 |
| 省级以下尺度 | 宁夏盐池县/1998—2007（马莉娅，2011），仙居县/2000（闵庆文，2003），开县/2003—2006（蒲鹏，2011），舟曲县/2012（汪霞，2014），香格里拉县/2002—2008（李晖，2011），从江县/2007（焦雯珺，2009），长岭县/1986—2005（杨平，2007），高台县/1990—2010（周丽萍，2012）等 |
| 组分研究 | 城市交通（梁勇，2005），采矿（王青，2005），项目的排放（宋巍巍，2005），旅游（章锦河，2005）大豆（强文丽等，2013）、水资源（陈冬冬等，2014），小麦燃料乙醇循环产业（张军，2010），轿车产业（姚猛，2009），土地规划（赖力，2005）等 |

（三）国内对生态足迹模型的修正及改进

1. 生态足迹模型自身指标的修正

随着学者们的研究，生态足迹模型不论是在理论方面还是在方法方面，都存在诸多的不足和缺陷，并引起了较多的争议。针对研究的不足，学者从模型本身指标和模型方法上进行了相应的修正和完善。国内学者在计算生态承载力的时候，认为全球公顷的产量因子虽然方便国际间比较，但是在更小尺度上的比较难以真实反映出区域实际的生态环境压力。顾晓薇等（2005）[①] 提出以"国家公顷"（nhm²）为计量单位构建了城市生态足迹的模型，并且对"全球公顷"和"国家公顷"模型进行了比较；冯娟等（2008）[②] 以山东省晏城镇生态建设为例提出以"省公顷"为计量单位计算小城镇生态足迹的模型。

谢鸿宇等（2008）[③] 是国内最先对化石能源用地进行研究的学者之一，他在对陆地生态系统的碳循环进行分析后，将化石能源地定义修订为"吸收化石能源燃烧排放的温室气体排放的森林和草原"，计算出平均森林吸碳速率为 $3.80tChm^{-2}a^{-1}$。针对传统生态足迹对于水域仅考虑渔业生产功能的缺陷，张义等（2013）[④] 提出了基于生态系统服务的水生态足迹概念和模型，并以广西壮族自治区为例进行了计算与分析。国外学者对耕地、建筑用地、污染足迹等方面有一定的研究，但是我国学者在生态足迹项目及项目扩展上面的研究是不足的。

2. 基于时间序列的生态足迹方法

生态足迹初期的研究，主要对某一个时间点的生态足迹进行计算，是一种静态分析，不能反映未来变化以及发展的趋势。基于时间序列的生态足迹正好是对生态足迹静态性的一种完善和改进，刘宇辉

---

① 顾晓薇、王青、刘建兴、李广军：《基于"国家公顷"计算城市生态足迹的新方法》，《东北大学学报》2005 年第 4 期。

② 冯娟、赵全升、谢文霞、安乐生：《"省公顷"在小城镇生态足迹分析中的应用研究——以山东省晏城镇生态建设为例》，《地理科学》2008 年第 2 期。

③ 谢鸿宇、陈贤生、林凯荣等：《基于碳循环的化石能源及电力生态足迹》，《生态学报》2008 年第 4 期。

④ 张义、张合平等：《基于改进模型的广西水资源生态足迹动态分析》，《资源科学》2013 年第 8 期。

等（2004）① 是最早进行时间序列研究的学者之一，对中国 1962—2001 年的生态足迹进行了计算并评价了中国的可持续发展水平。陈敏、张丽君等（2005）② 采用可变世界单产法计算了 1978—2003 年中国生态足迹。从 2004 年之后，我国学者对云南、山东、青海、西安、浙江等省市区都采用时间序列生态足迹方法进行了可持续发展评价。时间序列的生态足迹计算有三大优点：一是可以在一定程度上消除数据的失真性；二是可以真实地反映生态足迹对社会经济环境变化的敏感性；三是可以探讨生态足迹随时间变化与可持续发展演变的耦合关系。

时间序列研究还可以用于趋势模拟和预测。我国有些学者尝试着根据生态足迹时间序列值，引入非线性的预测模型。吴志峰等（2006）③ 应用差分自回归移动平均模型 ARIMA（2，2，2），模拟了广州市 1999—2003 年的水域生态足迹；周敬萱等（2007）④ 基于集对分析（SPA）在处理不确定性问题的优势，以武汉市为研究对象，将城市总生态足迹与其相关影响因子联系起来构造了集对分析动态模型。还有学者从生态足迹与驱动因素之间关系入手构建了动态模型。马明德等（2014）⑤ 应用偏最小二乘回归分析法（PLS），对影响宁夏生态足迹各因子的重要程度进行了分析；朱新玲等（2015）⑥ 通过 BDS 检验发现了湖北省人均生态足迹序列存在着非线性结构，进而通过构建"3-6-1"结构的 BP 神经网络对其进行了拟合和预测。以

① 刘宇辉、彭希哲：《中国历年生态足迹计算与发展可持续性评估》，《生态学报》2004 年第 10 期。
② 陈敏、张丽君等：《1978—2003 年中国生态足迹动态分析》，《资源科学》2005 年第 6 期。
③ 吴志峰、胡永红、李定强等：《城市水生态足迹变化分析与模拟》，《资源科学》2006 年第 5 期。
④ 周敬宣、李湘梅、陈雷等：《基于集对分析的城市生态足迹预测——以武汉市为例》，《资源科学》2007 年第 3 期。
⑤ 马明德、马学娟、谢应忠等：《宁夏生态足迹影响因子的偏最小二乘回归分析》，《生态学报》2014 年第 3 期。
⑥ 朱新玲、黎鹏：《基于 BP 神经网络的湖北省生态足迹拟合与预测研究》，《武汉科技大学学报》（社会科学版）2015 年第 1 期。

上方法分析了生态环境系统的复杂性，对生态系统总体趋势的预测具有一定的指导意义，但是在生态承载力方面的研究和运用较少。

3. 基于能值的生态足迹方法

能值是一个新的科学概念和度量标准，由美国著名生态学家Odum创立。[①] 他将能值定义为一种流动或贮存的能量中所包含的另一种类别能量的数量，称为该能量的能值。生态足迹能值分析模型是一种基于生态热力学的生态足迹模型，透过生态系统环境的视角，分析有效能源转化过程中所消耗的能源可跟踪所消耗资源的"质与量"和有效包含能源。Chen B. 等（2007）[②] 采用能值分析法分析了我国1981—2001年资源消耗情况。王建源等（2007）[③] 运用能值分析法对山东省的生态状况进行了分析，并比较了传统生态足迹结果与能值生态足迹结果。因为能值生态足迹分析方法克服了传统的生态足迹方法可比性差的问题，其结果能够客观、真实地反映生态经济系统中的环境状况，所以国内目前更多地运用能值生态足迹方法分析评价区域可持续发展和区域生态安全。

4. 基于投入产出法的生态足迹方法

基于投入产出法的生态足迹模型则利用真实土地资源在部门间的流动与分配，来展现各部门的生态消费情况。因此，修正后的模型能更加真实地反映土地占用情况。赖力（2006）[④] 是较早在生态足迹模型中引入投入产出法进行案例分析的学者，以江苏省2002年的经济状况为例，依照Bicknell的投入产出模型思路，采取Ferng的改良计算方法，对江苏经济的需求、进口、出口以及积累各项的生态生产性

---

① 徐国伟、黄淑玲等：《我国农业生态系统的能值分析研究》，《赤峰学院学报》（科学教育版）2011年第9期。

② Chen B. , Chen G. Q. , Modified Ecological Footprint Accounting and Analysis Based on Embodied Exergy – a Case Study of The Chinese Society 1981 – 2001. *Ecological Economics*, Vol. 62, No. 2, 2007, pp. 355 – 376.

③ 王建源、陈艳春、李曼华等：《基于能值分析的山东省生态足迹》，《生态学杂志》2007年第9期。

④ 赖力：《基于投入产出技术的区域生态足迹调整分析——以2002年江苏省经济为例》，《生态学报》2006年第4期。

土地占用及化石能源地占用进行了估算。尚海洋（2006）[①] 以甘肃省 2002 年生态足迹计算为例，应用生态足迹投入—产出计算方法，测量人类活动造成的环境影响。贺成龙等（2008）[②] 提出了"进口产品作为中间投入所贡献的生产性土地矩阵"计算方法，对于投入产出方法的生态足迹计算有很好的补充价值。

5. 基于 LAC 的生态足迹方法

LAC 生态足迹方法本质上反映了产品制造过程中各个生产环节对环境冲击的观点，广泛运用于对国家、城市、企业、学校和产业等领域的研究。曹黎明（2014）[③] 参照 PAS2050 规范并结合生命周期评价方法，对上海市水稻生产进行了碳足迹评估。徐长春、黄晶（2013）[④] 以我国小麦生产为例，基于生命周期评价（LCA），对产品的水足迹进行了实证研究，与虚拟水方法相比后，得出了 LCA 方法评价结果体现了水资源利用的环境影响，便于不同产品、不同生产阶段以及不同产地产品间进行水足迹的比较。方恺（2016）[⑤] 以碳足迹、水足迹、土地足迹和材料足迹为例，探讨了环境足迹与 LCA 的关系，并根据清单加和过程的特点，将所有足迹指标划分为基于权重因子和基于特征因子两类，总结了两者的适用性和局限性。目标范围的确定和数据的选择的复杂性是 LAC 法的缺陷，因此，在生态足迹研究领域中应用该方法时需要注意：符合 ISO 14040 和 ISO 14044 标准的数据、分析和评估结果精准度的因素、初级产品生态足迹中使用国家区域的产量因子。

---

① 尚海洋：《甘肃省生态足迹的投入—产出分析》，硕士学位论文，西北师范大学，2006 年，第 21 页。

② 贺成龙、吴建华、刘文莉：《改进投入产出法在生态足迹中的应用》，《资源科学》2008 年第 12 期。

③ 曹黎明：《基于生命周期评价的上海市水稻生产的碳足迹》，《生态学报》2014 年第 2 期。

④ 徐长春、黄晶：《基于生命周期评价的产品水足迹计算方法及案例分析》，《自然资源学报》2013 年第 5 期。

⑤ 方恺：《环境足迹的核算与整合框架——基于生命周期评价的视角》，《生态学报》2016 年第 22 期。

（四）国内生态足迹在旅游领域的研究

旅游从本质上讲是一种以旅游者为主体，旅游资源为客体，借助旅游设施，通过旅游者的流动来表现的一种社会经济文化活动。[①] 旅游者在旅游活动过程中，将通过对区域旅游资源、旅游设施与旅游服务的占用、耗费与消费，进而对区域生态系统和区域旅游的可持续发展产生影响。这种影响的性质及其程度主要取决于旅游群体的规模、旅游者空间行为模式、旅游消费的水平以及区域旅游政策等，所以可以借用生态足迹的模型从比较宏观、全面的角度，对区域旅游可持续发展的生态安全进行定量的评价。

国内旅游生态足迹研究从 2004 年开始，目前处于起步阶段。据中国期刊网统计（2004—2016 年），篇名和内容中与"旅游生态足迹"相关的文章有 154 篇、博士硕士学位论文有 81 篇。国内关于旅游生态足迹的研究主要集中在旅游生态足迹理论、旅游环境承载力以及旅游实例研究三个方面。实例研究从国家尺度过渡到了县级尺度，从县级尺度过渡到自然保护区、旅游线路、旅游星级宾馆等小尺度领域的研究。

1. 对旅游生态足迹理论方面的研究

席建超等（2004）[②] 首次就生态足迹在旅游领域的应用作了尝试，提出了旅游消费生态占用的计算模型。章锦河等（2004）[③] 根据旅游构成的要素，分别提出了餐饮、住宿、交通、游览、购物和娱乐 6 个子模型，旅游生态足迹即为该 6 个子模型计算结果的总和，并以 2002 年黄山市旅游生态足迹为例进行了实证分析。李华（2004）[④] 在对自然保护区旅游与开发的特殊性和生态足迹理论分析的基础上，根

---

① 曹新向：《基于生态足迹分析的旅游地生态安全评价研究——以开封市为例》，《中国人口·资源与环境》2006 年第 2 期。

② 席建超、葛全胜等：《旅游消费生态占用初探——以北京市海外入境旅游者为例》，《自然资源学报》2004 年第 2 期。

③ 章锦河、张婕：《国外生态足迹模型修正与前沿研究进展》，《资源科学》2006 年第 6 期。

④ 李华：《保护区旅游潜力评价体系初探——生态足迹理论的应用》，《绿色中国》2004 年第 14 期。

据生态足迹理论体系中的概念和模型方法，构建了自然保护区旅游评价体系，并且融入了经济、社会等综合指标因子。杨桂华、李鹏（2005）① 根据测度对象和范围的不同，对旅游生态足迹从不同角度进行了界定，详细阐述了旅游生态足迹功能。刘年丰（2005）② 为测度旅游景区的建设强度对其开发区域生态承载力的影响，提出了基于生态足迹的"生态占用率"及划分"生态占用适宜度"的"生态占用黄金分割法"。程春旺等（2006）③ 首次提出了构建旅游地生态环境监测指标，通过对生态足迹与生态容量的计算来定量描述旅游者活动对旅游地生态环境的影响及旅游地生态境状况，为旅游地的规划与管理决策提供科学的参考依据。甄翌、康文星（2008）④ 将旅游者的生态足迹分为了可转移生态足迹和不可转移生态足迹两类。

2. 不同尺度层面旅游产业的研究

国内旅游生态足迹的研究呈现橄榄型，对于国家大尺度、旅游景区（景点）的小尺度研究很少，大部分研究集中在区域或城市中型尺度上。在国家尺度上，王辉、林建国（2005）⑤ 运用生态足迹模型衡量了地区旅游环境承载力，对我国 31 个地区旅游者生态足迹进行了计算，其中 28 个地区存在生态赤字，只有 3 个地区存在生态盈余。在省级尺度上，已有的研究涉及湖北省、海南省、山东省和甘肃省等；在市级尺度上，已有的研究涉及北京市、黄山市、福州市、西安市、开封市、嘉峪关市、兰州市、西宁市等；在更小尺度上，已有的研究对象主要是国家森林公园以及自然保护区。

---

① 杨桂华、李鹏：《旅游生态足迹：测度旅游可持续发展的新方法》，《生态学报》2005 年第 6 期。
② 刘年丰：《基于 EFA 的旅游景区生态承载力及可持续发展》，《环境科学与技术》2005 年第 5 期。
③ 程春旺、沙润、周年兴：《基于生态足迹理论的旅游地生态环境监测指标的构建》，《安徽农业科学》2006 年第 6 期。
④ 甄翌、康文星：《生态足迹模型在区域旅游可持续发展中评价的改进》，《生态经济》2008 年第 11 期。
⑤ 王辉、林建国：《旅游者生态足迹模型对旅游环境承载力的计算》，《大连海事大学学报》2005 年第 3 期。

3. 基于时间序列的动态分析研究

我国目前主要集中在对旅游大省、旅游重点城市及特定景区的动态分析。王明霞等（2010）① 分析了河北省1998—2007年的旅游生态足迹，得出了河北省旅游业处于消耗生态资源的不可持续状态。傅素英等（2013）② 分析了浙江省休闲农业的生态足迹，并进行了动态预测，结果表明，未来五年休闲农业的不可持续性在逐年增加。董超等③（2010）结合遥感数据，改进了旅游生态足迹模型，从而求出了生态盈余拟合方程，预测了未来生态赤字，一定程度上克服了旅游生态足迹的静态性缺陷。

### 三　生态足迹的发展趋势与展望

生态足迹自提出以来得到了广泛的应用与不断的完善。但是，生态足迹模型和方法仍处于不断发展的阶段，综合国内外学者的研究，未来生态足迹方法研究的重点主要体现在以下几个方面④：

（一）生态足迹核算方法的标准化研究

生态足迹目前已经广泛地应用于人类活动对自然资源消耗的可持续性的评价。在此背景下，加强生态足迹标准的研究，提高计算方法、过程、结果的透明性、一致性、可靠性、可比性则变得十分重要。生态足迹标准的内容应包括源数据采集、计算过程、关键技术参数、边界确定、结果评价等方面。标准化能鼓励更广泛、更规范采用生态足迹，提高其促进可持续发展的效率和影响力。标准的制定需要政府机构、国际组织、学术团体等的共同参与。虽然近年来，全球足迹网络已做了大量的相关工作，也推出了一些指导性标准，但除国家生态足迹较完善外，地方层面和产品层面的生态足迹核算还缺少详细

---

① 王明霞、关霞：《河北省旅游生态足迹分析及改善建议》，《黑龙江对外经贸》2010年第7期。

② 傅素英、张宇萌、曹晶晶：《基于生态足迹考察的浙江省休闲农业可持续发展测评》，《宁波大学学报》（人文科学版）2013年第6期。

③ 董超、冯永军等：《基于改进的旅游生态足迹模型对山东省泰安市旅游地评价及预测》，《国土资源科技管理》2010年第4期。

④ 周涛、王云鹏等：《生态足迹的模型修正与方法改进》，《生态学报》2015年第14期。

的约定，需要进一步地推进。

（二）构建全面的生态足迹指标体系

现有的生态足迹模型指标存在种种缺陷，无法准确、完整地描述自然系统的生态功能，忽略了不可更新资源、水资源的作用，忽视了污染物对生态环境影响。因此，从这个角度讲，低估了人类对生态的占用程度。相对于其他资源环境指标，生态足迹的优势体现在计算方法有较强的可操作性，计算结果可比和简明易懂。目前，借鉴生态足迹思想的碳足迹、水足迹已经广泛接受，分别成为评估温室气体排放和水资源利用的有力工具，相同思路的能源足迹、氮足迹、磷足迹、生物多样化足迹也已提出但还不成熟。未来，需要对这些足迹指标和方法的进一步完善，以及提出更多类似的指标，例如：湿地足迹、重金属足迹、臭氧足迹、食物足迹、工作足迹、教育足迹、产业足迹等，使足迹家族不断发展壮大。

（三）生态足迹模型在计算方法上不断完善

生态足迹研究涉及资源、环境、社会经济等领域，应当对生态学、经济学、资源学、地理学、数学等多学科进行交叉研究，从各个学科中吸收最新研究成果，发展基础理论方法，重视现有的方法，如时间序列分析、投入产出分析、能值分析、生命周期法（LCA）、动态模型等的融合使用。能值分析与净初级生产力（NPP）方法结合，发挥能值参数稳定的优势，也可利用 NPP 反映不同土地类型的能值生物生产力差异。此外，还要不断地更新研究手段，如建立生态足迹和生态承载力变化的检测网络，建设全球共享的资源环境数据库，引入各种非线性研究模型，利用 RS – GIS 等快速实时获取和评价资源利用情况等，以推动生态足迹研究的进一步深入和发展。

总之，生态足迹方法是一个逐步完善的全新方法，必将有效地促进人类对可持续发展的探索。

# 第二章　旅游生态足迹测度的理论基础

## 第一节　可持续发展理论

　　1987 年，世界环境与发展委员会（WCED）向联合国提交的《我们共同的未来》中，首次使用了"可持续发展"概念。1991 年，[①] 由世界自然保护同盟、联合国环境规划署和世界野生生物基金会共同发表了《保护地球——可持续生存战略》，对可持续发展提出了 9 条基本原则，并解释了其含义是在不超出维持生态系统涵容能力的情况下提高人类生活质量。1992 年，世界银行在年度《世界发展报告》中指出，可持续发展是建立在成本效益比较和审慎的经济分析基础上的发展和环境政策，通过加强环境保护，提高福利和可持续发展水平。1994 年，联合国开发计划署将可持续发展的内涵拓展到社会领域，提出可持续发展不仅可以创造经济增长，而且关注经济增长成果的公平分配。它"再造"环境而不是破坏环境，它给予人们帮助而不是使人们边缘化，它关注穷人，增加其选择和机会，使他们更多地参与到影响他们生活的决策活动中来。该定义得到了世界各国的一致认可并广为引用。

### 一　可持续发展的内涵

　　工业革命后，随着技术、资金和管理等水平的提升，经济社会快

---

　　① 尹凯：《小清河流域生态补偿问题研究》，硕士学位论文，山东农业大学，2014 年，第 16 页。

速发展，但由于仅考虑经济增长而忽视了生态环境的保护，导致了一系列生态环境问题，如土地减少、生态破坏、能源紧张和环境污染等①。人类面临着新的"生态危机"与"生存危机"，并且不断加剧，从而迫使我们重新审视、反思人类在生态系统中的角色和应有的作用。可持续发展理念正是在这样背景下提出并逐步发展起来的，引起了人们的广泛关注与共鸣。1980—1990 年是可持续发展相关理论发展的探讨阶段。1990 年到现在，可持续发展理论进入快速发展阶段，虽还不完善但内容体系不断丰富起来。

目前，学者对于可持续发展的定义并未能够形成统一认识。根据美国学者 Harris 在 1998 年的统计，有关可持续发展的定义多达 113 种，分别从不同角度、不同层次和不同内容上对可持续发展的概念进行界定。1972 年 Dennis L. Meadows 主持罗马俱乐部撰写的《增长的极限》报告发表，警示人类"零增长"是避免人类"灾难性的崩溃"的最好办法，即人类需要抑制增长。但是许多学者认为停止增长是不理智的，也是不现实的。同年，联合国"人类环境会议"明确提出要实施环境可持续发展战略。1980 年"可持续发展"一词最早出现在国际自然资源保护联合会等国际组织发表的《世界自然保护大纲》中。1987 年，《我们共同的未来》第一次较为系统地提出可持续发展定义——满足当代人的需要，又不对后代人满足其需要的能力构成危害的发展。WCED 强调可持续发展的前提仍然是发展，但是发展应有限度的要求，当代的发展绝不能危及后代人的发展需要。Pearce（2000）② 指出，可持续发展是既要保障当代人福利的增加，又不使后代人福利减少，其核心思想是寻求代际之间的公平。Peet（1992）③ 等学者将可持续发展定义为一种与增长经济相比较的稳态经济，其中

---

① 杨皓然：《青海高原生态经济系统可持续发展研究》，中国社会科学出版社 2014 年版，第 31 页。

② Pearce D. and Barbier E. , Blue Prin to Sustainbale Economy, London：Earthrnna Publications Ltd. , 2000.

③ Peet J. , Enegry and the Eeological Economics of Susatinbaility, Washington D. C. : Island Press, 1992.

的经济流量将保持在生态可持续的恒定水平上，即保持在一种"能在长久的未来一个足以有优裕生活标准的或人均资源使用水平"上。1981 年，Lester R．Brown[①] 出版了专著《建立一个可持续发展的社会》，提出控制人口和经济的有限增长，保护环境质量和数量，并积极开展相关再生源利用，以实现人类的可持续存在与发展。1992 年，根据联合国环境发展大会通过的《21 世纪议程》的要求，我国编制了《中国 21 世纪人口、资源、环境与发展》白皮书，首次把可持续发展战略纳入我国经济、社会发展战略发展规划中。1997 年，中共十五大提出了可持续发展主要包括社会可持续发展、生态可持续发展、经济可持续发展等内容。2002 年，中共十六大把"可持续发展能力不断增强"作为全面建设小康社会的目标之一。2007 年，中共十七大对我国可持续发展目标提出了新的、更高的要求，即建设生态文明。2012 年，中共十八大绘制了建设"美丽中国"的发展蓝图，生态文明建设把可持续发展提升到绿色发展的战略高度。

## 二　可持续发展的特征

可持续发展包含极其丰富的内涵，其特征主要表现在以下几个方面[②]：

### （一）发展是可持续发展的核心

经济增长是促进经济发展、促使社会物质财富日益丰富、人类文化技术能力提高、个人和社会的选择范围扩大的原动力。如果可持续发展失去经济增长这个手段，发展就不可能实现长久和可持续。综观可持续发展观念，它不再将发展的重点及核心局限于经济利益的最大化，同时，经济增长方式也不再是对自然资源的掠夺，以及对生态环境的破坏。可持续发展思想提倡通过资源替代、技术进步、结构调整、制度创新等手段，实现有限资源的公平、合理、有效、循环的利用。可持续发展的最终目标是改善与提高人类的福祉，为此，在发展

---

① Lester R． Brown, Eco - Economy：Building an Economy for the Earth, Washington D. C. ：Earth Policy Institute，2001.

② 刘同德：《青藏高原区域可持续发展研究》，中国经济出版社 2010 年版，第 17—19 页。

过程中一方面关注发展的质量与规模；另一方面是减少对生态资源的破坏以及对生态环境的污染，从而实现发展的可持续性。因此，可持续发展就是实现经济增长与社会发展和生态环境改善的有机结合，实现可持续意义上的经济增长。

（二）保护资源基础和环境承载力是可持续发展的基本要求

可持续发展要以保护自然为基础，以人类的资源禀赋为基础，与生态环境的承载力相协调，实现资源和环境的可持续利用。对资源和环境的利用，可持续发展要求从生态可持续能力的角度去理解。生态可持续能力有两层含义：一是与资源利用有关的自然资源的再生能力和替代速度；二是与废弃物排放有关的自然环境的承载限度。如果环境或生态可持续能力超出了能够承载的程度，将影响到可持续发展的能力。

由此可见，发展与保护并非是一对不可调和的矛盾。只是在发展过程中要保护生态环境，以资源节约型环境友好型的生产方式，通过防治生态环境污染，保护生物多样性等内容，达到改善生态环境质量的目的，使人类的发展始终处于地球生态系统的承载能力范围之内。

（三）可持续发展的目标是改善人类生活质量

可持续发展的目标是提高人类生活质量，最终实现人与社会的全面发展。可持续发展不仅要解决贫困、失业和收入等社会问题，而且还要实现资源和生态环境的永续利用。当代社会发展不可回避的一个事实，就是世界上大多数人仍然处在贫困和半贫困状态。可持续发展必须与解决大多数人的贫困联系在一起。对于发展中国家来说，贫困与不发达是造成资源与环境恶化的基本原因之一。只有消除贫困，才能构筑起保护和建设环境的能力。由于世界各国所处的发展阶段不同，各国发展所要实现的目标也各不相同，但从发展的内涵来看，表现出一些共性：通过发展实现人类生活质量改善、人类健康水平提高的目的，以及为国民创造一个平等、民主、自由、教育、人权和免受暴力的社会。

（四）可持续发展的灵魂是保证发展的系统性

可持续发展的灵魂是保证发展的系统性。从上面的分析可以看出，可持续发展是一个包括社会系统、经济系统与自然生态系统的复合系统。因此，可持续发展研究的对象自然是生态—经济—社会这一复合系统。为此，对可持续发展的理解必须要有系统的观点，这个复合系统内的生态要素、资源要素与人、社会、经济、文化诸等方面的要素之间相互联系、相互制约、相互作用。如果将可持续发展作为这个系统实现的优化目标，生态环境、资源及人口将是社会、经济及文化发展的制约因素。从这个意义上说，实现可持续发展是一个复杂而巨大的系统工程。

### 三 可持续发展研究视角

资源和环境不断受到破坏，造成人类发展的巨大压力感和危机感，也迫使人类不断调整对"发展"的认识，可持续发展就是人类对发展更为理智的选择和更高价值目标追求的结果。可持续发展要求建立一种新的发展模式，要求人类彻底放弃、摆脱社会发展中存在的各种病态发展行为[①]。随着可持续发展思想和理论广泛受到认可和接受，可持续发展思想快速影响着世界全球政界、学界。学者们从经济学、社会学和生态学等不同领域和视角对可持续发展进行理论研究与探索，主要是围绕着可持续发展的核心内涵、目标以及具有的特征等内容开展相应的理论研究。具有代表性的研究有以下几个方面[②]：

#### （一）经济学视角

可持续发展研究的经济学视角是通过制度经济学、福利经济学和发展经济学等经济学理论，对经济增长与发展和资源配置等内容进行研究，同时，注重研究在生态约束条件下的经济发展路径。Shafik、Grossman Gene M. 和 A1na B. Krueger 基于该领域的文献资料以及统计数据进行相关问题的研究，结果发现：经济发展和资源环境两者之间的关系是从相互竞争、相互排斥逐步演变为相互补充、相互适应的共生关系。在经济增长、产业和技术结构调整与发展的演进过程中，资

---

① 郭文轩等：《区域经济协调与竞争》，红旗出版社 2003 年版。
② 杨皓然：《青海高原生态经济系统可持续发展研究》，中国社会科学出版社 2014 年版，第 33—34 页。

源与环境之间的矛盾逐步出现并呈现日益加剧的特征，而后随着技术、结构的调整，资源与环境矛盾又逐渐缓解并走向协调，其变化过程呈现倒 "U" 形曲线关系，即环境库兹涅茨曲线。刘思华教授主编的《可持续发展经济学》是我国可持续发展经济学领域的第一部专著，也是 20 世纪 90 年代的代表作。魏一鸣等[①]认为可持续发展是包括生态、经济和社会的持续性发展，三者之间的关系是相互作用与不可分割的，无论是孤立追求经济增长，抑或是片面追求生态持续，都会导致经济崩溃或环境的衰退。因此，生态持续是基础，经济持续是条件，社会持续是目的。

（二）社会学视角

可持续发展研究的社会学视角，是以文化、制度、传统和技术等因素为研究手段和载体，从社会发展、公平分配和社会正义等方面对可持续发展进行研究。联合国开发计划署把区域经济效率、社会公正是否合理与平衡作为可持续发展的主要判别标准，主要涉及社会发展、公平分配、利益均衡等内容。段显明等[②]对可持续发展中的代际公平进行了综述研究，提出了可持续发展应注重代际权利和机会公平、代际财富与福利公平、代际资本公平和代际资源与环境公平等内容。他认为公平性是可持续发展的核心内容之一，代际均衡发展是可持续发展战略的重要方面。李具恒等[③]认为，规范人与自然、人与人之间的关系准则是可持续发展的主题，人与自然关系和谐是人类文明得以发展的 "必要性条件"，而人与人关系和谐是 "充分性条件"，只有二者整合才能真正地构建经济社会与生态可持续发展的理想框架。

（三）生态学视角

可持续发展研究的生态学视角，是以生态学的平衡与协调、环境

---

① 魏一鸣等：《北京市人口、资源、环境与经济协调发展的多目标规划模型》，《系统工程理论与实践》2002 年第 2 期。

② 段显明、林永兰、黄福平：《可持续发展理论中代际公平研究的述评》，《林业经济问题》2001 年第 1 期。

③ 李具恒、白奉源：《西北地区经济可持续发展的主要人力资本问题》，《西北人口》2001 年第 3 期。

资源有效极限规律等理论为可持续发展提供了坚实的生态学理论基础。生态学视角下的可持续发展研究，更关注生态能力方面的研究，其中对生态承载能力的研究最具代表性。1921 年，Park 和 Burgess 在生态学研究领域首次应用了生态承载力的概念。20 世纪 90 年代初，加拿大大不列颠哥伦比亚大学规划与资源生态学教授 Rees 提出"生态足迹"的概念，也称"生态占用"。Farnsworth K. D. 等①在可持续发展的背景下，利用行为生态学方法构建了经济与生态决策模型，在充分考虑主客观、多目标决策等要素的基础上，从经济和人两个维度模拟了复杂的人类生态系统中各子系统的相互作用与影响，为人类各种决策提供了有效信息。Moncia Grasso②则运用动态优化和模拟模型，建立了海岸红树林的森林（生态系统）和渔业生产（经济系统）之间关系即区域生态—经济模型，以此来解决红树林资源使用问题上的融合与交叉。包庆德③认为，生态力是指人们赖以生存和发展的自然资源的丰度、生态演化的频度和环境质量的程度等在内的生态系统综合发挥力。赵景柱等④从生态视角，构建了经济、社会和自然形成的复合生态系统的持续发展评价指标体系，强调了复合生态系统评价指标是满足经济、社会和自然三者的由若干原则组成的各类指标的集合。

## 四　可持续发展的核心理论

可持续发展的核心理论，尚处于探索和形成之中。目前已具雏形的流派大致可分为以下几种⑤：

---

①　Farnsworth K. D. and Beecham J. , Robetrs D. , A behavioral ecology approach to modeling decision making in combined economic and ecological system, Southampton： UK WIT Press, 1989.

②　Moncia Grasso, "Ecological Economic Model for Optimal Mangrove Trade Off between Forestry and Fishery Production： Comparing a Dynamic Optimization and a Simulation Model", *Ecological Modeling*, Vol. 112. 1998.

③　包庆德：《生态哲学操作：西部资源环境与经济生态三题》，《自然辩证法研究》2002 年第 2 期。

④　赵景柱等：《基于可持续发展综合国力的生态系统服务评价研究》，《系统工程理论与实践》2003 年第 1 期。

⑤　刘同德：《青藏高原区域可持续发展研究》，中国经济出版社 2010 年版，第 22—23 页。

（一）资源永续利用理论

资源永续利用理论流派的认识论基础在于，人类社会能否可持续发展决定于人类社会赖以生存发展的自然资源是否可以实现永续使用。基于这一认识，该流派致力于探讨使自然资源得到永续利用的理论和方法。由于旅游产品是一种无形产品，其在原则上不会随着开发利用的不断深入而被消耗掉，旅游者付出一定的金钱所能购买的只是一种经历和感受，而不是旅游资源本身。

（二）外部性理论

外部性理论流派的认识论基础在于，环境日益恶化和人类社会出现不可持续发展现象和趋势的根源，是人类迄今为止一直把自然（资源和环境）视为可以免费享用的"公共物品"，不承认自然资源具有经济学意义上的价值，并在经济生活中把自然的投入排除在经济核算体系之外。基于这种认识，该流派致力于从经济学的角度探讨把自然资源纳入经济核算体系的理论与方法。

（三）财富代际公平分配理论

财富代际公平分配理论流派的认识论基础在于，人类社会出现不可持续发展现象和趋势的根源是当代人过多地占有和使用了本应属于后代人的财富，特别是自然财富。基于这一认识，该流派致力于探讨财富（包括自然财富）在代与代之间能够得到公平分配的理论和方法。

（四）三种生产理论

三种生产理论流派的认识论基础在于，人类社会可持续发展的物质基础在于人类社会和自然环境组成的世界系统中物质的流动是否通畅并构成良性循环。他们把人与自然组成的世界系统的物质运动分为三大"生产"活动，即人的生产、物质生产和环境生产，致力于探讨三大生产活动之间和谐运行的理论与方法。

**五　生态足迹理论与可持续发展理论的关系**

（一）理论产生的背景具有一致、相互联结的关系

虽然两个理论提出的时间顺序上有先后，但它们提出的背景却是相似的，即都是在生态资源对人类生存和发展产生危害和限制时提出

的。当人类面临生物多样性减少、环境污染加剧、土地退化、臭氧层空洞扩大及全球气候变暖等生存危机的威胁时，人们开始对经济增长的生态代价问题提出质疑和研究，可持续经济发展、生态承载力、生态可持续性，生态足迹的概念就应运而生。所以，可持续发展和生态足迹的概念都是在全球生态危机出现的大背景下提出的，具有必然一致性。

（二）理论研究目的具有共同的、相互统一的关系

可持续经济发展承认经济增长存在生态代价，因为经济增长要素投入效果具有二重性。影响经济增长的劳动、土地、资本、技术进步、人力资本以及知识因素等诸要素，对经济增长的作用都不是单向的。而古典经济增长理论由于受历史的局限，只考虑了经济增长要素的投入对促进物质财富增加的单一性，而忽视了经济增长的负效益及生态代价的存在。因此，以经济利益最大化为目标的经济增长理论，不仅无法解决目前经济发展所面对的生态与经济相冲突的矛盾，而且演变成了由于经济增长造成巨大生态危机局面的理论误导。

生态足迹就是经济增长产生生态代价的形象表达。经济增长产生生态代价的结果是：经济发展的制约因素已由人造资本转向生态资本，经济发展的威胁因素已由经济赤字转向生态赤字。人类经济正在毁灭自身运行的支持系统和人类的生命保障系统——生态系统。因此，必须正视经济发展中生态代价的客观存在，把生态觉悟融入经济决策中，保证生态可持续性的可持续发展经济。

（三）理论考虑问题的角度和层次有联系性

可持续经济发展研究是从更高的、宏观的角度来研究生态与经济可持续发展的问题，但最终不能脱离生态足迹约束阈值的限定。生态足迹研究是从经济增长的"源头"和"出口"来研究生态与经济可持续发展问题。可持续发展是目标、是战略，生态足迹是测度、是规定。

## 第二节　生态经济协调发展理论

20 世纪 60 年代以来，人口、资源、环境与经济之间出现了相互不协调、相互不适应的局面，怎样才能摆脱这种生态经济困境呢？为了解决这个全球的共性问题，学者们围绕着环境保护、自然资源的利用、环境现实状态、经济增长的极限以及世界发展前景等问题展开了辩论。由此可见，将未来学和发展战略学结合，对人类的前途、未来的世界进行预测，可以解决自然生态环境与人类社会经济发展之间的可持续发展问题。于是，一场世界经济社会发展"模式热"在全球范围内蓬勃兴起，各种各样的现代经济社会发展的世界模式、方案应运而生。

全球战略的各种世界模式，从自然生态环境与经济社会协调发展关系的意义上划分，大致可分为两种类型：消长互损型的生态经济模式和协调互促型的生态经济模式。消长互损型的生态经济模式有三种具体形态①：（1）采取放弃发展经济来保护生态环境的原始经济模式；（2）通过牺牲生态环境来实现经济发展的传统经济模式；（3）通过限制资源消费和放慢经济增长来维持生态平衡目标的经济模式。这三种经济模式，都不符合或不完全符合现代经济社会发展和人类社会自身发展的规律，现代经济社会发展需要一种新的理论与模式，那就是生态经济协调发展论和以此为理论基础建立的协调互促型的现代生态经济模式，来弥补或者取代传统的经济模式。

1991 年，在北京召开了全国十年生态与环境经济理论回顾与发展研讨会，刘思华教授在会议总结中指出，当代中国生态经济协调发展理论，是我国学者集体的伟大创造。"这次会议的历史功绩，就在于充分肯定和高度评价了我国学者创立的生态经济协调发展学说"。

---

① 刘思华：《关于生态经济协调发展论的几个问题》，《生态经济》1987 年第 6 期。

### 一  生态经济协调发展论的特点

生态经济协调发展论对于经济社会发展与自然生态环境关系的基本看法，既不同于悲观的生态经济观，又不同于乐观的生态经济观，也区别于现实论的生态经济观。

#### （一）人类主观能动性的发挥

从人与自然的关系来看，人类无论是作为自然的人还是作为社会的人，都不是消极适应自然，而是在适应中不断认识自然与能动利用自然，不断创造物质文明、精神文明和生态文明，推动人类社会向前发展。从一定意义上讲，生产的不断发展、经济的不断增长、科技的不断进步的历史就是人类社会发展的历史。发挥人类的主观能动性，就是要实现自然、人类、社会之间的和睦相处，实现人类社会生产发展历史进程与自然界相互协调、与生物圈整体联系相互协调，前提条件是人类对自然规律和社会规律正确认识和科学运用，最终实现生态环境改善与经济社会同步协调发展的"双赢"。

#### （二）生态环境与经济增长的协调互促

生产能力的提高、科学技术的进步和经济的不断增长，在客观上对生态环境的影响存在两种可能性：科学技术的进步、经济的不断增长，为消除污染和改善生态提供了经济技术条件，增强了解决生态环境问题的实力。总体来讲，经济与生态之间是一个相互协调、相互促进的关系，没有经济的发展，保护与改善生态环境就没有保障；反过来，没有生态环境做基础，经济的发展也是没有质量保障。当然，发展经济过程中，尤其是现代社会生产力的不断提高，加剧了资源、能源的消耗与枯竭的速度与程度，使得生态破坏，环境污染日益加重，从而带来某些不利于人类社会的因素，如果将上述两种可能性变成现实，除了需要生产力的发展和科学技术进步之外，更多地需要相应的制度安排，以及与制度安排相适应的体制、机制和政策。

在我国社会经济进入新常态的背景之下，新的生态经济问题不断出现，要解决这些问题，一是要解决在社会经济发展过程中违背生态经济规律的经济、社会领域的制度安排等根源；二是要真正发挥科学技术的支撑作用，以实现社会经济在新常态下的持续发展，推动社会经济的现代化。这就要求人们必须遵守生态经济规律，处理好生态环境与经济社会发展的相互关系，妥善解决矛盾，趋利避害，从而实现在推动经济发展的同时，有效地改善生态环境。生态环境的改善又进一步地反作用于经济社会，促进经济社会的发展，这种现代生态经济良性互动、协调互促的发展模式，就是可持续发展不断追求的发展模式。

（三）对应于生态经济协调发展战略

良性互促的生态经济协调发展模式，必然是经济社会发展战略所追求的目标。[①] 生态经济协调发展战略与其他战略之间本质上的区别在于：经济社会必须不断发展，生态平衡必须永远保持，技术系统必须日益完善，使之既适应经济增长，又适应现代生活方式的改变，同时还需要生态健全，使其成为协调经济社会和自然生态同步演替的桥梁，有效地构成生态系统同经济系统、社会系统和科技系统之间相互依存，成为一个不可分割的有机复合整体。为此，必须彻底改变传统的社会观、生产观、需求观、财富观，树立符合生态经济学规律的、现代的、完整的社会观、生产观、需求观、财富观，即生态经济协调发展观。

## 二　生态经济协调发展论的基本内容

（一）现代经济社会是一个生态经济的有机整体

传统观点认为，社会越进步，经济越发展，技术越先进，人类就会越超脱于自然界之外，经济也会凌驾于生态之上，在此观点指导下，人、社会和自然界之间的依存关系逐渐削弱。事实恰恰相反，无论社会怎样进步，其经济发展所必需的一切物质资源，归根结底都要来自于自然界；无论技术怎样先进，人类生存与发展中的各种经济活动，总是离不开一定的生态系统，并且还与一切和物质资料有关的周围环境存在着一个互相平衡和协同发展的关系。伴随着生活质量的不断提高，经济发展需要的物质资源的种类、数量和质量会不断增加，

---

① 王文浩：《河北省环京津贫困带生态经济协调发展研究》，硕士学位论文，石家庄经济学院，2013 年，第 11 页。

对资源质量和环境质量的需求也会不断提高，与此同时，人类必须通过自己的经济活动持续不断地为生态系统输入物质和能量，以激活与增强生态环境的自我更新和资源补偿的持续供给能力，使自然界在物质循环和能量流动中不断发展，生态服务价值不断提升。因此，理论与实践都证明，生物圈、技术圈都随着经济的发展、先进技术的应用、社会的不断进步而相互依存、相互融合、相互作用，彼此之间形成具有更加紧密关系的综合系统，即生态经济系统，这是一个无法逃避的客观现实。

（二）现代经济社会的人类需求是一个生态经济体系

传统经济学研究问题往往着眼于系统内部，将研究的重点内容放在系统内部的物质生产活动，以及物质的交换、分配以及消费等现象和过程，进而来研究人类在发展过程中的物质文化需求，而把人类自身生命、生活、生产过程中对生态环境的需要排除在人类生存和经济社会发展的需求之外。事实上，由自然生态系统直接供给人类自身生活与生产和社会物质生产活动的物质条件，才是人类最根本的需要。现代经济社会作为一个生态经济有机体，把人类全面需求推向一个新的水平，这正是以现代人的生态需求为显著特征的。因此，现代人的需求不仅是物质产品需求、文化产品需求，而且也是生态产品需求。由此可见，随着社会经济的发展，以及消费者收入的增加，人类的需求不再仅仅局限于一个方面，而是多个方面，即不但是物质需求，而且还包括了精神需求，特别是近些年来优质生态环境日益短缺的背景下，生态产品日渐成为消费者关注的重要内容，而且呈现出强劲的需求态势。人的全面需求不仅推动了经济社会的变革与发展，而且还推动了人类社会自身的发展，是现代生态经济体系的内在发展动力。

（三）现代经济社会再生产是生态经济有机系统再生产

现代经济社会再生产，不仅包括物质资料再生产和人类自身再生产，还包括自然生态系统内部物资循环和能量转化的自然生态再生产以及人类智力产品的精神再生产。自然生态再生产是人口再生产、物质再生产和精神再生产的物质基础。随着科学技术的发展，人类社会生产力逐渐得以提高，在此情况下，上述四种生产形态将会更加融合，构成关系紧密的综合系统。现代经济社会再生产运动过程，实质上是经济社会系统和自然生态系统相互交织与统一运动的生态经济再生产运动过程。

（四）生态经济协调发展是人类社会经济发展到一定历史阶段所表现出来的基本规律

人类的生产、生活范围无外乎就是生物圈，即地球上最大的生态系统。经济社会系统的主体是人类及其经济活动，自然生态系统的控制者和协调者也是人类及其经济活动，人类及其经济活动本身所固有的运动与变化规律会推动着生态经济系统按照它的规律向前发展。因而，① 生态经济系统进化发展的总趋势是始终保持经济社会子系统和生态子系统之间相互平衡和协调发展，在任何经济社会形态中都具有内在必然性。生态经济规律自然成为一切经济社会形态中人类社会经济活动所共同遵循的规律。现代经济社会条件使这个规律获得了发生作用的广阔空间。

（五）现代经济社会建设要实行现代经济社会协调发展战略

在社会经济现代化进程中，应充分发挥生态经济协调发展规律，建立起适应自然生态的现代生态经济模式，进而实现经济社会与生态的协调发展。现代经济发展既不能再将追求利润和经济增长作为唯一目标，也不能将追求古朴的、优美的生态环境作为唯一目标，而要追求生产发展、生活提高、生态改善相统一的综合目标。现代经济社会的持续稳定发展，必须建立在生物圈稳定演替的基础之上，为此需要从过去把自然界视为经济社会发展的异己转变到人与自然相处、社会经济与自然生态协同发展的轨道上来。

**三　生态经济协调发展规律**

（一）生态经济协调发展规律的含义

在生态经济系统中，人类需求与自然供给之间、经济系统与生态系统之间既有对立的、矛盾的一面，又有统一的、协调的一面，二者

---

① 刘思华：《论生态经济规律》，《广西大学学报》（哲学社会科学版）1985 年第 3 期。

的关系状况如何，主要取决于人类及其经济活动的调控作用。从系统论的观点来看，人类是生态系统中的一个成员，同时又是经济系统中的主体。从前者来看，人类只能适应自然，被动地适应自然生态规律；从后者来看，人类通过社会经济活动，影响自身所处的生态系统，从而合理组织发挥生态系统的生产能力，为实现人类经济社会的发展目标服务。

生态经济的矛盾运动客观上要求人类经济活动的调控作用达到如下程度：能使生态系统的物质、能量、资源得到最大限度的开发利用，发展生产力，以满足人类的全面需求又不会破坏生态系统的稳定状态，以维持系统的正常功能。只有达到这个程度，生态与经济才能实现协调发展，从而达到经济系统的经济社会再生产和自然生态系统的生态自然再生产之间相互平衡和协调发展，"生态经济协调发展规律"就是生态经济基本矛盾的运动规律。

生态经济协调发展规律是指①：生态经济系统是经济系统和生态系统相互融合而成的复合系统，经济系统是生态经济系统的子系统之一，生态系统是经济系统的基础，经济系统则对整个系统的变化越来越起着主导作用。生态经济系统是人类为了满足自身不断发展的物质和文化的需要，而通过生产活动改变原来的自然生态系统逐步形成的。② 在生态经济系统的子系统，即经济系统和生态系统之中，都各自存在着经济规律和生态规律，而在经济系统与生态系统之间以及在经济规律与生态规律、经济效益和生态效益、经济平衡与生态平衡之间，都存在着既相互联系又相互区别，生态系统与经济系统相互包容、彼此适应，从而实现生态经济系统的协调发展。

（二）生态经济协调发展规律的特点

生态经济协调发展规律和其他规律一样，具有自己的作用形式和特点：

1. 生态经济协调发展的整体性和系统性

生态经济协调发展的整体性和系统性首先表现在构成生态要素的

---

① 马传栋：《生态经济学》，山东人民出版社 1986 年版，第 66 页。
② 徐辉：《生态经济学的研究内容和方法》，《林业勘查设计》2001 年第 2 期。

整体性。它要求组成该系统的经济系统和生态系统各要素的求全性，即它在要求经济系统中的生产力结构和生产关系结构完备性的同时，又要求其生态系统的各个子系统组成要素的完备性。生态经济协调发展的整体性和系统性第二种表现是，构成经济系统和生态系统的各个要素彼此之间不是简单地被组合在一起，而是被组合成一个有机的整体。生态经济协调发展的整体性和系统性的第三种表现，就是要对经济系统和生态系统进行整体规划与管理，从而实现经济系统与生态系统之间的协调发展。

2. 生态经济协调发展规律的作用的长期性和滞后性

生态系统中的各个生态要素之间的协调性，不像经济系统各经济部门之间的协调关系那样，有着较为严格的经济技术关系，从而决定了生态系统和经济系统之间的协调关系具有伸缩性，同时生态系统再生产的周期很长，它的进化发展或停滞是一个长期的缓慢过程，进而决定了生态经济系统的变化和发展具有长期性。"滞后性"是生态经济协调发展规律的典型特点，即当人们违背这一规律时，规律往往后发制人通过惩罚来显示它的作用。

3. 人类经济社会对生态经济协调发展规律的适应性

规律是客观存在的，人类在社会经济发展进程中，只能顺应规律，而不能违背客观规律，否则会导致严重的负面影响。随着科学技术的进步，人类对自然生态系统的影响程度不断加深，范围不断扩大，真正意义上的自然生态系统越来越少。人类应立足于提高人与自然之间的协调性，为此，需要将社会经济活动置于生态经济协调发展规律的框架之内。

（三）生态经济协调发展规律的实现

认识与发现规律的目的是为了将行为置于规律之下。因此，人类在揭示和把握生态经济协调发展规律、特点的基础上，应努力遵循和实现这一规律。人类发展的最优目标具有多元化的特点，要实现的是生态经济最优。为此，人类在社会经济发展过程中，不能追求单一的经济发展，必须同时考虑到经济发展过程可能会导致的生态效果。与此相对应，也不能仅仅立足于保护生态，而不考虑社会经济的发展。

一般而言，生态系统的改善并不能及时带来一定的经济效益，同样，生态系统的破坏也不会在第一时间对经济的增长起到限制作用。正是由于这种滞后性与长期性的存在，就要求人类在制定社会经济发展决策时，应立足眼前，放眼长远。

人类主观能动性的发挥应顺应这一客观规律。为此可以通过疏导性的政策、计划和战略方针，强制性的法律、税收或行政命令来有效控制破坏生态平衡的行为，也可以通过启发教育式的宣传、价格等经济杠杆、补偿更新生态生产力的技术等途径来协调人与自然的关系，从而实现生态经济系统由失衡走向平衡，人与自然之间的关系由对立走向协调。

### 四 生态足迹理论与生态经济协调发展论的关系

#### (一) 理论的本质具有一致性

经济发展必然要消耗一定的资源，同时也要向环境排放一定的废弃物，[①] 因此，经济发展并非意味着保持生态系统不变，可以在持续的生产基础上开发可再生资源，而对非再生资源可以通过评估其对于给定经济系统的重要程度、资源保护状态、再循环技术的适应性以及替代的可能性加以保护。生态足迹是指在一定的技术条件下，能够持续地提供资源或消纳废弃物、具有生物生产力的地域空间，它从具体的生物物理量的视角，研究自然资本消费的空间测度问题。生态经济协调发展与生态足迹的本质都是自然环境与人类使用的一种平衡，是生态系统和经济系统之间的动态平衡，理论的本质具有一致性。

#### (二) 理论的基本观点具有一致性

梅多斯等提出的增长极限说，其理论基础是地球有限论，即地球的资源环境是有限的，并不是取之不尽、用之不竭的，这就决定了人类必须在自然资源与环境容量所允许的范围内去谋求自身的发展。人类活动不论是对耗竭性资源、非耗竭性资源的使用，还是地球对污染和破坏的自我修复能力都存在着最大阈值，一旦人类生产活动超过了

---

① 蔡宁、吴刚、许庆瑞：《论经济环境协调发展及其模式》，《中国环境管理》1995 年第 3 期。

生态环境的承载力，势必会引起程度不同的生态危机。

实际上，生态足迹理论和生态经济协调发展论都承认经济增长受自然生态极限约束的可持续发展经济理论。目前，地球有限论已经科学地阐明了经济发展的可持续性既不能牺牲生态环境，也不能超过生态环境承载力，人类社会的经济活动必须在生态环境系统的生态允许限度内进行。生态足迹超出了生态承载力就出现了生态赤字，生态经济协调发展论也认为，经济发展对生态环境的影响超出生态承载力的数量范围，经济发展与生态环境就处于不协调状态。

（三）理论所遵循的原则具有一致性

要推动生态文明建设，必须走出单纯依靠市场机制和技术进步来发展现代经济的认识和实践误区。生态优先原则在本质上是尊重自然生态极限的原则。它要求现代经济社会发展，必须严格地限制在地球资源环境的承载力之内，维护地球生态系统的稳定性、有序性与多样性，维持自然生态环境和人类经济社会的整体性、和谐性和持续性。即当经济利益和生态利益发生冲突的时候，或者说市场和技术原则与生态原则发展出现矛盾的时候，必须"生态优先"。归根结底，就是人类社会经济的生态合理性的原则，即人类社会经济活动的生态合理性优先于经济和技术的合理性，生态优先是人类处理与自然关系、生态与经济关系的最高法则，能够矫正人类社会经济发展行为的生态环境负效应，使现代经济朝着生态可持续的方向发展。

# 第三节　生态价值理论

## 一　生态价值理论的提出

传统经济学是从当代人，而且是从个人和市场的角度去看待人类利益的。因此，它只注重那些能给个人带来特定经济利益的活动，而将那些尽管对社会和人类非常重要，但不能给特定的人带来特定经济利益的活动，都排除在考虑范围之内。在传统经济学中，尽管不同流派对价值的认识有所不同，但都是从个人利益的角度去看待价值，并且将其等同于社会价值。在这种理论的指导下，随着人口的不断增长，人类活动对于自然环境的干预能力和规模都日益扩大，导致了生态环境的恶化、自然资源的耗竭、生态系统的破坏等一系列生态危机，这是不可持续发展的突出表现。当人类认识到生态环境问题的严重性及其对人类生存的危害性时，就开始反思人类在社会经济发展中的生产、生活行为是否合适，在此过程中，也逐渐认识到自然生态资源的价值所在。

一般而言，传统价值理论仅仅从经济角度分析考虑问题，而生态经济价值理论则是从社会整体角度分析问题，同时，也考虑到代际之间的综合价值。

价值的本质可以是指事物的用途或积极作用，它源自人们对待满足他们需要的外界事物的认识。① 如果以能够增进人类利益的物品或活动都具有价值这个标准来衡量，人类的社会经济生产具有这种性质，因而是价值的源泉之一。大自然也有这种功能，因而也是价值的源泉之一。因为与人类的社会经济生产一样，大自然也为人类提供了许多能够满足其福利需要的产品。大自然不仅为人类提供了像空气、水及其净化再生功能、生态条件等维持生存的条件，而且还向人类提供部分物质产品，如各种自然资源和矿产品等。更重要的是，大自然是人类生存的基础，人类从物种角度看，种族的繁衍是最大的福利，自然界的质量的好坏直接影响人类福利，如果质量严重下降，人类的生存就没有保障，更谈不上福利的提高。同时，生态环境还是生产力的载体，是生产力得以运行的物质基础。因为生产力的运行依赖于自然界向其提供各种能源和原材料，并吸纳生产过程中释放的各种废弃物。所以，自然界或生态环境以及各种能满足人类福利需要的资源，同劳动一样都是价值的源泉，并且是最基础的源泉。

**二 生态价值理论**

从经济学意义上来讲，对自然生态系统是否具有价值还没有定论，但生态经济学理论则认为自然生态系统是有价值的，现就几种主

---

① 戴冠来：《环境价格合理化标准探讨》，《中国物价》2010 年第 5 期。

要的观点进行分析。

（一）财富论的观点

作为人类社会经济发展基础的自然界，是一切财富的源泉，正如威廉·配第所说"劳动是财富之母，土地是财富之父"。配第从使用价值角度考察财富，认识到作为物质的财富，不仅需要人类劳动，还要依靠自然界及其自然力，或者说还需要"土地"。人类的一切活动是不能脱离生态系统而进行的。如果这个系统被人为地破坏了，人类的一切经济活动最终都将被颠覆。因此，自然生态系统是具有价值的，是人类创造财富的源泉。

（二）效用论的观点

效用论认为，价值是客体能够满足主体的某种功能或效用，而自然资源作为客体能够满足人类的需要，所以对于人类来说它是有价值的[1]。由于人类对资源和环境的认识还不深，利用开发不够合理，从而造成了一定程度的生态破坏与环境污染、资源浪费等问题。实际上，许多自然资源都具有多方面的功效，[2] 如有机质的合成与生产、生物多样性的产生与维持、调节气候、营养物质储存与循环、土壤肥力的更新与维持、环境净化与有害有毒物质的降解、植物花粉的传播与种子的扩散、有害生物的控制、减轻自然灾害等许多方面。由于这些功能对于人类来说都具有很重要的意义，因而自然资源是有价值的。

（三）稀缺论的观点

全球性的生态危机出现之后，自然生态资源的稀缺性日渐凸显，在此情况下，就体现了自然生态资源的价值。

自然资源的稀缺性是指相对于人类的无限欲望，可以满足人类无限欲望的自然资源是有限的，这种有限性就表现为资源的稀缺性。因此，需要建立资源配置的有效途径，实现有限自然资源的最佳配置，

---

[1]　袁德法：《山区生态经济建设理论及效益评价的研究》，《农业技术经济》1996 年第 5 期。

[2]　黄艺：《流域水生态功能区划及其关键问题》，《生态环境学报》2009 年第 5 期。

最大限度地满足人们的欲望。根据稀缺性理论，相对于人类种群而言，自然资源相对丰裕之时，人类是不可能关注自然资源的价值所在；但随着人类种群的扩大，自然资源不再能无限制地满足需求之时，自然资源的价值会逐渐凸显出来。[①] 从生产力发展的前景来说，在一定的理想条件下，如能源无限获得、人造物质技术获得突破、人口得到有效控制等前提下，自然资源是非稀缺的。但由于这只是从理论以及科学技术发展的前景进行的推论，能否实现也是一个未知数。人类要健康地延续下去，必须要认识到人类赖以生存的自然生态环境、自然资源的生态服务价值，只有如此，才有可能选择有利于人类可持续发展的生产方式及生活方式。

虽然现有的各种理论都有它的不完备之处，但都认为生态资源具有价值，这是理论上的重大进步。这些理论在人类进行经济活动时具有重要的指导作用，能够帮助人类正确认识自然界。

### 三 生态价值的含义

生态价值是指地球生物圈作为生命维持系统或人类生存系统的价值，或称为生存价值（existence value）。[②] 它是自然界物质生产过程中创造的价值，涉及自然界的消遣价值、美学价值、生命价值、科学价值以及伦理价值等。

具体来说，生态资源不仅有价值还有使用价值。生态资源的使用价值就是生态资源对人类社会的有用性，能够满足人们某一种需求的属性，如牧草、瓜果、动物、林木、水产品、淡水、矿产、土地等都可以满足人类的某一种需求。生态资源整体的使用价值表现为生态系统的使用价值，如调节气候、保持水土、防风固沙、减少灾害、繁衍物种、美化净化等。这种使用价值具有整个有用性、空间不可移性、用途多样性、持续有用性、共享性和负效益性等特点。

生态资源的价值可以分为自然资源价值与生态系统价值，即：

---

① 农华西：《论自然资源非稀缺性假说及其意义》，《科技咨询导报》2007 年第 18 期。
② 田国双、曲艳梅：《森林生物多样性资产价值系统构建研究》，《林业经济》2011 年第 11 期。

生态资源价值＝资源价值＋生态价值

其中，资源价值就是资源被人们利用的经济价值，如森林的个体价值，而生态价值是指资源总体所具有的资源价值，它间接地服务于人类。所以结合生态环境价值的内涵，广义的商品价值形式可以表示为：

$$W = G + E + F \tag{2-1}$$

式中：$G$ 表示原有意义上的商品价值；$E$ 表示自然资源的价值；$F$ 表示生态系统的生态价值。

一般而言，生态价值是通过生态服务功能体现出来的对人类直接或间接的作用，这些作用对于人类来说是必不可少的。所谓生态服务功能是指生态系统所提供的支撑和保护人类活动或影响人类的福利水平[1]。这些功能包括生物生产、维持大气组成、稳定和改善气候、控制洪水减轻洪涝和干旱灾害、提供饮用水、吸收废弃物、营养物质循环、形成土壤、提供实物、维持物质和基因库、提供自然景观和娱乐场所、环境净化等[2]。生态系统作为生命支撑系统，如果没有它，就没有人类社会经济活动。生态系统不仅在全球物质循环，如碳循环和水循环中起着重要的作用，而且具有生产可再生资源和提供生态服务的功能。

自然生态系统是地球在几十亿年漫长的进化过程中所形成的功能系统。生态平衡的改变不过是地球演变过程中的一个改变，对于自然来说是中性的。但是对于人类来说，这种转变可能有益于人类，也可能有害于人类。人类自身的发展始终都与自然生态系统息息相关，后者是最基本的生态资源基础。当然，自然生态系统中的每一个生物都占据特定的生态位，对于自然生态系统的平衡的形成、发展和保持都具有不可替代的作用。因此，自然界中的一切自然物对维持人类生存系统来说都具有价值，这就是生态价值。

---

① 喻闻、李宁辉：《伊犁地区野果林恢复的非市场价值评估》，《农业经济问题》2007年第 S1 期。

② 葛堃：《基于土地生态服务价值的南昌市土地利用优化配置研究——兼论南昌市土地利用总体规划调整》，硕士学位论文，江西师范大学，2011 年，第 15 页。

### 四　生态价值的特征

（一）生态价值是一种整体价值和综合价值①

地球生态系统中各子系统之间、每种物种之间、生物与非生物之间，都存在物质流、能量流、信息流的流动与交换，彼此之间相互依赖、相互制约，从而保持了该系统的动态平衡。正是由于这种平衡的存在，才使得地球生态系统能够健康演变、发展，也才使得其中的所有生命得以生存与进化。生态平衡一旦破坏，将会危及整个地球生态系统的正常运行，进而影响到人类的生存和发展。

（二）生态价值的主体是人类

自然生态系统为人类提供了公平的生态服务价值，即所有人类在享受生态服务价值方面都是平等的。因此，人类也应该强化自身的主体地位，从实现全球可持续发展的角度进行全方位的协调与合作。对人类的价值取向而言，由于生态价值具有不可替代的性质，因而，可以把生态价值作为人类的最高价值看待。② 以森林为例，据中国专家研究，在森林的效益总量里，木材生产效益占11%，花卉、藤类、药用植物等生产效益占1%，森林固定 $CO_2$、释放氧气、固土保肥、改良土壤、蓄水调洪等生态效益占87%。③ 根据日本专家预测，森林木材的经济效益与森林的生态效益比例大致为 1:6—1:20。这些科研成果表明，人类从自然界得到的生态价值高于其他的价值。

生态价值的存在是人类生存和发展的基础，破坏它就意味着破坏人类赖以生存的基本。所以，从实现人类自身的健康延续角度来讲，人类所从事的一切实践活动，都不能以实现经济价值为借口而破坏生态及价值；相反，应该服从生态价值，即人类从事的实践活动一定要在自然生态的承载能力范围之内，从而实现社会经济与自然生态之间

---

① 赵映诚：《生态经济价值下政府生态管制政策手段的创新与完善》，《宏观经济研究》2009 年第 9 期。

② 翟江：《我国发展生态经济的法律规制研究》，硕士学位论文，哈尔滨工程大学，2006 年，第 21 页。

③ 唐华清：《生态文明视域下经济价值与生态价值的协调发展》，《经济导刊》2011 年第 11 期。

的平衡。

**五　生态足迹理论与生态价值理论的关系**

（一）理论本质是满足"以人为本"的生态需要

广义的生态需要包括人的生存需要、人的感应、人的行为、人的发展在内，特别是人的生存需要，其中也包括往往被忽略的人的生存空间的持续满足，是一切发展的基石。生态系统的生命支持功能价值是目前任何其他性质的系统都无法替代的，这是生态价值最重要的体现。随着生态系统自身规模的扩大，人类社会所享用的生态服务功能就越多，生态价值总量就会增大，生态资源整体的使用价值，就是生态资源对人类社会的有用性，是能够满足人们某种需要的属性。生态足迹是经济系统运行中人类的生态需求。从生态系统供给的角度来讲，满足人类活动的生态需求就是生态价值；从人类对生态系统需求的角度来讲，生态需求就是生态足迹。

（二）理论分析的基本命题是经济增长存在生态代价

生态足迹理论与生态价值理论都承认经济增长存在生态代价，因为经济增长要素投入效果具有二重性。劳动、土地、资本、技术进步、人力资本以及知识等因素，对经济增长的作用都不是单向的。它们既能增加物质财富，促进经济增长；又会带来一些负面效应，如资源浪费、生态环境破坏，从而造成大量的不良品损失、人为事故损失以及社会问题等。经济增长产生生态代价的后果是：经济发展的制约因素已由人造资本转向生态资本，经济发展的威胁因素已由经济赤字转向生态赤字。人类经济正在毁灭其自身运行的支持系统和人类的生命保障系统——生态系统。可见，经济增长存在生态代价。这不仅是现实存在，而且是两个理论分析的基本命题。

（三）理论始终以调控环境与发展的平衡为目标

对于不同的生态系统，要想保持和利用它的生态价值，就要求人类活动对生态系统的干扰或破坏不能超过生态系统的承载能力，即一定要保持生态平衡。如果人类活动对生态系统的利用超过了一定的生态阈值或生态限度，那么就产生生态赤字，这时生态价值呈现递减趋势，直至完全崩溃，即生态价值完全消失。生态足迹理论、生态价值理论均不赞成为了经济增长而牺牲环境的生态价值，也不赞成单纯为了保护环境而不敢能动地开发资源，两者之间的关系通过不同类型的调节和控制，达到经济发展水平不断提高的同时，也能相应地将环境能力保持在较高的水平上。因此，在维持生态平衡时，要充分考虑生态系统的生态链和整体性，减少生态足迹的产生，增加生态价值。

# 第四节　旅游系统协调理论

目前，在旅游领域相关问题的研究中，系统思维和方法的运用越来越得到重视。将旅游视为一个系统通过建立系统模型揭示旅游整体特征，始于20世纪70年代。Gunn教授于1972年提出了旅游系统的概念，并构建了旅游功能系统模型。他认为，旅游系统由需求板块和供给板块两个部分组成；Leiper① 在1979年提出旅游地理系统模型。吴必虎（1998）② 从系统论角度进行了研究，认为旅游系统是各种旅游事项的集合体，是通过旅游者的旅游活动使各组成要素相互联系、相互作用构成的一个有机整体，它具有实现旅游价值的整体功能。

## 一　旅游系统的构成

旅游活动的过程从开始到完成，涉及众多的环节和要素，必须存在行为的实行者、行为的对象和行为的实施方式三个组成部分，这就是通常说的旅游主体系统、旅游客体系统及旅游支持系统，三者共同构成旅游活动系统，也就是旅游系统（见图2-1）。

旅游者是旅游活动的主体。由于旅游者的行为，才产生了各种新的社会关系和经济关系。旅游对象是旅游的客体，这些对象既包括旅游景观、旅游设施等具体物的形态，也包括具体空间内的事件形态等，它是旅游活动中最主要的行为场所和消费物，主要是指旅游目的

---

① 郭长江、崔晓奇等：《国内外旅游系统模型研究综述》，《中国人口·资源与环境》2007年第4期。

② 吴必虎：《旅游系统：对旅游活动与旅游科学的一种解释》，《旅游学刊》1998年第1期。

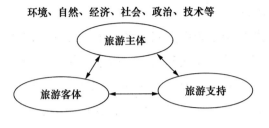

**图 2 - 1　旅游系统的构成**

地范围内的旅游产品。旅游支持则是旅游条件及其提供者包括旅游软、硬环境及其营造者、管理者，及旅游产品供给者、经营者，主要指能够支持保障旅游活动顺利实现的各种条件的综合，它包括旅游事业群体（如各级政府的相关行政部门、旅游科研教育机构、各类民间旅游组织等）及旅游相关行业所组合而成的产业集群。

　　旅游主体、旅游客体与旅游支持三个要素相互依赖、相互作用，共同组成边界并不清晰的旅游系统，其关系如下：

　　一是旅游主体对旅游客体的依赖关系，这种关系是由旅游主体的消费目的所决定的；二是旅游主体对旅游支持的依托关系，表现为旅游主体在旅游活动过程中的各种需求的满足；三是旅游客体对旅游主体具有吸引的"拉力"作用，但同时以旅游主体的需求为导向；四是旅游客体系统功能的发挥，须有旅游主体和旅游支持的存在为必要前提；五是旅游支持系统的产生和发展以旅游主体与旅游客体的相互作用为前提；六是旅游主体的主观愿望能否实现，除其自身因素以外，旅游客体系统和旅游支持系统都起着决定作用；七是旅游系统与外部环境之间的相互作用和影响。

　　**二　旅游系统的特点**

　　旅游系统具有一般系统的特性，更重要的是在表现形式上的独特性。

　　（一）整体性

　　整体性是指旅游系统是一个有机的整体。就旅游系统而言，旅游主体、旅游客体和旅游支持三部分相互联系、相互作用后才能共同完成一次完整的旅游经历。

（二）层次性

层次性是指旅游系统由不同等级的子系统构成的特性，如旅游主体子系统、旅游客体子系统和旅游支持子系统，它们共同构成了旅游系统，同时，各子系统还有各自的下一级子系统。[1] 组成的层次性同时蕴含了功能的层次性，各级子系统有各自层次的功能。层次性体现了旅游系统的组成、结构功能的严密性。

（三）复杂性

复杂性是指旅游系统内部主体、客体和支持三个组成部分之间相互作用的非线性特性，如旅游主体需求的变动，将会引起支持系统和客体系统相应的调整和改变，以形成旅游主体、客体和旅游支持之间新的平衡。

（四）开放性

开放性是指旅游系统与"自然—经济—社会"环境之间双向性，旅游系统一方面受到外部环境的影响和制约，另一方面又对自然环境产生作用和影响，自然环境、经济环境、社会环境三个系统决定了旅游系统的这个特点。

（五）动态性

动态性指旅游系统具有发展变化的特性，不论是旅游主体系统、旅游客体系统，还是旅游支持系统都处在不断的发展变化之中。如旅游需求的特点发生变化，旅游支持系统则会随着市场的需求也发生变化。[2] 以西方国家为例，旅游经历了贵族式旅游向大众旅游发展的历程，当前出现了以"生态旅游"为代表的新需求游客选择旅游目的地的标准发生了很多变化，这种旅游需求的变化势必会引起旅游资源开发重点的转移，产生新的旅游格局。

（六）地域性

地域性主要表现为旅游客体子系统、旅游支持子系统具有明显的

---

① 吴晋峰、冯骅：《旅游系统与旅游规划》，《人文地理》2001 年第 5 期。

② 韩刚团：《大西安都市圈旅游空间结构优化策略研究》，硕士学位论文，西安建筑科技大学，2006 年，第 32 页。

地域性特征。旅游主体系统也具有地域性的特征。

**三　旅游系统协调**

所谓系统的协调，就是指系统内部各要素之间以及系统与外部环境之间存在的相互适应、相互促进、相互协调或相互配套的关系，即系统的内部协调和系统的外部协调。

（一）旅游系统内部协调

旅游系统的内部协调，指旅游主体子系统、客体子系统和支持子系统之间的协调，以及它们各自内部的协调（见图2-2）。

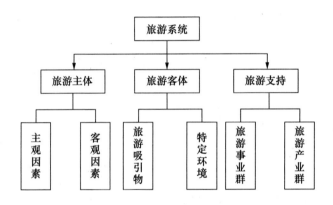

图 2-2　旅游系统的组成要素

1. 旅游主体子系统内部的协调

旅游者作为旅游活动主体，与旅游客体、旅游支持要素的关系贯穿于旅游活动的整个过程，是旅游活动中各种关系赖以存在的基础。影响旅游者的主观因素包括如下几个方面：一是具有某种旅游需要；二是拥有闲暇时间和可自由支配的资金。影响旅游者的客观因素则包括如下因素：一是旅游客体中具有满足主体需要的对象（旅游刺激），从而引发旅游动机的产生；二是旅游支持系统能够提供各种产品或服务，以满足旅游活动中旅游者的各种需求。

旅游主体子系统内部的协调，表现为旅游者的旅游需要、旅游动机以及拥有的闲暇时间与可自由支配收入之间的相互作用和协调，最终导致旅游行为实践的发生，并将行为规定到特定的方向和预期的目标。

2. 旅游客体子系统内部的协调

旅游客体是旅游的行为对象。人们决定旅游后，在经济和交通等条件允许的情况下，选择旅游目的地主要出于两方面的考虑：一是旅游目的地所具有的独特吸引物；二是旅游目的地的旅游环境。旅游吸引物是旅游的行为对象，也是旅游者主要的消费对象，它是旅游客体的主要组成部分。没有旅游吸引物，则不会有人前来旅游，而旅游吸引物缺乏其特有的环境，也会丧失其应有的旅游魅力。因此，旅游目的地特定的环境及其旅游吸引物共同组成了旅游客体。旅游目的地的环境是旅游吸引物特有的存在环境，是旅游行为的表现场所。在很多情况下，旅游环境也充当了旅游吸引物的角色。因此，旅游吸引物和旅游环境是相辅相成的，二者的有机结合、协调发展构成了旅游客体子系统内部的协调。

3. 旅游支持子系统内部的协调

旅游支持子系统主要指能够支持保障旅游活动顺利实现的各种条件的综合。它包括旅游事业群体（如各级政府的相关行政部门、旅游科研教育机构、各类民间旅游组织等）及旅游相关行业所组合而成的产业集群。旅游事业群体和旅游产业集群之间的协调包括如下几个层面：一是两者之间共同作用，推动旅游活动的顺利实施；二是旅游事业为旅游业的发展提供政策支持和科学引导；三是旅游业的发展反过来又促进旅游事业的进一步发展和完善。旅游事业群体和旅游产业集群，在共同推动旅游活动开展的基础上，不断地相互促进和完善，在动态发展中不断寻求新的平衡。

4. 旅游主体子系统、客体子系统、支持子系统之间的协调

旅游主体的需求转化为旅游动机必须有满足需要的对象（旅游刺激物）为前提条件，另外旅游需求能否获得满足，主要依赖于旅游客体的表现形态、环境氛围、项目安排及综合质量。因此，旅游主体对旅游客体表现出一种依赖关系，这种关系是由旅游主体的消费目的所

决定。① 旅游支持为旅游者的食、住、行、游、购、娱等各个方面提供满足其需求的服务，因而，旅游主体对旅游支持表现出一种依托关系，当然旅游支持和旅游客体也受到旅游主体的影响。首先，旅游者旅游活动的大众化，推动了旅游业的产生，进而逐步发展成为旅游支持系统，也推动了旅游客体系统的不断完善和升级；其次，旅游者旅游需求的特点和变化，对旅游客体和支持系统的发展具有直接的重要影响。三者联系密切，相互作用、相互影响，它们的协调发展推动着旅游系统向前发展。

（二）旅游系统外部协调

从区域的角度看，旅游系统的外部协调指旅游系统与外部的经济、政治、社会、自然、文化、技术等方面的协调。旅游活动是在一定的社会经济条件下所产生，并随着社会经济发展而发展的一种综合性社会活动，是社会经济发展到一定阶段的产物，因而，其发展的特点自然会受到区域经济、社会、资源、环境等因素的影响，表现出旅游的区域特征。随着旅游、旅游业规模的不断扩大，旅游作为一种文化现象、经济现象和社会现象，又反过来对区域的经济、社会、政治、文化、环境产生日益深远的影响，并受到越来越多的关注。因此，旅游的可持续发展，必然依托旅游与区域的经济、社会、资源、环境的协调发展。

**四　旅游生态足迹测度目标与旅游系统协调发展指标体系目标具有一致性**

通过前面的理论分析，对生态系统与经济系统之间的相关关系有了全面的了解，但要使人类社会经济发展与自然生态环境之间协调发展，更关键的是必须要有一种测量旅游系统协调度的评价方法与评价体系，来为旅游系统经济生态提供各种政策依据，并对不同的政策进行比较评估。如何评价旅游系统协调发展的状态，采用哪些指标来表示，只是一个关系到旅游系统理论是否真正成为一种实践行动的重要

---

① 李文兵：《区域旅游业竞争力研究》，硕士学位论文，西北师范大学，2003 年，第 32 页。

问题。

通常来讲，指标是某一参数或某一参数导出的值。所谓旅游系统协调发展指标就是用来评价旅游可持续发展目标的实现程度所采取的标准或尺度。建立旅游系统发展指标体系，一方面需要以现有的各项统计制度和数据为基础；另一方面，旅游协调发展的指标并不是原有的传统经济、社会和环境等领域统计指标的简单照搬，而是原有指标的有机结合、提炼、升华和一定程度的创新。

旅游系统协调发展指标体系以可持续旅游的整体目标为基本标准，全面衡量旅游业可持续发展水平、可持续发展能力和可持续发展的协调性，构建的指标体系具有如下功能[①]：

（1）能够描述现阶段目的地旅游发展的现状水平。反映旅游业以及相应的社会、经济和环境状况，包括旅游主体构成、旅游客体现状、旅游支持的现状。

（2）能够描述和分析旅游可持续的变化趋势和变化率。反映旅游业和旅游者、旅游要素在时间序列方面的变化规律，并能按照一定的预测模型对未来变化趋势进行预测。

（3）能够评估可持续旅游各子系统的协调程度。包括旅游主体子系统内部的协调、旅游客体子系统内部的协调、旅游支持与主体、客体之间的协调以及外部协调。

（4）可以定义旅游目的地协调发展的目标值，即达到旅游系统协调要求时，区域旅游各子系统所要实现的目标值。

旅游生态足迹的功能就是建立一种协调的、可持续的旅游方式的测度方法，利用这种新方法，可以更加科学地测度旅游活动的生态需要和环境影响，对旅游业做出更加真实、全面、正确的评价，实现旅游协调可持续发展[②]。旅游生态足迹测度目标与旅游系统协调可持续发展指标体系功能目标相一致。

---

① 牛亚菲：《旅游业可持续发展的指标体系研究》，《中国人口·资源与环境》2002 年第 6 期。

② 杨桂华、李鹏：《旅游生态足迹：测度旅游可持续发展的新方法》，《生态学报》2005 年第 6 期。

# 第三章　自然保护与旅游发展

保护区具有悠久的历史。早在距今 2000 年前，印度就有了专门用于保护自然资源而建立的区域。在距今 1000 年前的欧洲，富有权势的贵族就拥有用于打猎的狩猎区。当时对特定区域进行保护的观念已经非常普遍。

1864 年，美国国会通过了约塞美蒂（Yosemite）授权，正式将现在黄石国家公园的一个重要部分划给加利福尼亚州作为"公共事业、休闲和娱乐之用"①。第一个真正意义上的国家公园诞生于 1872 年，政府法令明文规定黄石公园是"一个为了公众利益和娱乐目的的公园和场所"。1866 年，英属新南威尔士划出包括悉尼西部珍罗兰洞（Jenolan Caves）在内的 2000hm² （近 5000 英亩）土地供保护和旅游用，在此基础上建立了后来的蓝山国家公园。1885 年，加拿大在落基山的弓谷（Bow Valley）建立了温泉保护区，即后来的班芙（Banff）国家公园。此外，19 世纪末，南非也建立了几个森林保护区。1894 年，新西兰政府与毛利人达成了协议，建立了东加里罗（Tongariro）国家公园。这些公园具有共同的特点：一是它们都是由政府修建；二是它们通常地域广袤，有相关的自然环境；三是它们都是面向所有公众。由此可见，旅游观光从一开始就是国家公园发展的支柱。

---

① 鲁小波：《自然保护区生态旅游开发与管理》，旅游教育出版社 2010 年版，第 103 页。

# 第一节　相关概念的界定及其关系辨析

## 一　相关概念的界定

### （一）自然保护区的概念

"自然保护区"① 是指对有代表性的自然生态系统、珍稀濒危野生动植物物种的天然集中分布区，有特殊意义的自然以及保护对象所在的陆地、陆地水体或者海域，依法划出一定面积予以特殊保护和管理的区域。建立自然保护区的目的在于保存原始植被及栖息的野生动物，为国家保存自然景观，不仅为科学研究提供有可能发现新物种的区域，而且为我国极其丰富的动植物种类的保护、繁殖及扩大利用创造有利条件。此外，建立自然保护区对爱国主义教育也起着积极作用。

### （二）风景名胜区的概念

"风景名胜区"② 是指有美学价值、历史价值、科考价值、社会文化价值的自然景观和人文景观所构成的环境空间，是具有一定经济结构和形态的旅游对象的地域组合。风景名胜区具有如下几个方面的特点：一是风景名胜相对集中；二是地域具有一定规模；三是可供人们观赏、游览和科考研究；四是开发利用后具有较强的吸引功能，能吸引大量的游客。风景名胜区依据其景物的观赏、文化、科学价值和环境质量、规模以及游览条件等，可以划分为三级，即市县级、省级和国家级重点风景名胜区。

### （三）旅游景区的概念

"旅游景区"③ 是一种空间或地域，在这一空间或地域中，旅游及相关活动是其主要功能，具体指具有参观游览、休闲度假、康乐健

---

① 李文华、赵献英：《中国的自然保护区》，商务印书馆1984年版，第40页。

② 陈福义、范保宁：《中国旅游资源学》（第二版），中国旅游出版社2003年版，第268页。

③ 姜若愚：《旅游景区服务与管理》，东北财经大学出版社2008年版，第3页。

身等功能，具备相应旅游服务设施并提供相应旅游服务的独立管理区。旅游景区可以是某单一类型的旅游景点，也可以是多种类型的旅游地域综合体。我国旅游景区主要有以下几种类型：风景名胜区、博物馆、森林公园、自然保护区、世界遗产。旅游景区涉及社会的各个方面，如食、住、行、游、购、娱六要素。

**二　相关概念之间关系辨析**

（一）三个概念的目的不同

从目的上来讲，自然保护区是为了保持生物多样性、自然环境的原真性，为了人类的可持续发展，更注重环境效益。风景名胜区的目的主要是一方面保护独特的自然风光和优秀的人文景观，另一方面向世人展示风景区所在地区独特的自然风光和优秀的人文景观。旅游景区则是以旅游活动为主要手段，通过旅游活动来增加旅游收入为目的。后两者更注重社会效益和经济效益。

（二）三个概念的范围不同

从范围上来说，风景名胜区的范围最小，针对性较强，和自然保护区一样，它们都有着明显的地理界线，同时风景名胜区往往处于一个旅游景区之中，一个旅游景区可以有多个风景名胜区。

自然保护区的范围一般都比较大，通常是一大片人类活动较少的区域。自然保护区一般以固有的地理特征为界线，如山体、河流、湖泊等，与行政界线无关，可以跨省跨市。而旅游景区没有固定的地理界线，它甚至可以是几个城市、几个省份。这一点与自然保护区十分相近。自然保护区也可以被包含在旅游景区范围之内。在旅游业当中就有山地旅游景区、沿海旅游景区等多种说法。

（三）三个概念保护方式不同

从保护利用的角度来说，自然保护区是限制人类活动的，以保护为主。我国的自然保护区分为核心区、缓冲区和实验区三个部分。保护区的精华一般集中在核心区，是绝对禁止人为的开发行为，在实验区外可以开展适当的人类活动，这个区域在一定程度上可以成为风景名胜区。但必须符合自然保护区的标准要求，如游客量、各种物质排放量等。

国家关于风景名胜区的标准主要是从旅游者的角度来制定的，如交通、餐饮等服务设施的配套标准。可以说风景名胜区是一个营利机构，在保证区内旅游资源不被破坏的前提之下，尽可能利用区内的资源获得经济收益，而自然保护区是一个公共利益区域，更加注重人类的未来发展问题。

由此可见，① 自然保护区、风景名胜区、旅游景区在一定程度上是相互交叉的。自然保护区不同于风景名胜区，其主要任务是保护各类典型自然生态系统，保护珍贵濒危野生动植物，保护具有重要价值的自然遗迹和自然景观，开展科学研究和科普宣传，并为教学实习、科学考察提供天然场所。发展旅游只是保护区多项任务之一，且处于从属地位。在旅游开发方面，自然保护区与风景名胜区有着本质的区别，但并不代表旅游开发与自然保护之间不存在矛盾和冲突。相反，在某些自然保护区外围开展的旅游活动，一定程度上促进了自然保护区的更好保护，实现了旅游效益和环境效益的共赢。

# 第二节　旅游发展与环境的共生关系

## 一　旅游发展与环境的主要关系

### （一）旅游开发与环境之间关系的三种形式

生态环境建设可以促进当地旅游业的发展，而旅游业的发展在一定程度上也对当地的环境建设提出了更高的要求。从目前的研究来看，旅游与目的地环境的关系主要有三种形式②：

一是旅游和环境保护可以各自为营，彼此独立地提升自己的立场，互不联络。这种局面会随着大众旅游的增长而变化。

二是旅游和环境共同支持的共生关系，使旅游与环境彼此受益。

---

① 蔡振宇、崔俊华：《自然保护区生态旅游产生的问题及对策》，《河北建筑科技学院学报》（社会科学版）2004 年第 6 期。

② ［加］Geoffery Wall、Alister Mathieson：《旅游变化、影响与机遇》，肖贵蓉译，高等教育出版社 2007 年版，第 121 页。

从保护主义的观点，环境特色和状况应尽可能保持原生态，同时又有益于旅游者进行观赏和体验。

三是旅游和环境的冲突关系，尤其是在旅游给环境带来负面影响时更为明显。旅游开发的目的纠结于是为旅游者服务还是为目的地贡献。有关旅游的影响是积极的还是消极的，是利于发展还是不利于发展的争论都显得苍白无力。

Smith 主张旅游发展追求的具体目标应该是：保护自然生态与生物的多样性，以作为人类自身生存的一个重要条件和因素；维护人类文化遗产和族群的多元性，促进多元化文化和谐并存的社会发展；维护旅游作为世界上最大的产业，以及在政府和地方经济发展中的可持续性。从中可以看出，旅游与环境之间存在着相互促进的正相关联系[①]。

（二）旅游系统与环境的双极限效应

从旅游系统而言，正效应表现为旅游系统与环境之间的相互作用有利于系统的存在与发展，旅游系统的结构越复杂，功能就越强大，旅游业也就越兴旺发达。反之，如果旅游系统与环境之间的作用不利于系统的存在与发展，旅游系统的结构越简单，功能也相应地减弱。

从环境的角度而言，环境的正效应表现为旅游系统与环境之间的作用有利于环境的发展和变化，但旅游系统将出现程度不同的负效应。反之，旅游系统与环境之间的相互作用不利于环境的发展和变化，但旅游系统将出现不同程度的正效应[②]。

实际上，以上双极限效应理念是在旅游开发与环境保护之间此消彼长的矛盾冲突基础上建立的，但是旅游与环境的互动和影响远非如此简单。在实践中，旅游业各方面的效应本身就具有复杂性。因此，立足于极限视角，充分认识但不单纯夸大旅游对环境的破坏性作用，

---

① Smith, V. L., Sustainability. In Smith, V. L. &Brent, M. （ed.）, Hosts and Guests Revisited: Tourism Issues of the 21st Century. *Cognizant Communication Corporation*, 2001: 190 - 191.

② 唐善茂、张瑞梅、郭雪、喻震：《基于可持续发展理论的西部地区特色旅游资源开发极限效应研究》，科学出版社 2009 年版，第 29 页。

更应当重视旅游活动对环境的正向效应。

## 二　旅游发展对生态环境的正向效应

旅游业的发展是建立在旅游资源的有效开发利用基础上的，旅游业的发展可以创造大量的财富，推动了区域社会经济的发展。旅游业发展对环境保护与维护无疑可以起到支持和促进的作用，这种正向效应主要表现在如下几个方面：

### （一）旅游发展促进生态环境的改善

生态环境是人类栖息之地，也是人类生存与发展的物质之源，同时又是人们的游赏对象。古往今来的旅游者，都将观光赏景视作一种休养生息、调节生活、消除疲劳的乐事。所以，要发展旅游业，就要充分利用自然资源的天然属性，遵循生态环境的演变规律，维持生态系统的平衡和稳定，甚至要人为地美化自然景观。

1998 年，我国开始推行"中国优秀旅游城市"的创建工作，在提高城市形象、优化居民的生活环境等方面起到了无可替代的巨大作用，也推动了旅游业改善环境的优秀案例。[1] 我国许多旅游资源富集区域，通过旅游开发，调整产业结构，优化资源利用结构，从而变成了"青山绿水、鸟语花香、轻歌曼舞"的旅游区，一大批的风景名胜区、园林城市等相继诞生，极大地改善了区域生态环境。近几年，我国推行资源节约型环境友好型社会建设，更加注重了经济发展中资源效率的提高、环境影响的减少，并且从绿色经济指数、绿色经济潜力指数、人居环境指数、污染防治指数四个方面进行了"绿色城市"的评选，2015 年度中国"十佳绿色城市"的评选结果，居前两位的是"国家历史文化名城"惠州市和"著名旅游城市"拉萨市就是很好的例证。同时，维持并美化生态环境，旅游业通过规划生产出丰富多样的旅游产品，设计出特色鲜明的旅游项目，产生良好的经济效益，进一步改善旅游生态环境。

### （二）生态环境的保护与改善为旅游业提供巨大的发展潜力

旅游业的发展对生态环境有强烈的依赖性，生态环境是旅游经济

---

[1]　潘华丽：《环境税背景下旅游经济与生态环境效应研究》，博士学位论文，山东师范大学，2013 年，第 58 页。

增长的保障和源泉。旅游业以自然资源和生态环境作为满足人们精神需要和心理需求的原材料，也是旅游活动的目标指向。旅游者在舒适的生态环境中欣赏景观、从事旅游休闲活动，旅游生态环境质量与旅游业的可持续发展密切相关。因此，生态旅游资源与环境的保护与改善为旅游业的发展提供了巨大潜力。为此，采取一系列措施对生态环境施加积极的影响，一方面，建立完善的国家法律制度，重视旅游开发过程中的环境保护问题；建立开发商的准入制度，加强对开发过程的认证和监管，做好规划，科学论证；同时强制要求旅游发展中的盈利必须定额用于资源、环境的保护用途，专款专用，真正做到旅游资源为旅游业提供原材料，旅游业也为旅游资源的保护提供了足够的资金。另一方面，加强宣传教育，提高旅游者、旅游开发者的环境保护意识，提高他们保护环境的自觉性。大多旅游资源一旦被破坏，将不复存在，这是因为旅游资源具有稀缺性，这就要求旅游开发者和旅游者在对旅游资源的开发和欣赏过程中承担起保护的重任。

**三 旅游业发展对生态环境的消极影响**

在旅游业发展与自然保护的问题上，人类走了很多弯路，旅游开发导致的自然资源损坏、环境污染的例子不胜枚举。世界自然文化遗产地张家界曾经就由于过度的开发旅游资源，割裂了其自然的固有规律而付出了昂贵的代价。[1] 张家界在收到联合国教科文组织的警告之后，在治理过程中整个地区用于房屋拆迁、移民安置以及后期的建设费用高达 3.45 亿元，张家界武陵源一年的税收才一千多万元，几十载成就一朝毁。更为严重的是，被破坏的生态环境不是用钱可以实现恢复的，即还不知道能否恢复到先前的那种生态环境。旅游业对生态环境的负面影响主要表现在以下几个方面：

**（一）有限的旅游资源面临着旅游者数量倍增的巨大压力**

旅游容量是指某一个旅游地域单元，在满足游客游览要求的同时对自然生态环境影响最低，甚至保护、改善旅游区生态环境质量并使当地居民从旅游业中充分受益时旅游区所能容纳的游客数量。超容量

---

① 周武忠：《旅游景区规划研究》，东南大学出版社 2008 年版，第 14 页。

接待对旅游资源和生态环境的破坏巨大。旅游活动是一种消费活动，巨大的旅游流所造成的旅游垃圾会保留在环境中，对环境造成不同程度的污染，使旅游环境不断恶化；同时，过多的旅游车辆也导致区域的空气污染和噪声污染，旅游景点的宾馆和饭店将大量污水排放，对周边水体造成污染；旅游者在旅游过程中还有可能对植被造成一定的破坏等一系列问题。这些问题使旅游景区美感退化，有限的旅游资源承受着较大的环境压力。自然景观的生态系统对旅游活动本身存在着一定的承载能力，这种承载能力由生态系统的结构所决定，超过其承载能力的旅游活动使旅游景区生态系统结构发生变化，最终导致旅游景区旅游功能的丧失。旅游活动产生的各种污染最终结果则主要由当地居民承担，旅游者作为景区的外来入侵因素，数量的大量增加和旅游密度的提高，使当地居民的正常生活受到干扰和妨碍，长久下去则容易引发游客与当地居民之间的一些矛盾。

（二）旅游资源不合理的开发和利用对旅游资源的破坏

人为因素（既有有意识的，也有无意识的）对旅游资源环境可能会造成重大的损坏。旅游资源的开发中存在景区城市化、景区商业化、景区人造化的现象，这些现象会对旅游资源产生不同的破坏。旅游景区城市化，是指在景区大兴土木、修建楼堂馆所、娱乐设施、架设缆车索道，甚至引入房地产开发。[①] 景区城市化形成的动力机制，一方面源自旅游业发展的机遇和游客的行为规律，另一方面源自特殊的政策环境、领导认识上的偏差、决策中的失误以及多方利益主体的推动。景区城市化造成的危害表现在四个方面[②]：破坏旅游资源、破坏景观视线、破坏水文生态环境、破坏旅游经济的持续发展。

旅游景区的商业化，是指旅游景区在旅游开发的过程中，简单地将旅游景区作为旅游经济产业对待，过分地强调旅游经济功能，片面地追求旅游经济效益，一味地迁就开发商和投资商的不合理要求，采

---

① 周年兴、俞孔坚：《风景区的城市化及其对策研究——以武陵源为例》，《城市规划汇刊》2004 年第 1 期。

② 范方舟：《旅游景区过度商业化问题剖析》，《商业时代》2010 年第 25 期。

用开放式的商业经营模式，对旅游资源进行过度的开发，导致的危害表现在与旅游景区的公共产品性质相背离、危及旅游景区生态环境和破坏景区本土文化三个方面。

景区的人工化，是指在自然景区不便于游览参观时，人为地对自然景区加以改造，以便于旅游者更好地游览参观，导致了景观原貌的丧失，更多地显示出明显的人工痕迹，一定程度上影响审美情趣。

（三）旅游管理认识的失误对生态环境的破坏

一直以来，旅游业被认为是无烟产业、绿色产业、朝阳产业，不会像其他产业那样对环境造成污染，并且旅游资源主要是由可再生资源组成，旅游消耗是"非耗竭性消耗"，因此，可以不用考虑旅游资源的可持续利用问题。

旅游资源的保护与发展，本来不应该是一对矛盾的双方，而现代意义上的旅游业自出现以来也不是以破坏生态环境和破坏旅游资源为前提和目的的。相反，旅游业的发展担当起让人们在体验美丽风光、感受大自然之美时，体现出注重环境保护、珍爱地球家园的责任。然而，在这种传统观念指导下，致使政府制定有关旅游业发展政策时缺乏综合性和科学性，从而对旅游资源的开发和利用的速度过快，导致旅游资源环境的退化。

（四）不文明旅游行为对生态环境的破坏

在旅游业发展过程中，由于旅游者的文化层次、素质水平有较大的差异，不文明现象突出，如有些游客出现踩踏、攀爬、涂抹、挖掘、采摘、狩猎、刻划等行为，严重损害风景区内的花草树木、山石、野生动物等，还有一些游客随处吐痰、乱丢垃圾，严重损坏了景区环境质量。[①] 旅游者在旅游过程中有意无意地破坏旅游资源与生态环境具有两个特征：一是旅游者的数量直接影响着对旅游资源和生态环境污染的程度；二是旅游者是流动性群体，随着旅游者构成及活动方式的改变，对生态环境和旅游资源的影响具有动态性特征。

---

① 潘华丽：《环境税背景下旅游经济与生态环境效应研究》，博士学位论文，山东师范大学，2013年，第63页。

由此可见，旅游发展与生态环境虽然存在着一定对立关系，但从可持续发展的角度看，旅游发展与生态环境，最终趋向于相互促进的共生关系。因为旅游业要发展，离不开生态环境的支持与贡献；生态环境要维护，离不开经济的支持与投入。反过来，单纯追求旅游经济的增长对生态环境过度利用，最终会导致资源枯竭、环境恶化，使经济发展失去根基；没有经济发展，对生态环境的保护就无法实现，因为环保需要大量的资金。因此，旅游经济与生态环境是相互促进的共生关系。

# 第三节　生态旅游与自然保护

## 一　生态旅游的概念

当前，"生态旅游"一词到处可见，不再是学术界的专利，越来越多地被应用到政府的文件中。在"生态旅游"一词被越来越多的人接受的同时，对概念含义的理解出现了一定的误解甚至歪曲，很多人认为"生态旅游"是万能灵药，能解决旅游业发展中的任何问题。于是各地都纷纷大打"生态旅游"的旗号，言必称生态，还分为原生态、次生态、泛生态等多种概念，让广大的老百姓是一头雾水，搞不懂"生态旅游"概念的含义究竟是什么。[1]

通常认为"生态旅游"一词是由世界自然保护联盟（IUCN）特别顾问、墨西哥专家贝洛斯·拉斯喀瑞在 1983 年以西班牙语的形式——"ecoturismo"首次提出，其含义不仅是指所有游览自然景物的旅行，而且强调被观赏的景物不应受到破坏，[2] 它的产生和发展是由全球环境问题所引起的，其突出特点是改变了国际旅游客源的构成和流向，使得原有的以涌向工商业发达城市为主的客流，逐渐转向大

---

① 鲁小波：《自然保护区生态旅游开发与管理》，旅游教育出版社 2010 年版，第 53 页。

② 孙玲、刘荣继、程卓浅：《谈生态旅游》，《长春师范学院学报》2003 年第 3 期。

自然，追求返璞归真。旅游者在生态旅游活动中，不再仅仅是被动地观赏和娱乐，而是参与了更多保护环境的实际行动。同时，生态旅游作为一种宣传主题和产品品牌，日益深入人心。而在国内，①《国家生态旅游示范区管理暂行办法》中将生态旅游定义为："以吸收自然和文化知识为取向，尽量减少对生态环境的不利影响，确保旅游资源的可持续利用，将生态环境保护与公众教育同促进地方经济社会发展有机结合的旅游活动。"

世界旅游组织秘书长弗朗加利 2002 年在设计生态旅游峰会上提出："生态旅游及其可持续发展肩负着三个方面迫在眉睫的使命，即经济方面要刺激经济活力、减少贫困，社会方面要为弱势人群创造就业岗位，环境方面要为保护自然和文化资源提供必要的财力。生态旅游的所有参与者都必须为这三个重要的目标齐心协力的工作。"

Brandon 认为②，所谓的"生态旅游"概念涵盖了四个方面的内涵，一是生态旅游必须对环境冲击最小化（minimum environmental impacts）；二是旅游活动必须尊重当地文化并将冲击最小化（minimum cultural impacts）；三是必须给予当地最大经济利益的支持（maximum economic benefits to host country）；四是在旅游活动中的游客满意最大化（maximum recreation satisfaction）。因此，真正的生态旅游想要解决的问题不仅仅能满足游客的需求，还能保护越来越受到旅游开发威胁的生态环境，尤其是生物多样性，以及协助解决在旅游地点（通常是偏远地区）居住的社区人民的贫困问题。

在全世界范围内，生态旅游的概念和原则还处在探讨阶段，相关概念混淆不清，各种规范和认证还没有完全成型，国际性的统一标准尚未建立，生态旅游的滥用和泛化问题相当严重。在这种情况下，正如世界生态旅游学会所指出的，"尽管生态旅游具有带来积极的环境和社会影响的潜力，但是如果实施不当，将和大众旅游一样具有破坏

---

① 张玉杰：《我国生态旅游探析》，硕士学位论文，东北大学，2008 年，第 27 页。

② Brandon K. Basic Steps Towards Encouraging Local Participation in Nature Tourism Projects in Ecotouriam. (Ed Linberg & Hawkins). VT the Ecotourism Society, 1993.

性"。人类对自然生态的破坏有两种情况，一种是工业化过程对自然生态的不可逆的剧烈破坏，另一种就是对自然生态的温和式破坏，而这一点往往是被普通大众所误解的，大家都想当然地认为生态旅游只是针对旅游者提出的一个产品概念，其实它更注重旅游地的生态环境保护，并为社区部落等文化的可持续发展提出新的解决途径。这也就导致旅游景区为了满足游客的喜好而违背原有的客观规律，大肆营造所谓的生态旅游产品，其实质上是与真正的"生态"相背离的，这种方式一方面欺骗了游客，另一方面更是对旅游地的生态、文化造成了巨大的破坏。因此，确定生态旅游的概念、标准是非常必要的。

**二 生态旅游的十大要素**

生态旅游是在传统旅游业发展受到挑战时应运而生的，它是旅游业可持续发展的良好形式。生态旅游不仅包括旅游活动的生态化，也应包含旅游服务和经营管理的生态化。综合各家之言，发展生态旅游应包括以下十个基本要素①（见图 3 - 1）：

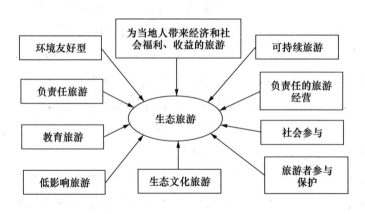

**图 3 - 1 生态旅游的十大基本要素**

（1）环境友好的旅游，即从环境角度是安全的旅游，对自然和野生生物的影响最小化，为环境保护做出贡献。

---

① 刘德谦：《中国生态旅游的面临选择》，《旅游学刊》2003 年第 2 期。

（2）负责任的旅游，旅游开发行为和旅游观赏行为必须是尊重当地的文化、社会、生态和自然环境的旅游。

（3）教育旅游，通过生态旅游可以唤起各方的环境意识，可以向旅游经营者、旅游者/客人/客户、当地人传授自然和文化知识。

（4）生态旅游对各方是低影响的，没有影响或者影响较小的旅游。

（5）前往自然景区的娱乐活动，为当地福利做出贡献（为当地人带来经济和社会收益的旅游）。

（6）生态文化旅游（到那些具有文化和历史重要性的地方，了解自然区域的其他文化，集中于自然历史和当地文化）。

（7）可持续/非消费性旅游（通过有控制的利用和对文化、环境资源管理所进行的可持续资源保护）。

（8）负责任的旅游经营（旅游企业对环境问题比较敏感，努力以生态可持续的方式经营，促进对环境的正确认识，使用目的地国家的旅馆、导游等）。

（9）社会参与，一方面鼓励当地人的积极参与，另一方面增加就业岗位，积极参与当地经济建设。

（10）旅游者参与保护，鼓励旅游者积极参与保护，同时促进其与自然环境的互动，为保护做出贡献。

### 三 国内外的生态旅游实践

（一）国际生态旅游的实践

生态旅游，是一种欣赏、研究、洞悉和不允许破坏自然的旅游，与传统的旅游相比，生态旅游强调的是旅游者与自然景观的协调一致和有机的生态联系。近年来，发展中国家生态旅游发展受到了普遍重视，人们对那里独特的生态系统和生物多样性情有独钟，旅游资源的经济意义也受到重视，而且生态旅游方式也是这些地区最优的资源利用途径，可以将经济建设中的环境负面影响降低到最小，而这些成就的取得和生态旅游的实践是分不开的。

在全球范围内，非洲的生态旅游实践是最为成熟的。[①] 非洲是世界生态旅游的重要发源地之一，尤其是南部非洲已经成为当今国际生态旅游的热点地区，肯尼亚、坦桑尼亚、南非、博茨瓦纳、加纳等具有较强的代表性，其次是美洲生态旅游较发达的地区亚马孙河流域。而在亚洲，印度、尼泊尔和印度尼西亚以及马来西亚等地最早开展生态旅游活动。这些地区和国家开展的生态旅游活动主要有野生动物参观、原始部落之旅、生态观察、河流巡航、森林徒步、赏鸟、动物生态教育以及参观土著居民表演等。

通过生态旅游实践，各国总结了大量的经验，主要有[②]：①立法保护生态环境；②制订发展计划和战略；③进行旅游环保宣传；④重视当地人利益；⑤应用多种技术手段加强管理。其中第五项中的技术主要是通过对进入生态旅游区的游客数量进行严格的控制，并不断监测人类行为对自然生态的影响，利用专业技术对废弃物做最小化处理，节约利用水资源等手段，以达到加强生态旅游区管理的目的，这些在一定程度上都保证了生态旅游区和生态旅游业的健康平稳发展。

### （二）国内生态旅游的实践

当前，国内生态旅游的实践活动正处在高峰期。[③] 人们已经认识到生态旅游不是地方经济发展的"万灵丹"，也不可能取代"大众旅游"成为旅游的唯一形态，但是对于某些拥有丰富生物多样性与文化资产的区域而言，很可能是最适宜甚至必要的发展模式。随着社会经济的发展，人们的认识水平不断提高，对生态旅游的要求也在逐步提高，经过短短几年的实践，生态旅游在开发经营上是一个科技含量很高的产业，要求开发过程必须在科学技术的密切参与下运作，要求旅游开发者和经营者必须要对所处地区生态系统的特点非常了解，并且具有生态环境保护的专门知识。在市场方面，真正意义上的生态旅游要求参与者具有较高的环保意识。同时由于生态旅游市场多在偏远、

---

① 山禾：《什么是生态旅游》，《信息导刊》2004 年第 16 期。

② 马聪玲：《中国生态旅游发展的现状、问题与建议》，中国社科院财贸经济研究所，中国网，2002 - 11 - 09.

③ 李永适：《我们需要什么样的旅游》，《华夏地理》2007 年第 4 期。

生态系统脆弱地区，使得生态旅游消费远远高于一般的大众旅游消费。

国内开放的生态旅游区主要有森林公园、风景名胜区、自然保护区等。生态旅游开发较早、开发较为成熟的地区主要有香格里拉、中甸、西双版纳、长白山、澜沧江流域、鼎湖山、广东肇庆、新疆喀纳斯等地区。经过十多年的发展，我国生态旅游的形式已从原生的自然景观发展到半人工生态景观，旅游对象包括原野、冰川、自然保护区、农村田园景观等；生态旅游形式包括游览、观赏、科考、探险、狩猎、垂钓、田园采摘及生态农业主体活动等，呈现出多样化的格局。其中尤其突出的是，近几年来乡村旅游作为生态旅游的一个独特旅游形式大放光彩，掀起一股到农村去的热潮，这也为生态旅游的发展走出了一条广阔大道。

**四　生态旅游对自然保护区的促进作用**[①]

（一）生态旅游是自然保护区发展的重要资金来源

自然保护区发展中遇到的重要"瓶颈"就是资金问题，资金不足会导致对自然保护区的基础设施建设薄弱，缺少与其相适应的科研、交通和通信设备。在我国，需要进行保护和研究的自然资源相对较多，而能够投入的自然保护经费有限。为了解决这个问题，大多数自然保护区都开展了各种旅游活动，从中增加经济收入，以用于自然保护区的管理。然而，这些旅游开发活动在弥补经费不足的同时，也暴露出许多问题，最典型的问题就是自然保护区重开发、轻保护。因此，生态旅游发展必须要走经济效益和生态效益、社会效益相结合的道路。

（二）生态旅游为自然保护区创造可持续发展的社区

自然保护区大多处于位置比较偏远、经济条件比较落后的地区，原始生态系统和自然景观保存相对比较完整，国家和地方政府以法定的形式将这些地区划定范围进行保护。居民生存和自然保护之间的矛

---

① 鲁小波：《自然保护区生态旅游开发与管理》，旅游教育出版社 2010 年版，第 113—116 页。

盾处理不好就会影响保护区的发展。因此，保护区必须走"从社区中来，到社区中去"的生态旅游发展之路。生态旅游特别强调社区参与到生态旅游的开发和经营中，并从中获取经济收益。生态旅游是一个关联性很强的产业，它的开发可以带动交通业、餐饮业、宾馆业、旅游服务业、纪念品制造业等相关产业的发展，通过旅游业与相关产业的发展，可以给当地居民创造广阔的就业机会。生态旅游能够积极调动旅游业经营管理者、旅游者和当地居民的环保积极性，使他们增强环保意识，这是生态旅游极其重要的社会作用。只有全社会自然保护意识得到提高，才能解决经济与环境之间的外部不经济的症结，从而实现生态旅游业的可持续发展。

（三）生态旅游为自然保护区创造可持续发展的社会环境

旅游业给自然保护区带来的巨大经济效益，是自然保护区发展、管理和建设强有力的经济支柱，可以从四个方面增加保护区的自我发展和社会知名度。一是帮助保护区积累丰富的管理经验。在不破坏自然保护区和严格管理的条件下，划出一定的地域有限制地开展旅游经济，有利于积累管理经验，建立健全稳定的管理机构，加强保护区的建设。二是增强自然保护区自我发展能力。通过发展旅游业改善了保护区的经济条件，增加基础设施的投入，提升保护区自身发展的经济活力，为最终实现"以保护区养保护区"创造条件，有助于保护区走良性循环的发展道路。三是提高保护区的知名度。自然保护区通过开展生态旅游，可以吸引大量的游客和国内外专家学者前来观光考察，不仅取得经济效益，还迅速提高了保护区的国际影响。四是促进保护区的生态经济协调发展。自然保护区生态效益、社会效益和经济效益的协调发展，是自然保护区开展生态旅游的宗旨，更是开展生态旅游的真正目的。

# 第四章 旅游生态足迹模型及应用技术解析

## 第一节 旅游本底生态足迹计算模型

### 一 生态足迹的相关概念及内涵

#### （一）生态足迹概念

生态足迹（Ecological Footprint，EF）的概念来源于 William E. Rees[①]："The corresponding area of productive land and aquatic ecosystems required to product the resources used, and to assimilate the wastes produced, by a defined population at a specified material standard of living, wherever on Earth that land may be located." 其对应的中文意思是：生态足迹是指能为一个特定生活标准的人群提供所需的资源、吸纳其废弃物的地球上的相应的生物生产性土地面积。这就是说，生态足迹是从具体的生物物理量的角度，研究能够持续提供自然资源和消纳废弃物的具有生态生产力的地域空间。

生态足迹可以判断一个国家或地区在发展中对生态环境的占用是否处于生态承载力范围内，以此来衡量地区的可持续发展状况。由此可见，它定量判断了一个国家或区域的生产、生活的生态消费是否在当地生态系统承载力范围之内。生态足迹是一种资源利用分析工具，它通过精确地计算和分析来比较全球和区域范围内自然资源的产出与

---

① William E. Rees：Revisiting carrying capacity：area – based indicators of sustainability，*Population and Environment：A Journal of Interdisciplinary Studies*，No. 3，1997.

人类的消费情况。① William E. Rees 曾将生态足迹形象地比喻为"一只负载着人类与人类所创造的城市、工厂……的巨脚踏在地球上留下的脚印"。这一概念既反映了人类对地球环境的影响，也包含了可持续发展机制。这就是说，当地球所能提供的土地面积容不下这只巨脚时，其上的城市、工厂、人类文明就会失衡；如果巨脚始终得不到一块允许其发展的立足之地，那么它所承载的人类文明将最终坠落、崩毁。

从生态足迹概念的本源看，它仅仅是作为一种对生态可持续性的测度方法提出来的，但是从可持续经济发展的基本命题和核心理念出发，生态足迹的内涵已经远远超出仅仅是一种测度方法的定义。因此，可以外延生态足迹的内涵为："生态足迹是伴随着人类社会经济增长而不断付出的生态代价或者是对生态环境的不断消耗，是经济子系统运行对生态子系统需求的强度表达，是经济子系统与生态子系统存在冲突的客观表现。"② 生态足迹的单位是"gha"（global hectare），即"全球公顷"，并非通常的土地面积公顷（hectare），一个单位的"全球公顷"，相当于 1 公顷具有全球平均产量的生产力空间。

（二）生物生产性土地

在生态足迹分析中，很重要的一个概念是生物生产性土地面积。生态足迹模型的所有指标都是基于生物生产性土地这个概念界定的。生物生产性土地（Bio – productivity area），即是指具有生物生产能力的土地或水域。用此概念来代表自然资本，这种替换为各类自然资本提供了统一的度量标准，使它们之间能够相对容易地建立起自然资本的等价关系。具体而言，整个地球具有生物生产能力的面积可以归为六类：建筑用地、近海生域（水域）、牧草地、林地、耕地和化石能源用地，生态足迹所考虑的土地使用分为直接和间接两类，如图 4 – 1 所示。

---

① 杨开忠等：《生态足迹分析理论与方法》，《地球科学进展》2000 年第 6 期。
② ［奥地利］陶在朴：《生态包袱与生态足迹：可持续发展的重量及面积观念》，经济科学出版社 2003 年版，第 163 页。

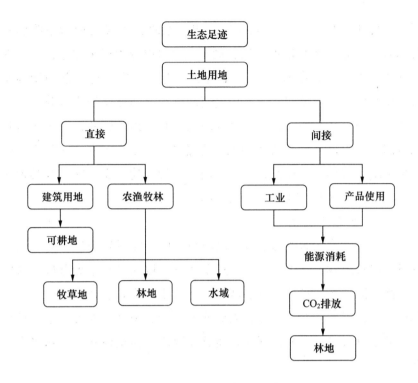

图 4 - 1　生态足迹的土地分类

　　在六类生物生产性土地中，生态生产力最大的是人类不断开发利用的耕地，目前全世界可耕用的最好土地基本上处于开发利用状态，特别是在快速工业化、城镇化背景下，优质耕地呈现出刚性递减的态势；同时，又由于化肥的过度施用、自然灾害、土地沙漠化、重金属污染等原因，导致耕地质量的下降。牧草地通常是一个国家或地区畜牧业发展的基础，但是牧草地的生态生产力远不及耕地，这是因为一方面牧草地积累生物量的潜力本身低下；另一方面存在着植物能量转化到动物能量的过程有 10∶1 的比率，能量转化流失导致牧草地可供人类实际使用的生物量少。人工林或天然林不仅可以提供木材等产品，而且还具有吸收 $CO_2$ 和维持生物多样性功能，但是大多数林地的生态生产力并不高。地球表面大部分都是水域，但是能提供生态生产力的水域为近海，大约只有全部水域的 8%，全球 70 多亿人口人均面

积大约为 $0.04hm^2$/人。与能源相关的土地使用主要是指为吸收温室气体 $CO_2$ 所需要的林地保留地，能源大致可以分为四种类型：化石能源（煤、石油、天然气）、生物能源、核电和水电，化石能源用地是对环境纳污能力计量的体现。而建筑用地则是指用于城市建筑、交通路面开发的土地面积，占用的是区域内的宜耕地，因此计算中用耕地的生态生产力来界定建筑用地的生态能力。[①] 理论上讲，地球表面的各种土地类型具有排他性，即只能用作一种用途，而不能兼有其他用途，如用作耕地的土地就不能同时用作建筑用地。

（三）生态承载力

早期的、传统的生态承载力反映在不损害区域生态生产能力的前提下，能够承载的最大人口数，这个概念是以人口计量为基础。事实上不同的区域之间自然资源、区域生产和生活方式、技术进步、贸易规模等存在着差异性，因此，人们逐渐开始意识到，人类对生态环境的影响不仅仅取决于人口规模，而且还取决于消费模式、技术水平等因素。

1991 年，Hardin 从生态系统本身的角度，将生态承载力定义为："在不损害有关生态系统的生产力和功能完整的前提下，可无限持续的最大资源利用和废物生产率。"简单地说，就是大自然能够给予的消耗量。然而，人类活动对生态系统可能造成的生态损害和损害程度是难以表达和度量的，大多数甚至是未被人类所意识到的，所以，很难直接依据 Hardin 的定义构建度量生态承载力的指标。

在 Hardin 定义基础上，基于生态足迹的生态承载力（Ecological Capacity，EC）可以定义为："在不损害有关生态系统的生产力和功能完善的前提下，一个国家或地区所拥有的具有生态生产力的六类生物生产性土地总面积"，即将一个国家或地区拥有的土地量作为度量地区生态承载力的指标，并不是一个国家或地区的全部土地都有为人类提供资源、支持生命的能力，如沙漠和戈壁的生态承载力很低或为

---

① 刘力、郑京淑：《东北地区生态消费水平的区域可持续性研究》，《地理科学》2003年第 6 期。

零。因此，根据生态承载力的主要内涵是生命支持能力和废弃物吸纳能力，故将地区拥有的耕地、牧草地、林地、具有生态生产力的水域等土地面积的总和作为有效生物生产性土地面积。在生态承载力计算时，需要扣除生物多样性破坏的12%面积，实际每人可用的生物生产性土地只有88%。

（四）生态赤字与生态盈余

生态赤字（Ecological Deficit，ED）和生态盈余（Ecological Remainder，ER）是衡量一个区域可持续发展状态的重要指标之一。区域生态承载力减去生态足迹的差额会出现三种结果：第一种是生态赤字，区域生态承载力小于生态足迹；第二种是生态平衡，区域生态承载力等于生态足迹；第三种是生态盈余，生态承载力大于生态足迹。生态赤字的出现表明该区域的人类活动对生态需求超过了区域生态容量，从而可以判断区域发展模式处于相对不可持续状态，为了满足该区域人口现有生活水平下的生态消费，可以通过区域之外进口欠缺的资源以平衡生态足迹，或者扩大对自然资源的消耗来弥补收入供给流量不足，但这两种解决方式都是不可持续的。[①] 生态盈余表明该区域的生态容量足以支持其人类活动，消费模式相对可持续，区域内自然资本的收入流大于人口消费的需求流，地区自然资本总量有可能得到增加，地区的生态容量有望扩大。

（五）当量因子与产量因子

当量因子又称等价因子（Equivalence Factor），是一个使不同类型的生物生产性面积转化为在生物生产力上等价的系数。在计算生态足迹和生态承载力时，可以将不同类型的生物生产性土地面积加总，需要通过每一类生物生产性土地面积乘以当量因子转换成具有相同生态生产力的土地面积。其计算公式为：

某类生物生产性土地的当量因子 = 区域该类生物生产性土地面积的平均生态生产力÷区域所有各类生物生产性土地面积的平均生态生产力需要注意的是，公式中的区域可以是全球尺度、国家尺度或者更

---

① 杨开忠等：《生态足迹分析理论与方法》，《地球科学进展》2000年第6期。

小尺度。每一种生物生产性土地类型的当量因子由单位空间面积的相对生物量产量确定。Wackernagel 提出的基于全球尺度的当量因子分别为：林地和化石能源用地 1.1，耕地和建筑用地 2.8，牧草地 0.5，水域 0.2。耕地当量因子为 2.8，表明生物生产性土地的生态生产力是全球各类生物生产性土地面积的平均生态生产力的 2.8 倍。

产量因子（yield factor）又称生产力系数。在生态承载力的计算中，由于不同国家或地区存在资源禀赋差异，表现在生物生态性土地面积种类相同，但是单位面积的生态生产力不同，因而不同国家和区域之间的同类生物生产性土地的实际面积是不能直接进行对比，需要对同种类型的单位面积进行调整。产量因子就是一个将不同国家、不同区域同类生物生产性土地转化为具有可比性的生物生产性土地面积的参数，是核算国家或地区某类生物生产性土地的平均生产力与不同尺度平均生产力的比率。例如，中国耕地的当量因子为 1.66，则表明中国耕地的生态生产力是世界耕地平均产出水平的 1.66 倍。因此，不同国家或地区的某类生物生产面积所代表的地区产量与世界平均产量的差异可用产量因子表示。

当量因子反映了地区自然环境或潜在生产力（在全球范围内计算），而产量因子捕获区域产量与全球平均产量的差距（国家范围内计算），主要反映土地管理和技术方面的差异。因此当量因子反映的是环境或固有的生产力，而产量因子则反映环境与社会经济综合因素。

## 二 生态足迹理论的假设前提

2002 年，Wackenragel 等给出了计算全球生态足迹的 6 个假设：[1]

假设一：可获得资源的年消费量和产生的废物量；

假设二：这些资源和废弃物流量的大部分可以转换为土地面积；

假设三：可赋予各种不同类型的土地面积一定的权重，将其转换成一个标准化的全球公顷单位（具有世界平均生产能力）；

假设四：各种土地利用都是排他性的，因而总需求可通过加总各

---

[1] 徐中民、程国栋、张志强：《生态足迹方法的理论解析》，《中国人口·资源与环境》2006 年第 6 期。

种资源利用与废弃物吸收的面积得到;

假设五:总的人类活动占用的利息与自然提供的生态服务供应也可以用以全球公顷表示的生物生产空间表达;

假设六:总需求可以超过总供给,即生态足迹可以超过生态承载的能力。

根据上述假设,任何已知人口(个人、一个城市或一个国家)的生态足迹就是其占用的生产这些人口所消费的资源和消纳这些人口所产生的废弃物所需要的生物生产性土地的总面积。[1] 人类社会对生态的影响就可以根据特定年份的科学技术创新、资源管理、土地利用变化、生产实践和累积的土地损害等情况下,用生产所消费的资源和消纳废弃物的生物生产性土地面积来测度。

### 三　生态足迹的计算步骤

生态足迹[2]的基本思想是将人类消费需要的自然资本的生态足迹与自然资产产生的生态承载力转化为可以共同比较的土地面积,二者的比较用来判断人类对自然资产的利用是否过度。[3] 生态足迹的计算基于两个基本事实:一是人类可以确定自身消费的绝大多数资源及其所产生的废弃物数量;二是这些资源和废弃物能转换成相应的生物生产性土地面积。[4] 按照数据获取方式不同,生态足迹有两种计算方法:第一种是自下而上法,即通过发放调查问卷,查阅统计资料的方式获得人均的各种消费数据;第二种是自上而下法,即根据地区性或全国性的统计资料查取地区各消费项目的总量数据,再结合人口数得到人均消费值。无论哪种方法,生态足迹的计算可以分为五个步骤(如图 4-2 所示)。

---

① 吴隆杰:《近年来生态足迹研究进展》,《中国农业大学学报》2006 年第 3 期。

② 徐中民、程国栋、张志强:《生态足迹方法的理论解析》,《中国人口·资源与环境》2006 年第 6 期。

③ 徐中民、程国栋、张志强:《生态足迹的概念及计算模型》,《生态经济》2000 年第 10 期。

④ 杨开忠、杨咏、陈洁:《生态足迹分析理论与方法》,《地球科学进展》2000 年第 6 期。

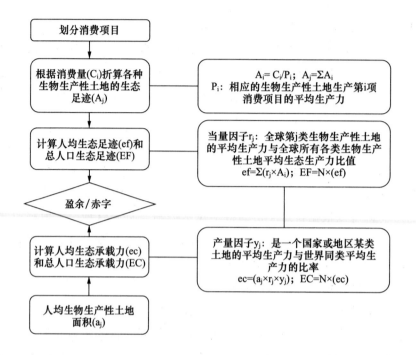

**图 4 - 2 生态足迹计算步骤示意**

（一）划分消费项目，计算各主要消费项目的人均年消费量

Wackernagel 在计算 52 个国家和地区的生态足迹时，将消费分为消费性能源和食物，而在对智利首都圣地亚哥的研究中将消费分为粮食及木材消费、能源消费和日常用品消费项目。[①] 本书根据 Wackernagel 的划分，将消费项目分为生物资源消费和能源消费。根据划分的消费项目，计算各消费项目的消费量和废物消纳中自然资源的消费量，即追踪资源消耗和废弃物消纳。人类所引起的消费（直接的家庭消费、间接消费、最终使家庭受益的商业和政府消费、服务等）和污染消纳（包括水、气、声、固废、辐射等污染的消纳）被分门别类地归结为各种资源的消耗。

---

① 李永展：《台湾地区生态足迹度量之研究》，台湾区域科学学会 1998 年度年会论文研讨会，2000 年。

（二）利用平均产量数据，将各消费量折算为各种生物生产性土地面积

利用生产力数据将各项消费资源或产品的消费折算为具有生态生产力的化石能源用地、耕地、牧草地、林地、建筑用地和水域六类生物生产性土地的面积 $A_j$。

$$A_j = \sum \frac{C_i}{EP_i} (j=1,2,3,\cdots,6) \qquad (4-1)$$

式中：$A_j$ 为生物生产性土地面积；$C_i$ 为资源消费量；$EP_i$ 为全球生态生产力。

（三）计算生态足迹

计算生态足迹的大小，关键是通过当量因子将区域不同类型的生物生产性土地不同生态生产力的单位面积转换为具有相同生态生产力的面积，这样计算出来的土地面积才能够汇总。

$$EF = \sum A_j \cdot \gamma_j (j=1,2,3,\cdots,6) \qquad (4-2)$$

式中：$EF$ 为生态足迹，$\gamma_j$ 为当量因子。

需要特别说明的是，化石能源足迹作为生态足迹中一个重要的组成部分，是指专门用于吸收来自化石燃料的 $CO_2$、吸收核电厂的辐射以及建设水电站的面积，化石能源足迹所占比例较大，发达国家的化石能源足迹一般占生态足迹总量的一半以上，一个国家的生态赤字也主要来自于能源组分，因此，能源消费和吸纳能源消费废弃物的生物生产性土地常进行单独计算。化石能源足迹计算有三种计算法，三种方法中碳吸收法被广泛使用，因为满足碳吸纳的条件，也就同时满足了替代法和自然资本存量法的要求。[①]

1. 替代法

替代法通过耕地或林地能够产生的生物量转化为乙醇（或甲醇）燃烧产生的能量来计算。生产能够产生与化石燃料燃烧相同能量的乙醇（或甲醇）的农田或林地面积即为化石燃料的生态足迹。

---

① 李宏：《生态足迹理论及其应用研究》，硕士学位论文，兰州大学，2006 年，第 25 页。

## 2. 自然资本存量法

自然资本存量法是估算用于吸收化石燃料燃烧所产生的 $CO_2$ 的林地面积。研究表明，对树龄在 50—80 年的森林而言，每公顷森林可以吸纳 $1.0 \times 10^{11}$ 焦耳化石燃料排放的 $CO_2$。

## 3. 碳吸收法

碳吸收法是计算用于以同等速率补偿化石燃料能源消耗的生产性土地的面积。例如种植可以产生与化石燃料相同能量的林地，从理论上使地球上的能源不减少。森林每年累积的可更新的生物物质能源大约也是 $8.0 \times 10^4$ 焦耳。

## （四）计算生态承载力

生态承载力是以耕地、牧草地、林地、建筑用地和水域的实际拥有面积为基础，经过产量调整和等量化处理得到。

$$EC = \sum AA_j \cdot \gamma_j \cdot y_j \ (j = 1, \ 2, \ 3, \ \cdots, \ 6) \qquad (4-3)$$

式中：$EC$ 为生态承载力；$AA_j$ 各类土地的实际面积；$y_j$ 为产量因子。

## （五）计算生态赤字与生态盈余

$$ED(ER) = EC - EF \qquad (4-4)$$

# 第二节　旅游生态足迹计算模型

## 一　旅游生态足迹的概念

生态足迹是衡量区域可持续发展程度的重要指标，伴随着旅游业的快速发展，区域旅游经济活动会因为旅游者对旅游资源、旅游设施与服务的消费、占用对区域生态系统和旅游系统的可持续发展产生影响。旅游生态足迹是生态足迹理论在旅游研究领域中的应用，是测度上述影响的指标。依据生态足迹概念，[1] 旅游生态足迹可以简要地定

---

[1]　杨桂华、李鹏：《旅游生态足迹的理论意义探讨》，《旅游学刊》2007 年第 2 期。

义为：某区域支持一定数量旅游者的旅游活动所需的生物生产性土地面积。从旅游业的角度而言，一个区域需要满足地区常住人口和旅游者的生态需求，其中地区常住人口生存所需要的生物生产性土地面积就称为"区域本底生态足迹"。区域本底生态足迹与旅游生态足迹之和在区域生态承载力的范围内，没有产生生态赤字，说明生态系统是安全的，消费模式是相对可持续的。

将旅游生态足迹（Touristic Ecological Footprint，TEF）概念外延为，旅游生态足迹就是区域旅游经济增长对区域旅游生态系统的生态代价，其大小受到旅游流规模、旅游消费水平和旅游政策的影响，可以分为旅游要素生态足迹和旅游者生态足迹两种。[①] 旅游生态足迹实质上是一个整合参数，既包含旅游活动中土地、水源等方面的一次消耗，又包括废弃物吸收等方面的二次消耗，可以更加全面地测度旅游业和旅游活动的环境影响。

**二　旅游要素生态足迹分析方法**

（一）消费账户分类

在旅游生态足迹账户核算体系中，生物生产性土地同样可根据生态生产力大小的差异划分为化石能源用地、耕地、牧草地、林地、建筑用地和水域六种类型。按照旅游活动的构成要素划分，一项旅游活动通常是由食、住、行、游、购、娱六个环节所组成，因此旅游生态足迹消费账户由旅游餐饮、旅游住宿、旅游交通、旅游游览、旅游购物和休闲娱乐 6 个部分组成，如图 4 - 3 所示。[②]

"食"的生态足迹是指餐饮设施的建筑用地、旅游者在旅游过程中食品方面消费和相关能源消耗所需的生物生产性土地面积。"住"的生态足迹包括住宿设施所需的建筑用地和能源消耗所需土地面积。建筑用地指酒店、宾馆等接待设施的住房、花园等设施的占地面积；能源消耗主要用于加热、制冷、烹饪、照明、洗涤等方面占用的土地

---

① 章锦河、张捷：《旅游生态足迹模型及黄山实证分析》，《地理学报》2004 年第 5 期。

② 罗佳：《九江市旅游生态足迹分析与研究》，硕士学位论文，华中师范大学，2008 年，第 19 页。

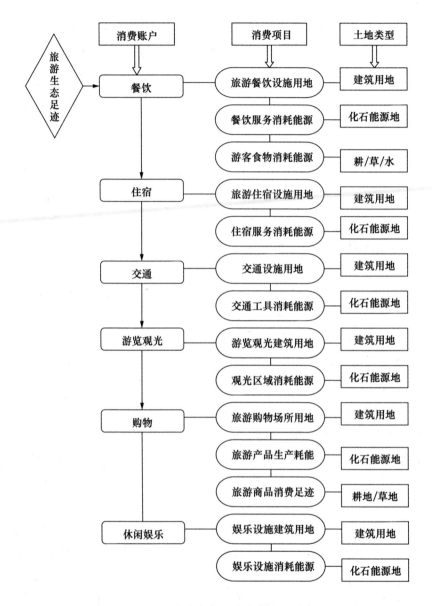

图4-3 旅游生态足迹消费项目分类

面积。"行"的生态足迹指所有与旅行有关的交通设施所需的建筑用地和能源消耗占用的面积，包括往返目的地的交通和所有在目的地的交通设施（公路、铁路、停车场、机场等）的占地面积和交通工具的能源消耗。由于基础设施被旅游者和当地居民所公用，计算时应该考虑非旅游因素，扣除非游客所消耗的资源部分。"游"的生态足迹指在旅游目的地进行的各类游览活动所占用的建筑用地和能源消耗所需面积。"购"的生态足迹是指旅游者采购的旅游商品在生产、加工、运输和销售时所需的建筑用地、生物资源和能源消耗占用的面积。"娱"的生态足迹涉及旅游接待地的所有娱乐项目，如酒吧、舞厅等休闲场所和游泳馆、高尔夫球等康体场所，这些场所占地面积和在这些场所的能源消耗所需土地面积。

（二）旅游要素生态足迹计算方法

旅游要素生态足迹的测度是基于以下三个基本事实：一是旅游者在旅游过程中为了满足物质需求和精神需求需要消耗自然资源并产生一定数量的废弃物；二是自然资源的消耗以及产生的废弃物可以通过旅游者的消费而确定数量；三是可以将自然资源消费和废弃物转化成可以相比较的生物生产性土地面积。

旅游要素生态足迹就是通过调查基层旅游目的地的数据方式获取食、住、行、游、购、娱等旅游活动的人均消费数据，分别计算六类的生物资源与能源消费和废弃物排放转换得到的各类生物生产性土地面积进行加和汇总，并将各类生物生产性土地面积的总和分别乘上一个相应的当量因子，以转化为可比较的生物生产土地均衡面积，具体计算公式如下：

$$TEF = Ntef = N \sum_{i}^{n} A_i = N \sum (C_i/P_i \times r_i)$$
$$= TEF_f + TEF_a + TEF_t + TEF_v + TEF_s + TEF_e \qquad (4-5)$$

式中：$TEF$ 为总的旅游生态足迹；$N$ 为旅游者人数；$tef$ 为人均旅游生态足迹；$i$ 为旅游活动中所消耗的商品与投入类型；$n$ 为旅游活动中所消耗的商品与投入类型数；$A_i$ 为人均 $i$ 种旅游消费商品折算的生物生产性面积；$P_i$ 为 $i$ 种旅游消费商品的平均生产力；$C_i$ 为 $i$ 种旅游商品的人均消费量；$r_i$ 为 $i$ 种用地的当量因子；$TEF_f$ 为旅游餐饮生态足迹，$TEF_a$ 为旅游住宿生态足迹；$TEF_t$ 为旅游交通生态足迹；$TEF_v$ 为旅游游览生态足迹，$TEF_s$ 为旅游购物生态足迹，$TEF_e$ 为旅游娱乐生态足迹。

（三）旅游要素生态足迹的特点

从旅游要素生态足迹的概念可以看出，旅游要素生态足迹具有如下几个特征：

1. 生态消耗的结构差异性

旅游活动中，旅游者的食、住、行、游、购、娱等各方面都需要消耗一定的自然资源，在消耗这些自然资源的同时，也产生一定的废弃物，降解和吸收这些废弃物又需要一定的资源，如耕地和林地等，这种生态消耗具有结构差异性，表现在旅游生态足迹的生产性土地类型即化石能源用地、耕地、牧草地、林地、建筑用地、水域这六类基本类型的构成比例不同，反映了旅游生态消费的土地利用方向、程度及其差异。不同类型的旅游地由于其旅游资源特性、客源地域构成、旅游者旅行交通方式选择、旅游者消费方式和水平、旅游者空间行为模式等方面的差异，其六类土地基本类型的构成比例有差异。

2. 生态消耗主体确定性

旅游活动的主体是旅游者，旅游生态足迹是旅游活动的资源需求和废弃物产生进行定量描述，所以旅游生态足迹描述的主体是旅游者。旅游生态足迹最终反映旅游者在旅游活动中的生态需求和实际生态消耗。

3. 生态消耗程度的可比性

旅游活动生态消耗所形成的生物生产性土地面积，通过均衡处理以后得到的旅游生态足迹，其面积是全球或者国家、区域统一的，消除了地域差别，因而可以对不同方式、不同地域的旅游活动的生态消耗在全球、国家或者区域范围内直接比较。通过比较可知旅游生态足迹效率，能反映旅游地发展旅游业的环境资源的投入所获得的产出状况。

**三 旅游者生态足迹分析方法**[①]

（一）旅游者生态足迹的概念

旅游者生态足迹是指通过测定旅游者为了满足其旅游活动需要而

---

① 赵莺燕：《基于 TEF 模型的青海省旅游业可持续发展评价》，《青海民族研究》2010年第 1 期。

利用自然资产的量来评估旅游者对生态系统的影响，通过将旅游者的资源及废弃物排放转化为提供这种物质流所必需的各种生物生产性土地面积，并同旅游目的地的生态足迹需求进行比较，可以知道旅游者生态足迹对旅游目的地生态足迹的贡献及其对生态系统的影响。其理论根据是：我们能够追踪旅游活动所消费的资源和所排放的废物，这些因旅游活动所消费的资源流量和排放的废物流量可以被转化为相应的生物生产性土地面积。

（二）旅游者生态足迹计算方法

旅游者生态足迹模型是比较旅游者生态足迹与旅游者生态承载力之间是否平衡的模型，它从生态角度判断旅游活动是否处于生态系统的承载力范围之内进而判断旅游业可持续发展状态。模型计算公式为：

$$TEF_t = EF \times \beta \tag{4-6}$$

$$TEC_t = EC \times \beta \tag{4-7}$$

$$tef_t = TEF_t / n \tag{4-8}$$

$$tec_t = TEC_t / n \tag{4-9}$$

式中：$TEF_t$ 为旅游者生态足迹；$EF$ 为旅游目的地生态足迹；$\beta$ 为旅游业对国内生产总值的贡献率；$tef_t$ 为旅游者人均生态足迹，$n$ 为旅游总人数；$TEC_t$ 为旅游者生态承载力；$EC$ 为旅游目的地生态承载力；$tec_t$ 为旅游者人均生态承载力。

从模型计算公式中可以看出模型含义为：旅游者生态足迹是在生产地区国内生产总值所需要的生物生产性土地面积中旅游业所需要的生物生产性土地面积数量；旅游者生态承载力是在能够支持地区国内生产总值的生物生产性土地面积中，能够支持旅游业的生物生产性土地面积的数量；二者之差值即为旅游者生态赤字或旅游者生态盈余。

（三）旅游者生态足迹的特点

1. 时空维度上的变动性

自然界的生态平衡是一种相对稳定的状态，不是绝对稳定的状态，如果旅游活动产生的生态足迹强度超过了旅游环境生态系统的自我调节能力，那么系统的稳定性就降低，形成一种生态承载力被削弱的新的生态平衡。旅游者生态足迹的强弱是经济增长、旅游人次增长的生态压力和生态承载力相互作用的结果，因此旅游者生态足迹不是固定不变的。

2. 消耗类别上的叠加性

对于旅游区而言，其支持的地区人口包括地区常住人口和旅游者，[①] 旅游者对地区旅游资源、旅游设施与旅游服务的占用、消耗与消费，均对地区生态环境系统产生影响。在资源需求以及消纳废弃物方面，地区常住人口和旅游者对生态环境的影响方式是相同的，因此旅游者的旅游生态足迹通过与当地居民生态足迹的"叠加"效应，共同对旅游地可持续发展产生影响与作用。

3. 区域土地类型上的层次性

旅游开发的具体类型主要依赖于该地区旅游环境资源的特殊性质和结构。不同国家和地区的旅游资源不论是质量和数量，在空间分布上都存在着差异，这种差异进一步决定了旅游产生的经济效应、社会效应和其他效应在时间和空间上的差异化分布。旅游生态承载力存在不同的层次水平，使同一区域不同土地类型的旅游者生态足迹和不同区域同一土地类型的旅游者生态足迹，其作用强度也存在着不同的层次水平。

4. 环境影响的隐蔽性

旅游者生态足迹对旅游业可持续发展的破坏作用具有一定的隐蔽性。在旅游业发展的初期社会与环境变迁的速度比较缓慢，同时由于较小的旅游者规模对环境和社会产生的负效应少，经济正效应明显，此时呈现出积极的综合效应。在这个时期旅游者生态足迹往往被高速增长的辉煌业绩所掩盖，使人不容易发现。由于旅游者生态足迹隐蔽性这个特点，加上旅游经济追逐近期和局部的最大利益，导致即使不合理的旅游活动使旅游生态环境对社会、经济产生了反作用，人们仍旧会盲目地实施和默认甚至持续加剧这种不合理的经济行为。

---

① 蒋依依：《基于旅游生态足迹模型的旅游区可持续发展度量——以云南丽江纳西族自治县为例》，《地理研究》2006 年第 6 期。

5. 环境影响的时滞性

旅游者生态足迹对生态环境的影响在短时间内是显现不出来的，在具备一定的条件下，经历一个渐进过程和一定时间的积累，才能形成对旅游经济和社会爆发性的破坏，即存在时滞性。只有在一个相当长时期才会逐步显示出其破坏作用，并且它的不良影响很可能是不能逆转的。

**四　旅游生态足迹功能**

旅游学家杨桂华教授认为，旅游生态足迹的功能主要表现为如下4 个方面：对旅游主体的教育功能、对旅游业的评价功能、对旅游目的地的衡量功能、对旅游环境的测度功能。

（一）对旅游主体的教育功能

旅游生态足迹分析可以帮助旅游者认识旅游过程和日常生活生态消耗的巨大差异，也可以帮助旅游者认识旅游者和目的地居民之间的生态消耗的悬殊，从而达到旅游者自我教育的目的。

（1）揭示居民占用资源的差异。不同区域的消费模式可以分为"奢侈型"和"生存型"两种，利用旅游生态足迹比较容易区分不同区域生态消耗模式的差异。有研究表明，来自发达地区的上海旅游者在云南香格里拉旅游 1 天的生态消耗是当地居民 28 天的生态消耗，依据这个标准，上海游客 8 日游的生态消耗就相当于当地居民半年时间的生态消耗（生态足迹）。通过旅游生态足迹的分析，可以教育旅游者认识到旅游活动与日常生活、发达地区和欠发达地区对自然资源的占用程度的差异性，告诫发达国家或地区的居民在享用相对较多的资源的同时，对人类发展也要肩负更多的责任。

（2）展示生态环境教育的直观性。可以用形象的面积观念教育旅游者，旅游生态足迹是一种容易被旅游者认知、理解和接受的"面积"概念，可以促进旅游者提高生态环境保护意识。通过分析旅游生态足迹还可以发现，旅游活动对于生态环境有直接和间接两个方面的影响。实现区域旅游的可持续发展，取决于旅游者的消费方式、行为方式是否生态、合理和健康，而旅游行为方式和消费方式受到旅游者生态意识所决定，可以说旅游者是旅游经济可持续发展的重要参与者和实践者。旅游生态足迹概念和方法都比较简单，尤其是用土地面积的大小来描述旅游过程对资源的消耗和废弃物产生，形象直观地给人们提供了有关资源和环境的相关信息，可以强化人们对自然资源的认识，进而引导人们规范自己的旅游行为和旅游活动来促进对环境的保护。

（二）对旅游业的评价功能

（1）评价旅游业的生态效率。生态效率（Ecological Efficiency）是经济社会发展的价值量和资源环境消耗的实际数量的比值，它反映了经济增长与环境压力的分离关系。旅游生态效率就是区域旅游总收入与区域旅游生态足迹的比值。其结果越大说明行业消耗资源越少，而创造越大的经济价值，其经营或生产行为就越具有可持续性。也可以将旅游产业的生态效率与其他行业的生态效率进行比较，就可以得出旅游业在国民经济中的地位和贡献。

（2）评价旅游业的经营水平。生态效率的差异不仅反映资源占有差别，而且反映旅游企业经营水平的高低。生态效率越高，说明其资源消耗和废弃物产生越少，而创造的经济价值越多。生态效率越低，说明其资源消耗和废弃物产生越多，而创造的经济价值越少。在同等条件下，资源消耗的减少意味着旅游企业经营成本的降低，旅游产品市场竞争力的提高；资源消耗的增加意味着旅游企业经营成本的增加，旅游产品市场竞争力的降低。

（三）对旅游目的地的衡量功能

对于旅游目的地而言，旅游规模的大小直接影响对旅游目的地的生态需求量，旅游规模越大则生态需求量越大，旅游目的地越难以实现物质和能力的完全自给，为了满足现有旅游规模的生态需求，可以通过贸易方式从外界"进口"旅游企业的生产用品和旅游者的生活用品，将生态"负担"输出给其他国家或地区，因此通常旅游目的地的生态供给远远不能满足生态需求，产生生态赤字。对旅游目的地可持续发展的程度不能简单地用"生态赤字/生态盈余"来衡量，但是可以通过旅游生态足迹的大小反映旅游目的地对其他地区的依赖程度。

（四）对旅游环境的测度功能

当旅游资源数量和环境容量不变时，随着旅游人数和旅游经济规模的增加，会产生一个旅游者、旅游经济和环境资源相互叠加的"旅游生态足迹安全阈值"，旅游生态足迹可以直接地测度旅游活动的生态消耗，从而间接地测度旅游活动的全球环境影响。旅游生态足迹反映出人们对生态环境的认识和管理，发生了从局部到全面、从治理到预防、从分析污染问题到资源管理的改变趋势。

# 第三节　旅游可持续发展评价指标

## 一　旅游地生态经济协调指数①

生态经济协调指数（Ecological Economic Coordination Index，EECI）反映研究区域社会经济发展与生态环境的协调性，是生态占用指数与生态压力指数的比率。其中：生态占用指数（Ecological Occupancy Index，EOI）定义为一个国家/地区的人均生态足迹与全球/国家人均生态足迹的比率，反映一个国家或地区占全球生态足迹的份额。生态压力指数（Ecological Footprint Index，ETI）为一个国家或地区可再生资源的人均生态足迹与生态承载力的比率，反映研究区域的环境承受压力的程度。耕地、牧草地、林地、淡水水域、海域和水资源归为可再生资源，化石能源用地和建筑用地归为不可再生资源。具体计算公式为：

$$EECI = \frac{EOI}{ETI} = \frac{ef' / ec'}{ef / ef_w} \tag{4-10}$$

其中：$EECI$ 为生态经济协调指数；$EOI$ 为生态占用指数；$ETI$ 为生态压力指数；$ef'$ 为可再生资源的人均生态足迹；$ec'$ 为可再生资源的人均生态承载力；$ef_w$ 为同期全球人均生态足迹。"国家公顷"生态足

---

①　赵莺燕、于法稳：《青海省经济与生态环境协调发展评价研究》，《生态经济》2015年第 8 期。

迹模型中的生态经济协调指数需要将同期全球人均生态足迹替换成国家范围，即一个国家人均生态足迹。计算 EOI、ETI 和 EECI 的结果参照等级划分标准见表 4-1。

表 4-1　　基于生态足迹的 EOI、ETI 和 EECI 的等级划分标准

| 等级 | ETI | 表征状态 | EOI | 表征状态 | EECI | 表征状态 |
|---|---|---|---|---|---|---|
| 1 | <0.5 | 很安全 | <0.5 | 很贫穷 | <1.00 | 协调性很差 |
| 2 | 0.51—0.8 | 较安全 | 0.51—1.00 | 较贫穷 | 1.01—2.00 | 协调性较差 |
| 3 | 0.81—1.00 | 稍不安全 | 1.01—2.00 | 稍富裕 | 2.01—3.00 | 协调性稍好 |
| 4 | 1.01—1.50 | 较不安全 | 2.01—3.00 | 较富裕 | 3.01—4.00 | 较好 |
| 5 | 1.51—2.00 | 很不安全 | 3.01—4.00 | 很富裕 | 4.01—8.00 | 很好 |
| 6 | >2.00 | 极不安全 | >4.00 | 极富裕 | >8.00 | 很好 |

## 二　旅游地生态安全系数

旅游地生态安全系数（Ecological Security Index of Tourist Destination，TDESI）来表征旅游目的地的安全程度。具体测度公式如下：

$$TDESI = \frac{ec}{ef + tef} \tag{4-11}$$

式中：$TDESI$ 是旅游地生态安全系数，$ec$ 是旅游地的本底生态承载力；$ef$ 是旅游地居民本底人均生态足迹，$tef$ 是人均旅游者生态足迹。[1] 旅游生态安全系数反映了旅游发展对旅游地生态安全影响的不同程度，可以将旅游地生态安全分为四个等级：安全、威胁安全、不安全、很不安全（见表 4-2）。

表 4-2　　基于生态足迹的旅游地生态安全等级划分

| 类型 | 安全 | 威胁安全 | 不安全 | 很不安全 |
|---|---|---|---|---|
| 标准 | TDESI≥1 | 0.75≤TDESI<1 | 0.50≤TDESI<0.75 | 0≤TDESI<0.50 |

---

[1]　章锦河、张婕、王群：《旅游地生态安全测度分析——以九寨沟自然保护区为例》，《地理研究》2008 年第 2 期。

### 三　旅游地万元 GDP 生态足迹

万元 GDP 生态足迹是指每创造 1 万元 GDP 需要生态足迹的数量。万元 GDP 生态足迹可用公式表示为：

$$万元 GDP 生态足迹 = \frac{EF}{GDP（万元）} \tag{4-12}$$

万元 GDP 生态足迹，其数值大小反映了区域系统内人类对自然资源的利用效率。区域的万元 GDP 生态足迹越大，说明资源利用效率越低；相反，区域的万元 GDP 生态足迹越小，说明资源利用效率越高。

### 四　旅游业生态效率

生态效率是生态资源能够满足人类生态需求的效率，目的是为了寻找经济发展与保护生态环境之间的一个平衡点，力求在经济发展的同时对生态环境的影响最小。旅游业生态效率定义为单位生态足迹的旅游者人数，它定量地表述了单位生态资源可以支持的旅游者数量，体现了旅游经济增长与生态环境压力的动态关系，数值越大说明旅游行业创造的经济价值量大，而消耗的自然资源量小，反之亦然。如果把生态足迹作为资源环境消耗的实物量，更能全面反映一个产业或者一个区域的生态效率。生态效率的倒数称为生态消耗强度，即单位经济产出所产生的生态足迹的大小。旅游生态效率的公式为：

$$生态效率 = \frac{价值的增加}{环境影响的增加} = \frac{旅游总收入}{旅游者生态足迹} \tag{4-13}$$

### 五　旅游地生态环境压力指数

基于旅游内部系统构建的旅游地生态压力指数（Index of Tourism Ecological Pressure，TEI）可以反映旅游者的旅游活动对环境的影响程度，其计算公式为：

$$TEI = TEF_t / TEC_t \tag{4-14}$$

基于以上计算，$TEI$ 值越小，表明旅游地生态环境可持续发展的程度越高。当 $TEI < 1$ 时，旅游生态足迹小于旅游生态容量，此时对于景区管理者来说，应在保护生态环境的前提下，考虑如何挖掘、开拓其旅游客源市场，加强基础设施建设，提升旅游地形象，提高旅游

地吸引力，充分发挥其资源优势。当 TEI > 1 时，说明旅游生态足迹已经超过旅游生态容量，旅游活动已经对旅游地生态环境造成了一定的压力。TEI 值越大，这种压力越大。旅游地生态压力指数分为四个等级：理想状态、一般状态、较差状态、恶化状态，见表 4 - 3。

表 4 - 3 旅游生态环境压力指数划分

| 类型 | 理想状态 | 一般状态 | 较差状态 | 恶化状态 |
|------|---------|---------|---------|---------|
| TEI | TEI < 0.3 | $0.3 \leqslant \text{TEI} < 1$ | TEI ≈ 1 | TEI > 1 |

## 第四节　旅游生态足迹与旅游生态承载力相互作用的系统效应

旅游目的地在旅游经济发展过程中对生态系统会产生生态正效益和负效益两种结果。如果旅游目的地通过发展旅游业不仅没有对生态环境产生破坏，反而将经济效益通过生态补偿等方式不断改善了生态环境，这就产生了生态正效益。反之，如果旅游业的发展导致了旅游目的地的生态恶化，那么就产生生态负效益。经济效益和生态效益之间不但存在着共生性、相伴性的联系，而且也存在着对立统一的内在联系。旅游生态效益是旅游经济效益的基础，讲求生态效益是保证经济效益的重要条件。只有实现经济效益和生态效益的统一，才能使二者相得益彰，既促进旅游经济发展，又可在旅游经济高速发展中保护生态环境，达到提高生态经济效益的目的。

旅游生态足迹是旅游经济增长的生态需求的直接表现，是经济增长产生的生态消耗的表达，是经济系统对生态系统产生的生态包袱。旅游生态足迹是对旅游目的地生态压力，是对生态环境的一种作用力。旅游生态承载力的大小又决定了旅游目的地对生态足迹的容量，因此，旅游生态足迹和旅游生态承载力是作用力与反作用力的关系。旅游目的地生态承载力越大，则对生态足迹的抗压力越强，反之，则对生态足迹的抵抗力弱。

**一　旅游生态足迹产生的约束条件——资源性生态承载力**

基于旅游可持续发展意义上的资源性旅游生态承载力是指生产性自然资源，尤其是不可再生资源所能承载的最大旅游活动强度。即在特定时空范围内，在不超出生态系统弹性限度条件下的各种自然资源所能支持的旅游经济规模和维持一定旅游活动质量的人口数量的供给能力。

旅游业是以旅游资源为凭借，以旅游设施为基础，为旅游者的旅游活动创造便利条件，并提供所需的商品和服务的综合性行业。旅游产业属于资源密集型产业，其顺利运转需要耗费包括土地、矿产、能源等在内大量的自然资源，而生态系统能分配给旅游业发展的自然资源是有限的。自然资源消耗是旅游生态足迹产生的源头，旅游经济活动对自然资源的消耗形成旅游生态足迹的一部分，即资源性旅游生态足迹，在经济可持续发展的前提下，资源性旅游生态足迹不能超过资源性旅游生态承载力的阈值。

资源性旅游生态足迹产生的大小取决于以生态系统中各种自然资源丰富度为基础的资源性旅游承载力的大小、旅游活动强度及人们对自然资源的利用方式等几个因素。但从可持续发展的要求来看，资源性旅游承载力应是旅游生态足迹产生的制约因素。所以，旅游生态足迹在经济可持续发展的要求下，必须限制在资源性生态承载力的阈值之内。

**二　旅游生态足迹释放的约束条件——环境性生态承载力**

基于经济可持续发展意义上的环境性旅游环境承载力，[1] 是指在特定时空范围内和一定旅游活动强度及环境质量要求下，在不超出生态系统弹性限度条件下环境子系统容纳污染物数量能力的阈值。旅游环境是旅游生态足迹释放的容纳条件，旅游经济活动对自然环境产生的污染构成旅游生态足迹的一部分，即环境性旅游生态足迹。环境性旅游生态承载力是旅游生态足迹释放的容纳条件，环境性旅游承载力

---

① 高吉喜：《新世纪生态环境管理的理论与方法》，《环境保护》2002 年第 7 期。

很大程度上取决于环境容量和旅游活动方式。

值得注意的是，环境性旅游生态承载力与人为制定的环境质量标准无关。环境质量标准是相关机构或组织为保护人类健康和生存环境，对污染物（或有害因素）容许含量（或要求）所作的规定。环境质量标准体现了国家的环境保护政策和要求，是衡量环境是否受到污染的尺度，是环境规划、环境管理和制定污染物排放标准的依据。由于世界上不同组织和国家人为制定的环境标准不同，从而导致计算的环境容量不同，不能反映真实的环境性旅游生态承载力。

资源性旅游生态承载力与环境性旅游生态承载力之间相互影响，相互制约。在生态系统中，资源性旅游生态承载力的变化不可避免地会影响到环境性旅游生态承载力的变化，反之亦然。在实际中，人们往往倾向于通过技术手段来提高资源承载力，但同时会产生严重的环境问题，即对生态平衡的破坏，最终会导致资源性旅游生态承载力和环境性旅游生态承载力的降低，即降低旅游生态承载力。如通过向土地施以化肥、农药等化学投入品可以极大地促进土地资源承载力提高但大量化肥、农药使用不仅影响被施用的土壤环境，而且通过在生态系统中迁移、转化和生态链的传递作用，对水体、大气进而对水生动植物、陆生动植物、人类、鸟类、有益昆虫和微生物产生非常不利的影响，进而影响环境性生态承载力。同样道理，环境性生态承载力的变化会非常明显地影响到资源性生态承载力的变化。所以要对生态承载力的各项承载功能进行综合、全面研究，注重生态系统内在结构功能的有机联系和整体效应。

**三　旅游生态足迹抵消缓冲条件——旅游生态弹性力**

旅游生态弹性力是指旅游目的地生态系统的可自我维持、自我调节及其抵抗各种压力与扰动的能力。当生态系统在受到的内外扰动或压力不超过其弹性限度时，自我调节与自我恢复功能发生作用，使生态系统在偏离原来状态后可恢复到原来的平衡状态，生态系统的这种可调节能力就是生态弹性力。旅游生态弹性力是旅游生态足迹的反作用力，或者说是旅游生态足迹作用力的缓冲抵消条件。旅游目的地生态系统的弹性度越高，表明人类的旅游经济活动余地就大，可选择的机会就多，生态系统可承受的旅游生态足迹冲击力就高，对旅游生态足迹作用的抵抗力和抵消力就强。因此，我们应设法提高生态系统的弹性度，这是抵抗旅游生态足迹冲击、抵消旅游生态足迹影响，进而强化可持续经济发展生态基础的重要途径。

当然，旅游生态弹性力具有明显的区域差异性。[①] 因为旅游目的地生态系统的弹性力取决于系统自身状态，区域的地形地貌、气候条件、土壤水文供求转化以及植被状况基本决定了旅游目的地生态系统的性质，因而也决定了其生态系统的弹性力大小。旅游目的地的生态系统并不总是固定在一种恒定的状态，而是在一个中心平衡点位置波动，若外界的作用力使其偏离原来的平衡点位置太大而超出了生态系统的弹性限度，那么生态系统就开始了状态的改变，即从一种状态改变到另一种状态。如果外力的作用超过生态弹性限度，那么即使停止外力作用，生态系统也不可能再恢复到原来的状态，只能从一种状态改变到另一种状态。这种变化往往是间断的，不可逆转的，即系统发生质的变化甚至崩溃。

旅游生态弹性力是旅游目的地生态系统保持生态可持续性的重要力量和功能。因为任何生态系统都是具有较强的开放性特征，随时都在承受着各种压力与变化，生态系统的相对稳定和平衡之所以能够得以维持，其生态循环和功能之所以能够得以正常运转和发挥，正是因为生态系统具有自我维持、自我调节与自我恢复功能的生态弹性力。所以，旅游生态弹性力在地方旅游经济发展中应该引起高度重视，否则会引起严重的旅游目的地的生态破坏。从上述分析可以看出生态弹性力是生态足迹的反作用力。

---

① 张瑞斌、王三洲等：《基于 SPSS 的灌河口区域生态承载力评价》，《南京林业大学学报》（自然科学版）2010 年第 1 期。

# 第五章 基于"国家公顷"旅游生态足迹模型关键指标的修正

生态足迹模型中，各类型土地的世界平均生产力是关键因素，世界各个国家的耕地、牧草地、林地等六类生物生产性土地的实际生产力是不同的，甚至有很大的差异，为了可以方便地进行比较，需要借助"世界平均生产力"将不同资源消费类型转换成具有相同生态生产力面积，当量因子（均衡因子）就是这个"转换器"。Kitzes 等①在 *Guidebook to The National Footprint Accounts 2008* 中建议，在以"全球公顷"为单位的生态足迹核算中，每年各个国家的当量因子都是一样的，便于国际间的比较，但在进行各个国家及范围更小的省际之间或县市域之间生态足迹比较和结果分析中，全球公顷的当量因子无法精确反映区域的生产力的差异性。

国外有些学者对区域实际生态承载力（阈值）进行了一些新尝试。Van Vuuren（2000）②对不丹、荷兰等地的生态足迹核算采用了可变地方实际单产法；Haber 等（2001）对奥地利的生态足迹核算是将恒定世界单产与可变地方实际单产法进行了比较；Wackernagel 等（2004）③对奥地利、菲律宾和韩国的生态足迹核算进一步沿用了前面 Haber 对奥地利生态足迹核算的方法。国内也有研究人员通过具体

---

① Kitzes J. , A. Gailli, S. M. Rizk, el al. , Guidebook to the national footprint accounts 2008. http: //www. footprintnetwork . org/download. php? id = 507.

② Vuuren D. P. van, Smeets E. M. W. , Ecological footprints of Benin, Costa Rica and the Netherlands [J] . *Ecological Economics*, Vol. 34, 2000, pp. 115 – 130.

③ Wackernagel M. , Chad Monfreda, et. al. Ecological Footprint Time Series of Austria, the Philippines, and South Korea for 1961 – 1999: Comparing the Conventional Approach to an 'Actual Land Area' Approach. *Land Use policy*, Vol. 21, 2004, pp. 261 – 269.

的案例对"全球公顷"和"国家公顷"的优劣进行了核算和分析（吴开亚等，2007），① 对核算结果差异的产生原因进行分析表明：①采用全球公顷法将会扩大国家生态足迹的核算误差，全球平均产量难以体现产品之间的属性差异；②使用全球公顷法核算时的数据汇总难度大；③"全球公顷"单位生态足迹是以国家为研究对象，在国与国之间进行比较具有一定的优势，但是在以"国家公顷"为单位的国家尺度下研究对象间就显现出劣势，不能真实反映区域实际生态资源的需求和供给。

目前我国研究学者已经不是在计算中简简单单地套用世界平均当量因子，而是开始考虑我国区域内部生态生产性水平的差异性，研究中国的当量因子和区域产量因子，但是绝大多数的生态足迹研究中还是会采用前期研究学者的全国平均当量因子的现象，某种程度上还是不能真实、准确地反映国家内部区域的消费情况。本书对计算的模型修正为"国家公顷"生态足迹模型，对关键技术指标当量因子和产量因子进行了计算，通过关键技术指标转化后的生态足迹和生态承载力能够真实反映区域经济发展过程中人类经济系统对生态系统的资源占用情况。

# 第一节 当量因子的计算

## 一 "全球公顷"当量因子研究

生态足迹研究中把人类社会对资源的消费和生态环境对资源的供给转化为六种不同类型的生物生产性土地面积。② 为了以一种精确而现实的方法将这六种类型的空间面积合计为生态足迹和生态承载力，将这些具有不同生态生产力的生物生产性面积乘上一个当量因子。某

① 吴开亚、王玲杰：《基于全球公顷和国家公顷的生态足迹核算差异分析》，《中国人口·资源与环境》2007年第5期。

② 刘某承、李文华：《基于净初级生产力的中国生态足迹均衡因子测算》，《自然资源学报》2009年第9期。

类生物生产性土地的当量因子等于该类土地的平均生产力除以研究区域内所有各类土地的平均生产力。均衡处理后的六类生态系统的面积即为具有区域平均生态生产力的、可以相加的区域平均生物生产性土地面积。在国外对不同当量因子的研究最早、应用也非常广泛的成果是 Wackernagel（1996）估计的各类土地当量因子。除此之外，WWF 从 2000 年开始每两年一次的 *Living Planet Report* 也有一定的影响力，该报告提供生态足迹模型当量因子，还发布全球各个国家的生态足迹和生态承载力。

表 5 - 1　　　"全球公顷"为标准的不同研究计算的当量因子

单位：gha/hm$^2$

| 土地类型 | Wackernagel (1996) | Chamber[①] (2000) | EU[②] (2000) | WWF[③] (2000) | WWF (2002) | WWF (2004) | WWF (2005) | WWF (2006) |
|---|---|---|---|---|---|---|---|---|
| 耕地 | 2.8 | 2.83 | 3.33 | 3.16 | 2.11 | 2.19 | 2.17 | 2.21 |
| 林地 | 1.1 | 1.17 | 1.66 | 1.78 | 1.35 | 1.48 | 1.37 | 1.34 |
| 牧草地 | 0.5 | 0.44 | 0.37 | 0.39 | 1.47 | 0.48 | 0.48 | 0.49 |
| 水域 | 0.2 | 0.06 | 0.06 | 0.06 | 0.35 | 0.36 | 0.35 | 0.36 |
| 建筑用地 | 2.8 | 2.83 | 3.33 | 3.16 | 2.11 | 2.19 | 2.17 | 2.21 |
| 化石能源用地 | 1.1 | 1.17 | 1.66 | 1.78 | 1.35 | 1.48 | 1.37 | 1.34 |

从目前生态足迹研究中以"全球公顷"来表示的当量因子，来源虽然不同，但表现出三个共同特点：第一，六类生物生产性土地中生产力最高的是农用耕地，最低的是水域；第二，建筑用地和农用耕地的面积相同，因为前者由耕地而来；第三，吸收二氧化碳的化石能源用地均为林地。

## 二　"国家公顷"当量因子计算公式

国内最早的当量因子研究是刘建兴（2004）计算的中国当量因

---

① Chanbers, N. et al. (2000). Sharing nature's interest Earthscan London.

② EU Ecological Footprint, STOA 2000.

③ World Wide Fund for Nature 2000 - 2006, Living Planet Report 2000 - 2006.

子，其中，耕地为 5.25、林地为 0.21、牧草地为 0.09，水域为 0.14，建筑用地与耕地相同，化石能源用地与林地相同，并且以此当量因子为基础计算了各省区市 2001 年的生态足迹，深入分析人类活动对生态环境的影响。他的研究使用单位面积的产量代表土地生态生产力会导致林地、牧草地和水域的平均生产力偏小。谢鸿宇（2008）对我国农业初级产品进行全球平均产量的更新，为了减少气候变化因素对单产的影响，以 2001—2005 年的各种种植类产品单产的平均值为全球平均产量，得出了中国主要种植产品的全球平均产量，并对畜牧产品的生态足迹进行了分析。本书计算生态足迹不是为了进行国际之间的比较，而是反映青海省真实的土地生产力和社会经济发展特征，所以当量因子不再以"全球公顷"为标准，而是以中国生物生产性土地平均生产力——"国家公顷"（nationan hectare，$nhm^2$）为标准。这里的国家公顷不是一个单纯的土地面积单位，是指单位国家公顷土地的平均生物生产力，它是全部生物生产性土地的生产力的平均值，也即 1 单位国家公顷生物生产性土地的平均生物产出量。"国家公顷"生态足迹模型中的当量因子则是指全国各类生物生产性土地的平均生物生产力除以全国所有生物生产性土地的平均生物生产力，其计算公式如下：

$$r_i = \frac{\overline{P_i}}{\overline{P}} = \left.\frac{Q_i}{S_i}\middle/\frac{\sum Q_i}{\sum S_i}\right. = \left.\frac{\sum_k p_k^i \gamma_k^i}{S_i}\middle/\frac{\sum_i \sum_k p_k^i \gamma_k^i}{S_i}\right. \qquad (5-1)$$

式中：$r_i$ 是指国家第 $i$ 类土地的当量因子，$P_i$ 是指国家第 $i$ 类土地的平均生产力（$10^9$J/$hm^2$）；$\overline{P}$ 是指国家全部土地的平均生产力（$10^9$J/$hm^2$）；$Q_i$ 是指国家第 $i$ 类土地的总生物产量（$10^9$J）；$S_i$ 是指国家第 $i$ 类土地的生物生产性面积（$hm^2$）；$p_k^i$ 是指国家第 $i$ 类土地的第 $k$ 种生物产品产量（kg）；$\gamma_k^i$ 是指国家第 $i$ 类土地上第 $k$ 种生物产品的单位热值（$10^3$J/kg）。

### 三　"国家公顷"当量因子计算

（一）生物资源账户当量因子计算

生物资源账户中的产品主要包括四种类型：农产品、林产品、动物产品和水产品。农业种植产品是属于耕地这种生物生产性土地；林产品的生物生产性土地类型是林地；淡水养殖、海水养殖/捕捞是属于水域这种生物生产性土地类型；猪肉、牛肉、羊肉、禽肉、禽蛋、牛奶则是主要的动物产品。谢鸿宇（2008）在生态足迹评价模型改进中，提出猪肉生态足迹来自于猪饲料中各种原料的消耗，根据饲料中的原料的生物生产性土地的归属决定猪肉应该归属到耕地。牛肉、羊肉在草原中放养的则归于牧草地，如果是饲养的则归于耕地，在计算其生态足迹时根据各自产出的比例分别计算。本书中将动物产品归类到牧草地，不考虑耕地方面的消耗，水产品的生产情况则主要以淡水养殖产品为主。各类生物量的"热值"数据来源于《农业技术经济手册（修订版）》，以2015年中国的各类生物生产性土地生产统计情况为例，计算各种不同土地类型的生物量按其单位热值转化为热量形式，具体结果见表5-2、表5-3、表5-4、表5-5。

表 5-2　　　　　2015 年耕地生物生产性土地的生产情况

| 项目 | 总产量（10⁴t） | 单位（10³J/kg） | 总产热量（GJ） | 土地类型 |
|---|---|---|---|---|
| 谷物 | 20822.52 | 15934.16 | 3317893652.83 | 耕地 |
| 小麦 | 13018.52 | 16243.05 | 2114604712.86 | 耕地 |
| 玉米 | 22463.16 | 16444.12 | 3693868986.19 | 耕地 |
| 豆类 | 1589.80 | 21025.40 | 334261809.20 | 耕地 |
| 薯类 | 3326.06 | 4309.50 | 143336555.70 | 耕地 |
| 棉花 | 560.34 | 14462.80 | 81041070.46 | 耕地 |
| 花生 | 1643.97 | 25857.48 | 425089213.96 | 耕地 |
| 油菜籽 | 1493.07 | 26334.00 | 393185053.80 | 耕地 |
| 芝麻 | 64.05 | 31237.14 | 20007388.17 | 耕地 |
| 麻类 | 21.08 | 144628.00 | 30487582.40 | 耕地 |
| 甘蔗 | 11696.80 | 2792.24 | 326602728.32 | 耕地 |
| 甜菜 | 803.16 | 2428.34 | 19503455.54 | 耕地 |
| 烟叶 | 283.24 | 15925.80 | 45108235.92 | 耕地 |
| 蚕茧 | 90.10 | 15928.80 | 14351848.80 | 耕地 |
| 茶叶 | 224.90 | 16774.34 | 37725490.66 | 耕地 |
| 蔬菜 | 78526.10 | 1463.00 | 1148836843.00 | 耕地 |

表 5 - 3　　　　　2015 年中国牧草地生物生产性土地的生产情况

| 种类 | 总产量（10⁴t） | 单位热（10³J/kg） | 总产热量（GJ） | 土地类型 |
|------|------|------|------|------|
| 猪肉 | 5486.55 | 25038.20 | 1373733362.10 | 牧草地 |
| 牛肉 | 700.09 | 13731.30 | 96131458.17 | 牧草地 |
| 羊肉 | 440.83 | 13731.30 | 60531689.79 | 牧草地 |
| 牛奶 | 3754.67 | 2842.40 | 106722740.08 | 牧草地 |
| 绵羊毛 | 42.75 | 5016.00 | 2144340.00 | 牧草地 |
| 山羊毛 | 3.70 | 5016.00 | 185592.00 | 牧草地 |
| 羊绒 | 1.92 | 5016.00 | 96307.20 | 牧草地 |
| 禽蛋 | 2999.22 | 8790.54 | 263647633.79 | 牧草地 |
| 蜂蜜 | 47.73 | 20958.50 | 10003492.05 | 牧草地 |

表 5 - 4　　　　　2015 年中国林地生物生产性土地的生产情况

| 种类 | 总产量（10⁴t） | 单位热（10³J/kg） | 总产热量（GJ） | 土地类型 |
|------|------|------|------|------|
| 油桐籽 | 41.20 | 27997.60 | 11535011.20 | 林地 |
| 油茶籽 | 216.35 | 27997.64 | 60572894.14 | 林地 |
| 木材 | 7200.00 | 12310.10 | 886327200.00 | 林地 |
| 橡胶 | 81.61 | 32600.00 | 26604860.00 | 林地 |
| 松脂 | 132.63 | 31465.28 | 41732400.86 | 林地 |
| 生漆 | 2.28 | 31253.86 | 743280.00 | 林地 |
| 苹果 | 4261.34 | 2786.00 | 118720932.40 | 林地 |
| 柑橘 | 3660.08 | 2058.30 | 75335426.64 | 林地 |
| 梨 | 1869.86 | 1289.50 | 24111844.70 | 林地 |
| 葡萄 | 1366.93 | 669.70 | 9154330.21 | 林地 |
| 香蕉 | 1246.63 | 779.70 | 9719974.11 | 林地 |

注：木材采伐量的单位为 10⁴m³，每 m³ 木材的质量大约为 0.75t。

表 5 - 5　　　　　2015 年中国水域生物生产性土地的生产情况

| 种类 | 总产量（10⁴t） | 单位热值（10³J/kg） | 总产热量（GJ） | 土地类型 |
|------|------|------|------|------|
| 鱼类 | 2883.30 | 6270.00 | 180782910.00 | 水域 |
| 虾蟹类 | 300.16 | 4389.00 | 13174022.40 | 水域 |
| 贝类 | 51.63 | 4280.00 | 2209764.00 | 水域 |
| 其他 | 54.94 | 4368.00 | 2399779.20 | 水域 |

注：水产品为淡水产品。

（二）化石能源用地和建筑用地当量因子计算

在生态足迹的计算中，化石能源主要是煤炭、石油、天然气等不可再生资源，燃烧化石能源所产生的 $CO_2$ 气体是生态环境遭到严重破坏的主要因素。Wackernagel 把化石能源的生态足迹定义为"吸收化石能源燃烧排放的温室气体的森林"。生态足迹计算有一个假设前提"不同类型的土地具有空间互斥性"，因此生态面积中没有纳入森林对 $CO_2$ 吸纳的生态面积，导致生态承载力的数值小于实际数值。除了森林外，牧草地也具有吸收温室气体的功能。在本书的化石能源足迹的计算中，采用谢鸿宇等[①]提出的化石能源用地生态足迹的计算方法，考虑森林和草地两类吸收 $CO_2$ 气体的土地。

在计算过程中，化石能源地类型中的产出按照林地和牧草地对温室气体的吸收功能，采用林地和牧草地的实际面积，其生产力按照前面计算的林地和牧草地的热值产出和总面积，计算公式如下：

$$P_{化石} = \frac{E_{化石}}{S_{化石}} = \frac{E_{林} + E_{草}}{S_{林} + S_{草}} \qquad (5-2)$$

式中：$P_{化石}$ 表示化石能源地的平均生产力，$E_{化石}$ 表示化石能源地产出总热值；$S_{化石}$ 表示化石能源地总面积；$E_{林}$ 表示林地产出总热值；$S_{林}$ 表示林地总面积；$E_{草}$ 表示草地产出总热值；$S_{草}$ 表示草地总面积。

传统的生态足迹计算中，采用电力的消耗计算建筑用地的生态足迹，在本书当量因子的计算中，建筑用地的产出能力等同于耕地，根据建筑用地的实际利用面积首先计算出相当于同等耕地的产出，进而计算当量因子。从表 5-6 中可以看出，2015 年中国所有生物生产性土地的总生产力为 24.902 （$10^9 J/hm^2$），耕地的平均生产力为 89.970 （$10^9 J/hm^2$），林地平均生产力为 4.998 （$10^9 J/hm^2$），牧草地平均生产力为 8.720 （$10^9 J/hm^2$），水域平均生产力为 13.569 （$10^9 J/hm^2$），林地是我国生产力最弱的土地。用各类土地的平均生产力比全部土地平均生产力得到的各类土地的当量因子分别为：耕地及建筑用地为

---

① 谢鸿宇等：《基于碳循环的化石能源及电力生态足迹》，《生态经济》2008 年第 4 期。

3.613，牧草地为 0.350，林地为 0.201，化石能源用地为 0.270。在计算水域的当量因子时只计算了淡水产品，因此水域的当量因子要比实际偏大。

表5-6　　2015年中国各类生物生产性土地的生产力及当量因子

| 土地类型 | 总产热量（10⁹J） | 总面积（hm²） | 平均生产力 | 当量因子 |
|---|---|---|---|---|
| 耕地 | 12145904627.82 | 135000000 | 89.970 | 3.613 |
| 牧草地 | 1913196615.00 | 219400000 | 8.720 | 0.350 |
| 林地 | 1264558154.26 | 253000000 | 4.998 | 0.201 |
| 水域 | 237042508.06 | 17470000 | 13.569 | 0.545 |
| 化石能源用地 | 3177754769.44 | 472400000 | 6.727 | 0.270 |
| 中国 | 15560701905.32 | 624870000 | 24.902 | 1 |

（三）与"全球公顷"当量因子的对比

与 Wackernagel 在 1996 年提出的全球平均当量因子相比，我国耕地项目的平均生产力产出更大，说明支持我国消费的生物生产性土地类型主要是耕地，而其他几项比重较小，尤其是林地远远低于世界平均生产力水平。究其原因，[①] 一是中国各种类型生物生产性土地的生产能力与全球平均的生产力不同；二是两者的计算方法不同，各种方法各有其优缺点，计算全球当量因子时，由于大尺度上的计算存在数据和计算手段方面的限制，而计算单一国家的当量因子时，则可以详细分类和计算。

表5-7　　"国家公顷"当量因子与"全球公顷"当量因子对比

| 项目 | 耕地 | 牧草地 | 林地 | 水域 | 化石能源用地 | 建筑用地 |
|---|---|---|---|---|---|---|
| 本书的当量因子 | 3.61 | 0.35 | 0.2 | 0.55 | 0.2 | 3.61 |
| Wackernagel（1996） | 2.8 | 0.5 | 1.1 | 0.2 | 1.1 | 2.8 |
| WWF（2006） | 2.21 | 0.49 | 1.34 | 0.36 | 1.34 | 2.21 |

---

① 侯湖平、张绍良等：《基于植被净初级生产力的煤矿区生态损失测度研究》，《煤炭学报》2012年第3期。

（四）时间序列下的当量因子

理论上讲，每年的当量因子都可以通过前面介绍的"国家公顷"当量因子计算公式具体计算，因此，本书的时间序列 2000—2015 年的中国各类生物生产性土地平均生产力和当量因子计算结果如表 5-8 和表 5-9 所示。用林地和牧草地共同生产力代替传统的、单一地用林地生产力作为化石能源用地的生产力，更加真实地反映区域林地和牧草地对 $CO_2$ 的吸纳能力。

表 5-8　2000—2015 年中国各类生物生产性土地的平均生产力

单位：$10^9 J/hm^2$

| 土地类型 | 2000 年 | 2001 年 | 2002 年 | 2003 年 | 2004 年 | 2005 年 | 2006 年 | 2007 年 |
|---|---|---|---|---|---|---|---|---|
| 耕地 | 89.37 | 93.457 | 95.339 | 90.76 | 99.283 | 103.04 | 107.561 | 108.495 |
| 牧草地 | 6.002 | 7.726 | 7.942 | 8.252 | 8.528 | 8.969 | 9.214 | 8.818 |
| 林地 | 2.934 | 2.772 | 2.762 | 2.961 | 3.202 | 3.418 | 3.988 | 4.219 |
| 水域 | 5.234 | 5.437 | 5.748 | 6.049 | 6.384 | 6.776 | 7.169 | 7.57 |
| 总平均生产力 | 22.75 | 24.518 | 25.006 | 24.178 | 26.275 | 27.352 | 28.699 | 28.904 |
| 土地类型 | 2008 年 | 2009 年 | 2010 年 | 2011 年 | 2012 年 | 2013 年 | 2014 年 | 2015 年 |
| 耕地 | 110.679 | 78.028 | 79.99 | 86.423 | 86.423 | 88.26 | 90.645 | 89.97 |
| 牧草地 | 7.5 | 7.837 | 8.061 | 8.454 | 8.454 | 8.619 | 8.876 | 8.72 |
| 林地 | 4.904 | 4.497 | 5.046 | 5.306 | 5.306 | 5.489 | 5.446 | 4.998 |
| 水域 | 7.92 | 8.385 | 8.863 | 9.907 | 9.907 | 10.467 | 10.931 | 13.569 |
| 总平均生产力 | 28.752 | 21.664 | 22.403 | 24.065 | 24.065 | 24.609 | 25.211 | 41.657 |

表 5-9　2000—2015 年中国各类生物生产性土地的当量因子

单位：$nhm^2/hm^2$

| 土地类型 | 2000 年 | 2001 年 | 2002 年 | 2003 年 | 2004 年 | 2005 年 | 2006 年 | 2007 年 |
|---|---|---|---|---|---|---|---|---|
| 耕地 | 3.928 | 3.812 | 3.813 | 3.754 | 3.779 | 3.767 | 3.748 | 3.754 |
| 牧草地 | 0.264 | 0.315 | 0.318 | 0.341 | 0.325 | 0.328 | 0.321 | 0.305 |
| 林地 | 0.129 | 0.113 | 0.11 | 0.122 | 0.122 | 0.125 | 0.139 | 0.146 |
| 水域 | 0.23 | 0.222 | 0.23 | 0.25 | 0.243 | 0.248 | 0.25 | 0.262 |
| 化石能源用地 | 0.393 | 0.194 | 0.193 | 0.210 | 0.203 | 0.206 | 0.212 | 0.210 |
| 建筑用地 | 3.928 | 3.812 | 3.813 | 3.754 | 3.779 | 3.767 | 3.748 | 3.754 |

续表

| 土地类型 | 2008 年 | 2009 年 | 2010 年 | 2011 年 | 2012 年 | 2013 年 | 2014 年 | 2015 年 |
|---|---|---|---|---|---|---|---|---|
| 耕地 | 3.849 | 3.602 | 3.571 | 3.591 | 3.591 | 3.586 | 3.596 | 3.361 |
| 牧草地 | 0.261 | 0.362 | 0.36 | 0.351 | 0.351 | 0.350 | 0.352 | 0.350 |
| 林地 | 0.171 | 0.208 | 0.225 | 0.220 | 0.220 | 0.223 | 0.216 | 0.120 |
| 水域 | 0.275 | 0.387 | 0.396 | 0.412 | 0.412 | 0.425 | 0.434 | 0.326 |
| 化石能源用地 | 0.213 | 0.279 | 0.288 | 0.281 | 0.281 | 0.281 | 0.279 | 0.270 |
| 建筑用地 | 3.849 | 3.602 | 3.571 | 3.591 | 3.591 | 3.586 | 3.596 | 3.361 |

# 第二节　产量因子的计算

由于不同国家或地区的资源状况不同，不仅耕地、牧草地、林地、建筑用地、水域等不同类型土地的生物生产力存在差异，而且在不同地区间同类型土地的生物生产力也存在差异。因此，在生态足迹的计算中，为了便于不同区域之间的对比，往往将某一消费类型占用生物生产性土地面积的计算中采用相对的整体区域的平均生产能力，同时在生物承载力的计算中，基于该局部地区的某类生物生产性土地的生产能力和对应的整体区域的平均主产能力的差异，将局部地区的面积转换为整体性的土地面积，其转换系数称产量因子（Wackernagel，1996）。

## 一　对生态足迹模型产量因子的研究

生态足迹模型是从生态学的观点出发，研究人类对资源的消费利用状况以及这种程度的消费对生态系统带来的影响，是一种基于社会—经济代谢的生态系统评估方法，产量因子是给定某一个研究区域内某一类生态生产型土地的生产力与整个研究区域的平均生态生产力之间的差异，区域内在自然环境条件、外在土地管理水平和土地开发利用的技术手段都是形成差异的原因。[1]

---

[1]　刘某承、李文华：《基于净初级生产力的中国生态足迹均衡因子测算》，《自然资源学报》2009 年第 9 期。

目前，产量因子的计算方法主要有两种：①实际生产面积的比较，如中国耕地的产量因子取 1.66，表明提供 1 吨的耕地产品（包括粮食、豆类、薯类、糖、麻等），所需世界平均农地的面积是所需中国耕地面积的 1.66 倍。②平均生产能力的比较。表明提供 1 吨农地产品（包括粮食、豆类、薯类、糖、麻等），所需如中国牧草地的产量因子取 0.19，则意味着中国畜牧草地的平均生产力为全球平均值的 0.19 倍。目前，我国有少量学者对产量因子进行研究，绝大多数生态足迹计算使用 Wackernagel（1996）、张志强（2001）、徐中民（2002）等研究结果（见表 5-10）。

表 5-10　　　　　　　　不同研究计算的中国产量因子　　　　　　单位：pha

| 土地类型 | Wackernagel (1996) | 谢高地 (2001) | 刘建兴 (2004) | 陈敏 (2005) | 张桂宾 (2007) |
|---|---|---|---|---|---|
| 耕地 | 1.66 | 1.71 | 1.65 | 可变 | 2.02 |
| 林地 | 0.91 | 0.95 | 0.55 | 0.60 | 0.91 |
| 牧草地 | 0.19 | 0.48 | 0.38 | 可变 | 0,19 |
| 水域 | 1.00 | 0.51 | 262.29 | 可变 | 1.00 |
| 建筑用地 | 1.66 | 1.71 | 1.65 | 可变 | 2.02 |
| 化石能源用地 | 0.00 | 0.00 | 0.00 | 0.60 | 0.00 |

从表 5-10 可以看出，各项研究得出的中国产量因子结果相差较大，主要原因在于计算数据不仅依赖统计年鉴数据的完整性，而且也取决于研究者选取各类消费账户中产品的数量，同一个研究区域选取谷类、杂粮、薯类、油菜籽、瓜果等五六种商品和选取十种以上商品计算，不仅影响了中国产量因子计算结果的可靠性，也影响了中国生态足迹计算的科学性。

## 二　"国家公顷"产量因子的计算公式

为了客观反映青海省的实际生产能力，对青海省各类土地的产量因子有必要进行调整。[①] 这里的产量因子描述的是以"国家公顷"为

---

① 赵莺燕：《"国家公顷"生态足迹模型及实证分析——以青海省为例》，《青海大学学报》（自然科学版）2010 年第 1 期。

标准的各地区的某类土地的平均生产力与国家同类土地平均生产力水平的差异，综合反映特定地域的环境和社会经济因素。在数值上，产量因子等于各地某类土地的平均生产力除以全国所有同类土地的平均生产力。具体计算公式如下：

$$y_i^j = \frac{\overline{P_i^j}}{\overline{P_i}} = \frac{Q_i^j}{S_i^j} \bigg/ \frac{Q_i}{S_i} = \frac{\sum_k p_k^{ij} \gamma_k^i}{S_i^j} \bigg/ \frac{\sum_k p_k^i \gamma_k^i}{S_i} \qquad (5-3)$$

式中：$y_i^j$ 是指国家第 $j$ 地区第 $i$ 类土地的产量因子，产量因子无量纲；$\overline{P_i^j}$ 是国家第 $j$ 地区第 $i$ 类土地的平均生产力（$10^9$ J/hm²），$\overline{P_i}$ 是指国家第 $i$ 类土地的平均生产力（$10^9$ J/hm²）；$Q_i^j$ 指国家第 $j$ 地区第 $i$ 类土地的总生物产量（$10^9$ J）；$Q_i$ 是指国家第 $i$ 类土地的总生物产量（$10^9$ J）；$S_i$ 是指国家第 $i$ 类土地的生物生产性面积（hm²）；$p_k^{ij}$ 指国家第 $j$ 地区第 $i$ 类土地的第 $k$ 种生物产品产量（kg）；其他参数含义同式（5-1）。

### 三　"国家公顷"产量因子的计算

#### （一）青海省产量因子计算

在青海省生物生产性土地的产量因子计算中，建筑用地的产量因子用耕地的因子代替。表 5-11 反映了 2015 年青海省各类生物生产性土地的生物生产情况，并将各类生物量按其单位热值转化为热量的形式，同时按照产品划分生物生产土地类型。

表 5-11　　　2015 年青海省各类生物生产性土地的生产情况

| 产品种类 | 项目 | 总产量（t） | 单位热值（$10^3$ J/kg） | 总产热量（$10^9$ J） | 土地类型 |
|---|---|---|---|---|---|
| 农产品 | 小麦 | 341200 | 16243.05 | 5542128.660 | 耕地 |
| | 杂粮 | 338400 | 16700.98 | 5746461.768 | 耕地 |
| | 油菜籽 | 347600 | 17138.00 | 9153698.400 | 耕地 |
| | 薯类 | 300573 | 16981.27 | 1295319.344 | 耕地 |
| | 蔬菜 | 1664039 | 26334.00 | 2434489.057 | 耕地 |
| | 苹果 | 4846 | 15909.84 | 13500.956 | 耕地 |
| | 梨 | 4097 | 4309.50 | 8442.852 | 耕地 |
| | 葡萄 | 206 | 2428.34 | 454.949 | 耕地 |

| 产品种类 | 项目 | 总产量（t） | 单位热值(10³ J/kg) | 总产热量（10⁹ J） | 土地类型 |
|---|---|---|---|---|---|
| 动物产品 | 猪肉 | 103200 | 25038.20 | 2583942.240 | 牧草地 |
| | 牛肉 | 114900 | 13731.30 | 1577726.370 | 牧草地 |
| | 羊肉 | 115600 | 13731.30 | 1587338.280 | 牧草地 |
| | 其他 | 13800 | 5195.74 | 71701.212 | 牧草地 |
| | 禽蛋 | 22600 | 8790.54 | 198666.204 | 牧草地 |
| | 牛奶 | 327111 | 2842.40 | 929780.306 | 牧草地 |
| | 羊毛 | 18675 | 5016.00 | 93673.800 | 牧草地 |
| | 牛绒 | 1942 | 5016.00 | 9741.072 | 牧草地 |
| | 蜂蜜 | 1536 | 5195.74 | 32192.287 | 牧草地 |
| 林产品 | 木材 | 10000 | 12310.00 | 123100.000 | 林地 |
| 水产品 | 鱼 | 10578 | 6270.00 | 66324.060 | 水域 |

注：水产品为淡水养殖产品。

资料来源：《青海省统计年鉴》（2016 年）。

表 5－12 是 2015 年青海省各类生物生产性土地的生产力及产量因子：耕地和建筑用地为 0.638，牧草地为 0.024，林地为 0.013，水域为 0.034，化石能源用地的产量因子为 0。产量因子数值反映出的是，在相同面积条件下，青海省的耕地生产力是中国平均耕地生产力的 63.8%，牧草地的生产力是中国牧草地平均生产力的 2.4%，林地为 1.3%，水域为 3.4%。由此可见，青海省的牧草地、林地、水域这三类生物生产性土地生产力是很低的。

表 5－12　　　2015 年青海省各类生物生产性土地的生产力及产量因子

| 土地类型 | 总产热量（10⁹ J） | 总面积（hm²） | 单位生产力 10⁹ J/hm² | 产量因子 |
|---|---|---|---|---|
| 耕地 | 24069160.56 | 542200 | 44.39 | 0.638 |
| 牧草地 | 5066535.11 | 40349288.2 | 0.13 | 0.024 |
| 林地 | 226322.85 | 2661000 | 0.09 | 0.013 |
| 水域 | 11160.6 | 43000 | 0.26 | 0.034 |

（二）与国内外研究结果的比较

本书的结果和 Wackernagel、谢高地的研究相比（见表 5－13），在具体数值上看，耕地的产量因子相对于其他的生物生产性土地而言都是最大的，但是青海的产量因子是最小的，这跟青海省的生态环境有很大的关系。通过计算青海省实际产量因子，在后期的生态足迹计算中，才可以真实地反映青海经济发展对生态环境的需求状态。

表5-13　　　　　　青海产量因子与国内外研究对比

| 产量因子 | 耕地 | 牧草地 | 林地 | 水域 | 建筑用地 |
|---|---|---|---|---|---|
| Wackernagel（1996） | 1.74 | 0.19 | 0.86 | 0.74 | 1.74 |
| 谢高地（2001） | 1.71 | 0.48 | 0.95 | 0.51 | 1.71 |
| 本书 | 0.638 | 0.024 | 0.013 | 0.034 | 0.638 |

（三）时间序列下的产量因子

在计算不同年份的生态足迹和生态承载力时，引用不同年份的参数才是科学的选择，同理计算出青海省其他研究时间年份的各类生物生产性土地的产量因子（见表5-14）。青海省耕地的产量因子最大，并且呈不断上升的趋势，说明青海的经济发展中生产消费的主要供给是耕地，水域的产量因子如果考虑全部水域面积，那么其生产能力可以忽略，水域生产不是青海省经济发展的主体。畜牧业的发展是青海藏区的主体，但是牧草地的生产力很小，因此对如何在发展畜牧业的同时保持草场生态系统的可持续性提出了要求。

表5-14　　　青海省各类生物生产性土地的产量因子（2000—2015）

单位：$nhm^2$

| 土地类型 | 2000年 | 2001年 | 2002年 | 2003年 | 2004年 | 2005年 | 2006年 | 2007年 |
|---|---|---|---|---|---|---|---|---|
| 耕地 | 0.346 | 0.425 | 0.376 | 0.393 | 0.368 | 0.368 | 0.368 | 0.383 |
| 牧草地 | 0.018 | 0.015 | 0.015 | 0.015 | 0.015 | 0.015 | 0.014 | 0.014 |
| 林地 | 0.045 | 0.055 | 0.054 | 0.050 | 0.037 | 0.037 | 0.032 | 0.026 |
| 水域 | 0.032 | 0.053 | 0.046 | 0.030 | 0.024 | 0.024 | 0.040 | 0.034 |
| 建筑用地 | 0.346 | 0.425 | 0.376 | 0.393 | 0.368 | 0.368 | 0.368 | 0.383 |
| 土地类型 | 2008年 | 2009年 | 2010年 | 2011年 | 2012年 | 2013年 | 2014年 | 2015年 |
| 耕地 | 0.391 | 0.568 | 0.554 | 0.398 | 0.508 | 0.505 | 0.500 | 0.496 |
| 牧草地 | 0.018 | 0.018 | 0.018 | 0.018 | 0.018 | 0.019 | 0.019 | 0.020 |
| 林地 | 0.023 | 0.024 | 0.018 | 0.015 | 0.011 | 0.007 | 0.010 | 0.011 |
| 水域 | 0.039 | 0.014 | 0.026 | 0.048 | 0.067 | 0.084 | 0.121 | 0.114 |
| 建筑用地 | 0.391 | 0.568 | 0.554 | 0.398 | 0.508 | 0.505 | 0.500 | 0.496 |

# 第六章　青海湖自然保护区旅游概述

## 第一节　青海湖自然保护区概貌

### 一　自然地理特征

#### （一）地貌特征

青海湖自然保护区所在的青海湖流域是个地处西部柴达木盆地与东部湟水谷地、南部江河源头与北部祁连山地之间的封闭式山间内陆盆地，整个流域近似织梭形，呈北西西—南东东走向，被具有相似走向的海拔4000—5000米的山体所包围。[①] 盆地北部的大通山是青海湖流域与大通河流域的分水岭；南部的青海南山是青海湖流域与共和盆地的分水岭；东部的日月山为一条呈北北西走向的断块山是青海湖流域与湟水谷地的分水岭，也是我国季风区与非季风区、内流区与外流区、农业区与牧业区的分界；而西部以天柱山为主体的一系列北西西走向的高原山地岭谷，构成了流域与柴达木盆地的分界。

流域内部地势是由西北向东南方向倾斜，最高海拔为5291米，位于北面大通西段的岗格尔肖合力（又称仙女峰）；最低处为流域东南部的青海湖，平均深水深18米，最大水深28米。在湖中心和岸边分布着海心山、三块石、鸟岛、蛋岛等，它们是湖泊形成时产生的地垒断块，后来随着水位下降而逐渐出露水面，成为岛屿并逐渐与陆地

---

[①] 马福印：《青海湖水位下降的成因分析与对策》，硕士学位论文，西安理工大学，2002年，第19页。

相连。受湖水长期侵蚀影响，岛上基岩裸露，形成规模大小不一的湖蚀穴、湖蚀崖、湖蚀阶地等。从湖面到四周山岭之间，呈环带状分布着宽窄不一的风积地貌、冲积地貌和构造剥蚀地貌类型。地貌类型由湖滨平原、冲积平原、低山丘陵、中山和高山、冰原台地和现代冰川等组成。流域内山地面积大，约占流域面积的68.6%，山势陡峻、沟谷密布且多冰蚀地形；河谷和平原所占面积较小，约占流域面积的31.4%，主要分布于河流下游和青海湖周围。湖滨地带，在湖的西、北岸边是多条河流冲积形成的三角洲、河漫滩、阶地等河积—湖积地貌为主；在南岸，山麓地带地形破碎，多侵蚀沟谷，山麓与平原交接带多坡裙、洪积和冲积扇之下为向湖倾斜的河积—湖积平原，平原之间为沙砾质卵石堤；湖东地形相对低缓，倒淌河入湖处地势低洼，形成大片沼泽湿地；湖东北沿岸有大面积沙地分布，耳海和沙岛一带多见连岛沙坝、沙嘴、沙堤，向上发育有固定和不固定沙丘和沙垄等。

（二）气候特征

青海湖流域属于青藏高原温带大陆性半干旱气候，表现为冬季寒冷漫长、夏季温凉短促、气温日较差大、降水较少且集中于夏季、蒸发量大、太阳辐射强烈、日照充足、风力强劲等气候特征。流域年平均气温为－1.1—4.0℃，最高月平均气温11℃，极端最高气温28.1℃。气温自东南向西北递减，由于"湖泊效应"，湖区气温较高，边远山地较低。

流域年平均降水量为291—579毫米，受地形影响降水分布不均。湖北岸大通山降水量有500毫米，湖滨带降水有320毫米，呈现出从北向南递减。湖南岸相反，由南向北递减。湖西在布哈河下游河谷地带自东向西递减，湖东由东向西至湖滨递减，湖滨四周向湖中心（海心山270毫米左右）递减。青海湖流域多年平均每年蒸发1300—2000毫米，蒸发量大，是半干旱地区，蒸发量空间分布特征与降水量正好相反，山地蒸发量小，湖滨和河谷的蒸发量大。

受高空西风带和东南季风带的共同影响，境内常年多风，夏秋两季以东南风为主，冬春两季则偏西风盛行且风力强劲，尤其在2—4月，大风常带来沙尘暴，造成湖滨地带植被稀少，地表的风蚀和沙化。据气象资料统计，全年 0℃ 以上积温 1200—1500℃，积温期 180 天；5℃ 以上积温 900—1200℃，积温期约 110 天；10℃ 以上积温 270—480℃，积温期仅有 30 天左右。

（三）水文状况

青海湖流域属于高原半干旱内流水系，流域面积大于 5 平方千米 的河流有 48 条，且多为季节性河流。流域内水系分布不均衡，西部 和北部水系发达，东部和南部相反。河流大多发源于四周高山向中心 辐聚，最终汇聚于青海湖，较大的河流有布哈河、沙柳河、哈尔盖 河、泉吉河、黑马河等。流域西部的布哈河最大，其次为湖北岸的沙 柳河和哈尔盖河，这三条河流的径流量占入湖总径流量的 75% 以上； 若将泉吉河和黑马河考虑在内，五条河流的年总径流量达 $13.71 \times 10^8$ 立方米，占入湖地表径流量的 82.19%。

受地理位置和地形、气候等自然条件影响，河川径流的补给主要 来自大气降水（包括降雨和融雪径流），其次为冰川融水，经过转化 地下水也有一定比重。流域多年平均径流量为 $16.68 \times 10^8$ 立方米， 年内分配不均，6—9 月径流量占全年的 80%。径流分布与降水分布 基本一致，湖北岸为高值区，布哈河南岸和湖东地区为两个低值区。 流域地下水具有半干旱区内陆盆地典型的环带状分布特征，即周边山 区为补给区、山前的洪积—冲积平原为渗流区、环湖湖滨平原为排泄 区，受山体宽度影响中北部地下水较南部丰富。流域地表径流和地下 径流最终都汇入青海湖，Li 等（2007）[①] 估算了 1959—2000 年青海 湖的水量平衡，结果表明年平均湖面降水量为 357 毫米，蒸发量为 925 毫米，入湖地表径流量为 348 毫米，地下径流量为 138 毫米，湖 水水位每年下降约 80 毫米。

（四）土壤类型及分布

土壤是在地形、母质、气候、水文、生物等因素共同作用下形成

---

① Li X. Y., Xu H. Y., Sun Y. L., et al., 2007. Lack – level chang and water balance anal-ysis at Lake Qinghai, west China during recent decades. *Water Resources Management*, Vol. 21, pp. 1505 – 1516.

的。从青海湖流域的地形地貌看，地势较低的冲积和洪积平原、河谷和湖滨地区，成土母质主要是冲、洪积物及湖积物；地势较高的山坡为各种岩石风化的残积物和坡积物，4000 米以上的高山还有冰碛物。从湖盆向四周，随海拔高度的变化，海湖流域土壤分布的垂直地带性特征明显。

首先，流域地带性土壤为栗钙土，主要分布在海拔较低的湖滨平原和冲积平原，面积约占流域总面积的 3.4%；其上为黑钙土，主要分布在海拔 3200—3500 米的山前冲积、洪积平原，占流域面积的 3% 左右。

其次，在山地阳坡，海拔 3400—3750 米的低山丘陵和平缓山顶分布有山地草甸土，面积占流域面积的 5%—8%，海拔 3700—4200 米的山地缓坡分布着高山草甸土，占流域面积的 20%—25%，形成重要的夏秋季牧场；海拔 3800—4400 米的山地河谷和缓坡地带分布着高山草原土，占流域面积的 20%—25%；海拔 3900 米以上、雪线以下的高山流石坡还有高山寒漠土，约占流域面积的 10%；此外，海拔 3300—4000 米的中低山地阴坡有山地灌丛草甸土分布，石乃亥南部山地有少量灰褐土分布。

另外，非地带性风沙土主要分布在湖滨沙地，占流域面积的 12%；其他非地带性土壤包括沼泽土和盐碱土，散布在环湖排水不畅的湖滨洼地，如青海湖西南岸大小泉湾、湖东倒淌河入湖处、北岸沙柳河河口至泉吉河河口一带。此外，在布哈河、沙柳河、泉吉河及哈尔盖河等各大河流的河源地带及沿河河谷滩地还有淡水沼泽土分布，沼泽土占流域总面积的 9.5% 左右。

（五）植被类型及分布

青海湖流域地处青藏高原东北边缘，区内温性植被与高寒植被共存，且具有水平和垂直分布的规律性。草原是流域的基带植被，受盆地地形和湖泊效应影响，温性草原在湖盆周围呈环带状分布，四周山地则以高寒植被占优。主要植被类型及其分布如下：[1]

---

[1]　陈桂琛、陈孝全等：《青海湖流域生态环境保护与修复》，青海人民出版社 2008 年版，第6—9 页。

草甸包括高寒草甸、沼泽草甸和盐生草甸，是重要的天然草场。①高寒草甸以高草属为优势种，广泛分布于海拔 3200—4100 米的山地阴坡、宽谷和滩地，面积较大，是流域区内主要植被类型；②沼泽草甸，以西藏蒿草和华扁穗草为优势种，分布于 3200—4000 米的湖滨洼地、河谷滩地及河源地，在布哈河、沙柳河、哈尔盖河等河源滩地集中成片，与高寒草甸镶嵌分布；③盐生草甸，以马蔺、星星草为优势种，分布于海拔 3200—3250 米的河口和湖滨滩地，如倒淌河及黑马河河口、鸟岛周围等。

草原包括温性草原和高寒草原为重要的天然草场，在流域中分布面积大，但受干旱条件限制，群落盖度和单位面积产草量均不如草甸类草场。①温性草原，以芨芨草、西北针茅和短花针茅为优势种，呈环带状分布于湖盆四周 3200—3400 米的冲积、洪积平原；②高寒草原，以针茅为优势种，集中分布于大通山海拔 3300—3800 米的山地阳坡，并沿布哈河干旱宽谷延伸。栽培植被分布于青海湖南岸和三角城种羊场一带，海拔 3200—3500 米的冲积平原上，以油菜为主，其次为燕麦和青稞。

## 二　社会经济状况

### （一）行政区划

根据国家发展和改革委员会 2005 年 9 月 19 日召开的"青海湖及其流域生态环境保护与综合治理座谈会"的会议精神，结合青海湖流域的地理特征，在实地勘察和广泛征求有关部门意见的基础上，界定青海湖流域面积为 29661 平方千米，其中陆地面积 25397 平方千米，湖泊水面面积 4264 平方千米。青海湖流域在行政区上分别隶属于海北藏族自治州的刚察县和海晏县，海西蒙古族藏族自治州的天峻县，海南藏族自治州的共和县，其范围涉及 3 州、4 县，25 个乡镇，以及 5 个农牧场。

### （二）人口状况

1949 年，青海湖流域共有 22549 人。1953 年第一次人口普查为 30301 人，年平均自然增长率为 75%。1964 年第二次人口普查为 48122 人，与 1953 年相比净增 17821 人，增加约 28760 人，年平均自然增长率为33%。到1985年，全流域共有84040人。青海湖流域人口稀少，传统上以农牧业从业人口为主，近年外来人口不断增加，且主要从事采矿业和服务业。2015年，包括流动人口在内的流域总人口达到241176人，其中农牧业人口162200万人，占流域总人口的67.25%。刚察县45925人，占流域总人口的19.04%，其中农牧业人口31738人；海晏县36338人，占流域总人口的15.06%，其中农牧业人口20256人；共和县136348人，占流域总人口的56.53%，其中农牧业人口953146人；天峻县22565人，占流域总人口的9.37%，其中农牧业人口14586人。

表6-1　　　　　　　　　青海湖流域行政区划

| 县名 | 流域内乡镇数（个） | 行政区划 | | 行政村数目（个） | | |
| --- | --- | --- | --- | --- | --- | --- |
| | | 流域内乡镇名称 | 农场名称 | 流域内 | 跨流域 | 合计 |
| 刚察 | 5 | 柳沙河、哈尔盖、泉吉、伊克乌兰、吉尔孟 | 青海湖农场、三角城种羊场、黄玉农场 | 5 | 26 | 31 |
| 海晏 | 5 | 青海湖、托勒、甘子河、金滩、三角城 | | 2 | 13 | 15 |
| 天峻 | 10 | 新源、龙门、舟群、江河、织合玛、快尔玛、生格、阳康、木里、苏里 | | 43 | 14 | 57 |
| 共和 | 5 | 倒淌河、江西沟、黑马河、石乃亥、英德尔 | 湖东种羊场、铁卜加草原改良试验站 | 10 | 17 | 27 |
| 合计 | 25 | | | 60 | 70 | 130 |

　　青海湖流域人口密度平均每平方千米不足5人，人口分布不均匀。在环湖的狭长地带，特别是河流沿岸或道路沿线，由于地形平坦、水源充足、交通便利，成为人口主要集聚区。例如，刚察县为中心的青海湖北岸湖滨三角地带，人口密度较大；而四周的山地，主要是牧民的夏季草场，基本未建定居点。青海湖流域属于多民族聚集地

区，有藏族、汉族、蒙古族、回族、土族、撒拉族等共 12 个民族，其中藏族占总人口的 53.7%；在少数民族中，藏族占 90% 以上。

（三）经济发展状况

青海湖自然保护区是青海省重要的畜牧业生产基地之一，畜牧业在区域国民经济中占有重要地位。目前，以饲草生产为中心的草原建设有了较快发展，通过退化草地的改良和治理、饲草饲料种子田建设、灭治鼠害及毒草等措施的实施，使全区畜牧业生产稳步发展。青海湖自然保护区四县农业内部结构表现为以畜牧业为主，产品结构以畜牧产品为主，种植业、林业、渔业产品次之。由于自然灾害较为频繁、部分水利设施老化、农业生产结构单一、地方财政困难等因素在一定程度上制约着该地区的经济发展。

表 6 - 2　　　青海湖自然保护区 2015 年各县主要经济指标

| 年　　份 | 海晏县 | 刚察县 | 共和县 | 天峻县 |
|---|---|---|---|---|
| 地区生产总值（亿元） | 9.35 | 14.71 | 60.8 | 8.52 |
| 第三产业生产总值（亿元） | 4.03 | 5.91 | 19.82 | 3.97 |
| 三产比例（%） | 17.6:39.1:43.3 | 27.6:33.1:40.2 | 12.4:54.9:32.7 | 33.3:20.1:46.6 |
| 财政收入（亿元） | 0.7 | 1.38 | 2.38 | 3.93 |
| 农村可支配收入（元/人） | 11776 | 10706 | 9325 | 9940 |

资料来源：各县 2016 年统计年鉴。

从青海湖地区产业构成看，共和县第二产业的产值明显高于其余各县，表明共和县第二产业最为发达，在青海湖流域各县中具有较强的经济实力。总产值位居第二的是刚察县，近几年发展较为迅速，2000 年至今各产业保持较快的增长，国内生产总值明显增加，从2000 年的 1.72 亿元增长至 2015 年的 14.71 亿元。海晏县位于青海湖流域范围内的甘子河乡、青海湖乡和哈勒景乡都是牧业乡，所以该区域经济以牧业为主。共和县位于流域范围内的 5 个乡镇是全县的主要牧业区，并且还有湖东种羊场等大型农牧场，农牧业产值较高；第二产业以建筑业为主，其他工业部门极少；同时借助位于青海湖边的优越地理位置，近年来旅游业发展较快。

2015 年，农村可支配收入低于全国农村居民可支配收入水平；地方政府自身制造血液的能力有限，地方财政收入不高。受气候条件限制，流域内种植业规模不大，现有耕地 179.12 平方千米，主要农作物有油菜、青稞、燕麦及青饲料等，而且随着退耕还林还草等生态政策的实施，未来耕地面积还将不断缩小。青海湖流域丰富的草场资源，为畜牧业生产提供了良好条件，成为青海省重要的畜牧业生产基地之一。除湖区现有乡镇均属于以畜牧业为主的牧业乡外，还有三角城种羊场、湖东种羊场、铁卜加草原站等以畜牧业生产为主体的国营牧场。因此，畜牧业在区域经济中占有十分重要的地位，属于基础产业部门。但是，由于高寒的气候和恶劣的自然条件，导致生态环境比较脆弱，当地畜牧业生产也表现出脆弱性和不稳定性，出现诸如超载放牧导致草场退化等生态环境问题，使畜牧经济的可持续发展受到制约。从各县农牧业产值比较看，虽然天峻县在青海湖流域的面积最广，但是共和县和刚察县的牧业产值比天峻县高，这主要是因为刚察县和共和县有集中的大型农牧场，包括三角城种羊场、湖东种羊场等。近几年，部分农牧民除了农牧业收入，还经营个体运输、商品零售、旅游和餐饮服务等，收入水平显著提高，但是大多数农牧民，尤其是少数民族牧民仍以放牧为主，过着独特的游牧生活。

青海湖流域工业起步较晚，基础薄弱，迄今还没有一家大型的现代工业企业，但流域内矿产资源丰富，主要矿产资源有煤、铁、铜、石灰石、硫黄等。依靠当地丰富的煤炭资源，煤炭开采业发展迅速，如刚察县境内的热水煤矿、天峻县境内的木里煤矿。除采矿之外，主要工业部门还有建材、畜产品加工、食品生产等，工业规模均不大。考虑环境的封闭性和生态的脆弱性，流域内不适宜发展污染严重的工业，但独具特色的高原湖泊景观、丰富的野生动植物资源和独特的宗教文化等优质旅游资源使旅游业发展具有得天独厚的优势，近年来，旅游业受到当地政府的高度重视，在国民经济中的地位不断上升。随着旅游业发展，建筑、运输、商品零售、餐饮服务等逐渐展开，交通通信等基础设施建设日益加快。青藏铁路从青海湖北岸经过，境内有 220 千米的里程，但公路仍是当地的主要运输方式，伴随"环青海湖国际公路自行车赛"的举办，按照国道标准统一修筑的环湖公路得以全面贯通，从环湖公路出发，向东可直达省会西宁市，向西则与青藏公路相接。

### 三 青海湖自然保护区面临的生态环境问题

青海湖流域地处我国东部季风区、西北部干旱区和西南部高寒区的交汇地带，自然地理环境具有明显的过渡性。它既是维系青藏高原东北部生态安全的重要屏障，又属于脆弱生态系统典型地区，对全球气候变化的响应十分敏感，同时也是生物多样性保护和生态环境建设的重点区域。而作为青海省生态旅游业、草地畜牧业等社会经济发展的集中区域，近年来在气候变化和人类活动的共同影响下，青海湖环湖草地退化、沙化土地扩张、湿地面积缩小、野生动植物生存环境恶化，整个区域正面临着严重的生态破坏和环境退化危机。

#### （一）湿地面积缩小

根据 2010 年遥感影像解译结果，青海湖流域有河流湿地、湖泊湿地和沼泽湿地合计 6840.43 平方千米。由于气候变暖、人类引水截流及过度放牧等影响，湖滨地带、河流两侧洼地及河流三角洲地带沼泽植被退化并呈现萎缩趋势。据记载，20 世纪 50 年代在布哈河、沙柳河的宽阔河谷中密集生长着成片的以沙棘为优势种的天然灌丛林，由于人类长期不合理的开发利用，如今只在人类活动较少的中上游河谷中保存较好，而下游河谷植被已遭到严重破坏，仅有少量残留的灌丛稀疏分布，密集成片的灌丛林不复存在。

在 20 世纪 50 年代末开始的"以粮为纲"时期，大量湖滨湿地曾作为荒地被开垦，后因气候干化和水源不足而弃耕，弃耕后的土地土壤结构简单，植被恢复困难，极易遭受侵蚀。随着青海湖水位下降，湖滨一些浅水区域逐渐出露水面，造成湖滨沙化土地扩张、鸟岛连陆，湖滨湿地面积萎缩。除此之外，近年来的调查表明，湖区部分河流如布哈河、哈尔盖河等已经受到轻微污染，目前污染程度虽不严重，但因污染直接面对的是青海湖湿地生态系统，加上青海湖本身的封闭性，有可能对湿地环境带来重要影响。湿地面积萎缩、过度放牧扰动、环境污染等也将影响流域的生物多样性及生物群落组成变化。

（二）天然草场退化

青海湖流域现有天然草地 $213.65 \times 10^4 \text{hm}^2$，占流域总面积的 72%，其中可利用草地面积 $193.50 \times 10^4 \text{hm}^2$，占天然草地面积的 90.6%，是流域畜牧业发展的重要物质基础。然而，青海湖流域的畜牧业仍停留在自然放牧、靠天养畜的状态，牧民追求经济效益，盲目增加存栏头数，超载放牧，导致草场不断退化。[①] 近 50 年来，由于超载放牧、垦殖和管理不当等造成草场退化面积高达 $93.3 \times 10^4 \text{hm}^2$，占可利用草地面积的 48.2%，其中，中度以上退化草场有 $65.67 \times 10^4 \text{hm}^2$，占可利用草地面积的 33.9%。

草场退化主要表现为植被覆盖度下降、产草量减少、毒杂草蔓延和鼠虫害加重等。[②] 1977—2004 年，高覆盖草地和中覆盖草地分别减少了 $1.28 \times 10^4 \text{hm}^2$ 和 $0.91 \times 10^4 \text{hm}^2$，而低覆盖草地增加了 $1.55 \times 10^4 \text{hm}^2$。早期有学者研究[③]湖区优良草场鲜草产量由 1963 年的 1740 千克/$\text{hm}^2$ 下降到 1996 年的 1090 千克/$\text{hm}^2$，34 年下降了 37.4%。

（三）土地沙漠化

由于气候干旱，以及自然和人为因素导致的植被退化等，青海湖流域土地沙漠化面积不断扩大，根据程度不同，可分为潜在沙漠化、正在发展的沙漠化、强烈发展的沙漠化和严重沙漠化，各类沙漠化土地面积共计 $12.48 \times 10^4 \text{hm}^2$。沙化土地主要分布在青海湖环湖地带，包括面积最大的湖东沙区（湖东种羊场至海晏县克土一带）、湖北岸

---

① 陈桂琛、陈孝全等：《青海湖流域生态环境保护与修复》，青海人民出版社 2008 年版，第 143 页。

② Li X. Y., Ma Y. J., Xu H. Y., et al.. 2009. Impact of land use and cover change on environmental degradation in Lake Qinghai watershed, northeast Qinghai Tibet Plateau. *Land Degradation & Develpoment*, Vol. 20, pp. 69 – 83.

③ 韩永荣：《青海湖环境恶化危害与防治对策》，《中国水土保持》2000 年第 8 期。

甘子河沙区（尕海周围、草褡裢、甘子河至哈尔盖）、湖西岸鸟岛沙区（沙柳河三角洲以西、鸟岛周围、布哈河河口至石乃亥）、湖南岸浪玛舍岗沙区（倒淌河至浪玛河之间，一郎剑、二郎剑等地）。沙漠化土地面积扩大的原因主要有三个方面：一是青海湖水域和湖滨沼泽变为流动沙地；二是青海湖周围其他地类如草地变成潜在沙化土地、流动沙地，灌木林变为固定沙地；三是沙地本身由半固定沙地变为流动沙地，固定沙地变为半固定沙地等。[①] 据资料统计，1956 年流域沙漠化土地面积 $4.53 \times 10^4 hm^2$，1972 年增加到 $4.98 \times 10^4 hm^2$。而从 1977—2010 年青海湖流域遥感影像解译结果看，1977 年、1987 年、2000 年和 2010 年流域沙漠化土地面积分别为 $5.47 \times 10^4 hm^2$、$6.08 \times 10^4 hm^2$、$6.48 \times 10^4 hm^2$、$6.02 \times 10^4 hm^2$，1977—2000 年的 23 年间因水减少而增加的沙地面积为 $1.01 \times 10^4 hm^2$，2010 年因水位上升沙地面积有所减少。

值得一提的是，人类活动引起的湿地萎缩、草地退化、土地沙漠化等生态环境问题业已引起国家和地方相关部门的重视，正积极采取措施进行生态恢复，并实施科学的流域规划和管理。

（四）野生动植物资源减少

青海湖流域独特的地理位置和环境条件，孕育了丰富而独特的野生动植物资源。随着草地退化和土地沙化，特别是人类活动的加剧，区域生态环境整体恶化，流域内野生动植物资源的种类和数量均呈下降趋势。[②] 据统计，流域内现有种子植物 52 科、174 属、445 种，野生动物 235 种，其中鸟类 189 种、哺乳类 41 种、两栖类 2 种、爬行类 3 种。野生动物中，国家一级保护动物 8 种，国家二级保护动物 29 种，青藏高原特有种 10 种。目前，流域内野生动植物有 15%—20% 濒临灭绝。珍稀药用物种冬虫夏草、雪莲、红景天等因具有较高经济价值而被过度采挖，资源破坏严重。高原特有物种、盛产于青海湖的

---

① 张金龙：《基于土地利用覆盖变化的青海湖流域生态系统服务价值动态测算》，硕士学位论文，甘肃农业大学，2014 年，第 13—14 页。

② 陈桂琛、陈孝全等：《青海湖流域生态环境保护与修复》，青海人民出版社 2008 年版，第 88—90 页。

裸鲤，[①] 20世纪50年代资源量高达 $19.9 \times 10^4$ 吨，1958年开始捕捞利用，1959—1962年达到高峰，年均捕捞量 $8.09 \times 10^4$ 吨，以后逐年下降，70年代年捕捞量在4000吨左右，80年代末降至1200吨，90年代达1000吨，自从2000年青海省政府下令全面封湖育鱼，并出台相关保护法规，裸鲤资源得到一定恢复。

珍稀濒危物种、国家一级保护动物普氏原羚目前数量已不足300只，而且由于围栏、筑路等人类活动加剧，适宜其生存的野生环境正在不断缩小。盘羊、岩羊数量很少，雪豹似乎已经绝迹；藏雪鸡和高山雪鸡已不常见；大型草原动物野牦牛、藏原羚、藏野驴、白唇鹿、马鹿、棕熊等几乎已经消失，狼和喜马拉雅旱獭已不多见；鸟岛数十万只鸟儿云集的壮观景象业已成为历史。相反，草原鼠兔和高原鼢鼠却过度繁殖，成为草原动物优势种，虽经毒杀而不绝。总之，随着人类活动加剧，适宜的生境逐年减少和破碎化，流域野生动植物资源减少、生物多样性降低的趋势还将持续。

（五）环湖带环境污染与生态破坏

青海湖流域属于地广人稀的内陆区域，人口分布极不平衡，环湖地带和河流下游是人口分布的密集区。这里地形平坦，水源充足，土壤肥沃，交通便利，集中了全流域90%以上的人口、城镇和交通通信设施。虽然当地牧民有夏季上山放牧的习惯，但生长季过后还要回到温暖的湖边过冬，而且，随着国家经济扶持与政策引导，越来越多的牧民已经逐渐定居，这些定居点大多建在下游平原地带。近年来，经贸、交通和旅游业发展为当地带来经济繁荣的同时，也加剧了环湖地带的环境污染和生态破坏。环湖公路、青藏铁路等重要交通干线距离青海湖最近处不足千米，随着运输量的不断增加，带来废气、噪声等污染的同时，也加重了环湖地带草地资源的损失和对野生生物生存环境的干扰。此外，环湖地带和河流下游的广阔平原也是半个多世纪以来耕垦的重点区域，从20世纪五六十年代开始，大量湿地和草地被

---

① 张贺全、彭敏、王彬：《青海湖生态环境恶化现状及成因分析》，《青海环境》2006年第2期。

开垦，由于气候条件限制，耕种几年后因肥力下降而弃耕，这些弃耕后的土地如果恢复措施跟不上，很快就会沙化，极易遭受水蚀和风蚀。总之，环湖地带和河流下游是当前人类活动最密集的区域，也是今后防治环境污染和生态破坏的重点区域。

# 第二节　青海湖自然保护区旅游资源现状

旅游资源是旅游三大要素构成之一。作为客体的旅游资源是旅游活动的对象，虽然不同历史时期旅游活动的主题内容不同，旅游业涉及的行业和范围也在不断扩大，但旅游资源作为旅游活动构成要素的基础地位始终没有改变。旅游者就是因为旅游资源的吸引功能，引起其空间流动，由此产生了旅游活动。因此，对旅游资源的研究是旅游学研究最基本的内容之一，也是确保旅游开发成功的必要条件之一。全面准确地认识旅游资源，不仅可以合理开发旅游资源，而且还可以促进区域旅游业的发展。

青海湖自然保护区旅游资源是典型的青藏高原旅游缩影。碧水、蓝天、雪山、草原、鸟类、鱼群等丰富的旅游资源构成了一幅奇丽壮美的高原风光，以及独特的人文历史、宗教民俗、美丽传说吸引了越来越多的游客旅游观光，青海湖自然保护区是青海省旅游业重要景区和精品旅游线路，已经成为驰名中外的生态旅游景区。

## 一　青海湖自然保护区旅游资源数量评价

"资源"是指取之自然并为人类所利用的生产资料和生活资料，它与人类社会经济活动息息相关，并随着社会经济活动的发展而不断扩展和深化。旅游资源是资源的亚种，是旅游业赖以生存的物质基础和加工、生产旅游产品的原材料。《中国旅游资源普查规范（试行稿）》对"旅游资源"做了比较确切和规范的定义：自然界和人类社会，凡能对旅游者有吸引力、能激发旅游者的旅游动机，具备一定旅游功能和价值，可以为旅游业开发利用，并能产生经济效益、社会效益和环境效益的事物和因素。

旅游资源数量很多，根据它们的性状特征可以归成某些单元，在这些单元内的事物和因素由某些相同或相似的性质，这就是旅游资源分类的概念。《旅游资源分类、调查与评价》将旅游资源划分为"主类""亚类""基本类型"三个层次。8个主类是：地文景观、水域风光、生物景观、天象与气象景象、遗址遗迹、建筑与设施、旅游商品、人文活动，在主类基础上又分为31个亚类，155个基本类型。与旅游资源主类和亚类相比，旅游资源基本类型是构成旅游资源调查和分类的核心内容。

青海湖自然保护区旅游资源单体资源统计87个单体（见表6-3）。如果按照自然景观资源和人文景观资料两种类型来分，与生态旅游直接相关的自然旅游资源共有三大类（见表6-4）：地文景观类8个单体，水域风光类15个单体，生物景观类10个单体，合计33项。从旅游资源基本类型数量上看，人文旅游资源数量较多，共54个单体，占整个旅游资源的62%。

表6-3　　　　青海湖自然保护区旅游资源基本类型数量统计①　　　单位：处

| 单体数量 | 基本类型（基本数量） | 单体合计 |
|---|---|---|
| 3处以下 | 避暑气候地（1）、鸟类栖息地（1）、军事观光地（1）、草地（3）、岛区（1）、沙丘地（2）、军事遗址与古战场（1）、观光游憩河段（3）、陆地动物栖息地（1）、滩地型旅游地（1）、冷泉（2）、地热与温泉（2）、山丘型旅游地（2）、草场花卉地（1）、水生动物栖息地（2）、墓（群）（2）、展示演示场馆（2）、广场（1）、岩礁（1）、中草药材及制品（2）、碑碣（林）（1）、民间演艺（2）、饮食习俗（2）、传统手工产品与工艺品（3）、宗教活动（1）、建筑工程书生产地（2）、地方风俗与民间礼仪（1）、菜品饮食（1）、其他物品（2）、摩崖字画（1） | 48 |
| 4—5处 | 沼泽与湿地（4）、观光游憩湖区（4）、特色服饰（4）、农林畜产品与制品（4）、民间健身活动与赛事（4） | 20 |
| 5处以上 | 废城与聚落遗址（10）、宗教与祭祀活动场所（9） | 19 |

① 青海省旅游局：《青海湖景区旅游整体规划（2007—2020）》评审稿完整版，2007年，第18—19页。

表 6 – 4 　　　　　　　　　　　青海湖自然保护区旅游资源类型

| 景系 | 主类 | 基本类型 | 数量 |
|---|---|---|---|
| 自然旅游资源 | 地文景观类 | 日月山、祁连山、夏格尔山、沙岛、二郎剑、海心山、芦苇岛、三块石 | 8 |
|  | 水域风光类 | 倒淌河、布哈河、沙柳河风景河段、泉吉河观鱼河段、青海湖水体、青海湖仙女湾湿地、洱海、错搭涟湖、月牙湖、金沙湾、小泊湖、五世达赖泉、包忽突听泉、天鹅湾、刚察瓦尔麻西温泉 | 15 |
|  | 生物景观类 | 金银滩草原、湖滨草原、刚察草原、青海湖南山牧场、湟鱼栖息地、油菜花、青海湖渔场、普氏原羚自然保护区、湖东种羊场、鸟岛 | 10 |
| 人文旅游资源 | 古迹与建筑类 | 西海郡古城遗址、尕海古城遗址、伏埃城遗址、仓开城址、大仓城址、群科加拉城遗址、海曼遗址、海峰遗址、东山遗址、应龙古城、石头城、正东巴古城、察汉城、立古新城、将军城（将军庙）、黑城、南/北向阳古城、原子城核武器研发基地原址、原子城展馆、鱼雷发射试验基地遗址、丝绸之路、唐蕃古道、祭海台、白佛寺、佛海寺、沙陀寺、刚察大寺、甲乙寺、石乃亥寺、海神亭、班禅敖包、拉姆哲寺、拉日优杰俄博、舍布齐岩画、哈龙沟岩画、湖李木沟岩画、刚察石棺葬墓地、德州墓群、立新墓群、刻经石、王洛宾广场、藏族帐房、蒙古包、王洛宾雕像、文成公主雕像 | 45 |
|  | 民间习俗 | 各少数民族风情、风俗，各少数民族节庆、藏戏、少数民族舞蹈、青海花儿，祭海、寺院宗教活动等，藏族、蒙古族、回族等少数民族服饰 | 5 |
|  | 现代节庆 | 王洛宾音乐艺术旅游节、金银滩草原文化旅游节、青海湖沙岛国际沙雕艺术节、青海湖民族文化年会 | 4 |

## 二　青海湖自然保护区旅游资源质量评价

旅游资源的评价，是在旅游资源调查的基础上进行的深层次研究工作。[1] 它选择调查区内旅游资源、资源环境以及开发条件作为评价

————————————

[1] 李伟：《旅游学通论》，科学出版社 2006 年版，第 139 页。

对象和内容，采取一定的方法，对旅游资源的特点、开发作出评判和鉴定，从而为地区旅游资源的合理开发利用和规划建设提供科学基础。旅游资源评价的核心就是对旅游资源基本类型的品质及区域表达。品质评价不但可以对旅游资源基本类型实体品位进行认定，还可以构成旅游资源量值评价和旅游资源组合关系评价的基础。

在《青海湖景区旅游整体策划》中以"八度"作为评价指标：珍稀度、古悠度、规模度、奇特度、保存度、审美度、组合度和知名度，遵循代表性与重要性、互不兼容性、可判断性三个原则，对上述旅游资源中的87个单体进行了定量评价，评价按国家标准划分了五级、四级、三级和二级（含一级）四个资源质量等级。

五级极品旅游资源实体：全部或其中一项有极高观赏游憩价值，具世界意义的历史文化科学艺术价值，大量珍贵物种，景观异常奇特其他地区罕见，或为世界级人文、自然保护单位、在世界范围内知名。

四级（优级）旅游资源实体：全部或其中两项有很高观赏游憩价值，具全国意义历史文化科学艺术价值，较多珍稀物种、景观异常奇特其他地区很少见，或为国家级人文、自然保护单位，在全国范围内知名。

三级（良级）旅游资源实体：全部或其中一项具有较高观赏游憩价值，区（省）级意义历史文化科学艺术价值，少量珍稀物种、景观异常奇特其他地区少见，或为省内或自然保护区内知名。

二级、一级（普通级）旅游资源实体：全部或其中一项有一般观赏游憩价值、具本地区意义历史文化科学艺术价值、个别珍稀物种、景观异常奇特其他地区较少见，或为本地区人文、自然保护单位（公园），在本地范围内知名。

青海省旅游资源的评定结果如表6－5所示。在87处旅游资源单体中，极品及优良级旅游资源单体为23处，占调查量的29.48%；普通级旅游资源单体为33处，占调查量的42.3%。此外，有31处未评级。青海湖水体当之无愧是级别最高的旅游资源，也是唯一一处五级（极品）旅游资源，是青海省具有吸引力和旅游价值最高的旅游资源。

表 6 – 5　　　　　　　　青海湖自然保护区旅游资源评价等级

| 等　级 | | 旅游资源单体 | 数目 |
|---|---|---|---|
| 极品级 | 五级 | 青海湖水体 | 1 |
| 优级 | 四级 | 鸟岛、原子城核武器研发基地原址、西海郡古城遗址、金银滩草原、海心山、沙岛 | 6 |
| 良级 | 三级 | 伏俟城遗址、鱼雷发射实验基地遗址、倒淌河、五世达赖泉、普氏原羚自然保护区、沙陀寺、甲乙寺、二郎剑、白佛寺、日月山、刚察草原、青海湖仙女湾湿地、油菜花、湟鱼栖息地、三块石 | 15 |
| 普通级 | 二级一级 | 洱海、青海湖南山牧场、泉吉河观鱼河段、祭海台、原子城展馆、中国第一个核武器研制基地纪念碑、月牙湖、金沙湾、芦苇岛、天鹅湾、小泊湖、海神亭、佛海寺、沙柳河风景河段、将军城（将军庙）、刚察瓦尔麻西温泉、刚察石棺葬墓地、立新古城、南/北向阳古城、湖东种羊场、群科加拉城、班禅敖包、应龙古城、石头城、石乃亥寺、包忽图听泉、拉日优杰俄博、青海湖渔场、黑城、王洛宾文化广场、尕海古城遗址、错褡裢湖、夏格尔山 | 33 |

### 三　青湖自然保护区旅游资源的特点

（一）整体性

青海湖自然保护区的建立是以保护其生态系统独特的自然景观景点、生态多样性而设立的，旅游资源是自然保护区完整生态系统的一部分，不能分割与独立地存在，旅游者前往自然保护区是对整个生态系统的整体性考察。地质地貌、植物资源、动物资源、空气、水体、气候等因素都是影响青海湖自然保护区美学效果的因子，所以说青海湖自然保护区旅游资源具有突出的整体性与综合性的特征。

（二）多样性

青海湖自然保护区内生物、气候受到地貌的影响呈现出多样性，自然生态系统也表现出多样性，在区内分布着森林（湿润）——灌丛、草甸（半湿润）——草原（半干旱）——荒漠（干旱）生态系统。勤劳勇敢的藏族人民在青海高原创造出丰富多彩的藏民族文化，建筑、习俗、手工技艺、歌舞、绘画与文学艺术、民族传说、宗教活动等，人文环境也表现出丰富的多样性。

（三）超异性

超异性首先是指拥有的各项旅游类别中居于顶级序列的"最"字号资源，青海湖是中国最大的内陆咸水湖，鸟岛是我国八大鸟类自然保护区之首，原子城是我国第一个退役的核武器基地，沙柳河观鱼长廊是世界上最佳湟鱼观赏胜地等，这些都是青海湖自然保护区具有垄断性质的旅游资源；其次，本身地处"世界屋脊"中，具有俯瞰众生的高度与浓厚宗教气氛，所以"超"一是"超常"，二是"超凡"；而"异"则是指其地理环境及其承载的民族文化的独特性。

（四）原生性

原生性是指当地自然旅游资源维持其原始状态的程度和历史文化、社会生活的稳定性和纯粹性。青海湖自然保护区绝大多数旅游自然资源还处于相当原始状态中，保持了其原始的外表特征和内涵，人类生产对自然环境的破坏一直控制在较低水平上。对旅游者而言，青海湖自然保护区自然风光和人文环境，越是独有，越是原始、越能提高其旅游的价值，越具有旅游吸引力。整个自然保护区天空湛蓝、草原碧绿、河流湖泊水质清冽、农村田舍质朴幽静，村民的习俗古风犹存，宗教文化神秘浓烈，无论是自然景观还是文化景观，都体现出一种少有的人工雕琢、天人合一的自然风韵。

（五）科学性

研究青海湖自然保护区的自然环境和人类活动的影响不仅成为青藏高原的热点问题，也是当前国内外地球科学界和生物学界关注的热点。自然旅游资源中地质、地貌、水域和生物景观，无论资源品位的高低，由它们组成的高原生态系统都是地球上独特的生态系统，在全球生态系统中都有极其重要的研究价值。冰川、山峰、森林、草地等各类旅游景观基本类型不仅风光秀丽，有很大的旅游价值，而且它们的形成演化也存在大量的科学价值，通过研究可以提高旅游资源的品位，具有重要的意义。

（六）适时性

青海湖自然保护区旅游资源空间布局呈现出立体分布，为旅游产品的多功能开发创造了条件。由于自然环境质量高以及民风古朴，具备发展以回归自然为主题的生态旅游、探险旅游、体验旅游和休闲度假旅游的良好资源基础。从旅游功能和环境容量来看，自然保护区的自然景观和人文景观具有游览、观赏、娱乐、消遣、度假、购物、疗养、锻炼、考察、宗教、登山、探险和猎奇等众多功能，适宜生态、探险、体验等当前世界热门旅游。

# 第三节　青海湖自然保护区的功能分区

## 一　功能分区的意义与目的

青海湖是维系青藏高原东北部生态安全的重要水体，是阻止北部阿拉善沙漠南侵的天然屏障，是全国最大的内陆湖，它没有出水口，因此一旦遭到污染，恢复起来极其困难。同时，青海湖流域是生物多样性保护和生态环境建设的重点区域，流域自身的生态承载力小，生态敏感度高，生态环境一旦破坏，自我修复能力极弱。最近二十年来，青海湖水位不断下降，湖面萎缩使得鸟岛、沙岛已经由岛屿变成了半岛。青海湖生态环境退化的原因包含自然与人为两大因素。自然因素主要是指全球气候变暖，雪山融水减少，青海湖水源补给逐年下降，导致青海湖水体萎缩，这是青海湖生态恶化的大背景。人为因素来自多个方面，主要是常住人口数量的急剧增加所带来的超载放牧、超载农耕以及生产、生活污水和固体垃圾排放的增加等。

青海湖流域内产业结构调整和土地利用结构重要调整的手段就是大力发展生态旅游业，但是如果对旅游资源缺乏规划，开发方式不合理都会对区域资源造成破坏，形成新的生态环境问题。从空间的角度看旅游发展的可持续性，就是旅游发展空间结构和功能分区问题。青海湖自然保护区旅游功能分区的目的主要有四个:① （1）在空间上明确界定各类分区的用地范围，便于分类、分片管理和规划的长期实施，增强规划的可操作性。（2）明确规定每一地块资源的利用强度和保护措施，利用空间分布的差异性，统筹资源保护和资源利用的关系。（3）根据不同的旅游方式对用地进行更详细的分类，制定相应的设施建设管理和游客活动管理措施。（4）根据社区资源价值和区位差异，对社区及其生产生活用地进行更详细的分类，并落实相应的社区发展和管理措施。

## 二　功能分区的原则

（一）旅游者行为约束原则

由于青海湖自然保护区的生态环境存在脆弱性，因此要规范旅游者的行为，一方面分区时站在旅游者的角度思考，为其提供参与性、启迪性，具有美好的经历；另一方面培养旅游者对青海湖自然保护区内旅游资源内在核心价值的认知。当然除了约束旅游者，也要对当地政府、内部社区、旅游企业等加强伦理道德责任教育，提高环境保护的自我约束能力。

（二）旅游地生态保护原则

旅游发展中生态环境的保护是第一位，需要充分认识到青海湖自然保护区环境条件，也要认识到旅游资源的有限性，将青海湖自然保护区看成一个整体作为保护对象，采用积极的、主动的、建设性的保护方式，通过旅游开发的外部效应带动青海湖自然保护区生态保护的进展。

（三）旅游业经济发展原则

青海湖自然保护区的发展离不开稳定的社会结构，如果旅游业不能带来良好的经济效应，也就失去了旅游业存在的意义。发展生态旅游促进青海湖自然保护区内部社区经济的发展，不仅给生态保护带来强劲的支持动力，而且还会使保护区内部获得更好的社会环境。旅游

---

① 青海省旅游局:《青海湖景区旅游整体规划（2007—2020）》评审稿完整版，2007年，第66页。

资源、生态环境、自然保护区内社区、旅游产业发展提供长期利益才是功能分区的意义所在。

### 三　功能分区模式

在自然保护区的生态旅游开发中实行功能分区开发，科学合理的分区制度有助于各方利益的平衡，对于自然保护区的可持续发展有着重大意义。① Richard 等在 1973 年倡导"同心圆"空间布局模式②（见图 6-1），把国家公园由内到外分为核心保护区、缓冲区和开放区。我国现行的自然保护区空间分布参考了这种模式，将开放区替代为实验区，并加大了对核心保护区、缓冲区的保护力度。在核心保护区及缓冲区不准从事旅游、考察活动，也不得建设任何生产设施；只有在实验区才能从事科研、教学、旅游、参观、考察等活动。尽管实验区范围并不等同于旅游活动的范围，只要划定为实验区范围，就很难做到不受旅游活动的影响和干扰，也难以控制和制止旅游服务设施的建设。

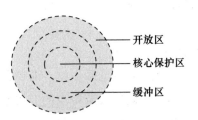

开放区

核心保护区

缓冲区

**图 6-1　同心圆布局模式**

近几年，青海湖湖体周围旅游服务设施建设过多，这也是环境污染及生态破坏严重的主要原因。为此，从环境保护和旅游需求的实际情况出发，以"旅游大生态"的思想为指导，提出青海湖自然保护区"三圈"空间布局模式（见图 6-2）。对于青海湖自然保护区而言，对

---

① 黄丽玲、朱强、陈田：《国外自然保护地分区模式比较及启示》，《旅游学刊》2007年第3期。

② 中国生态学会旅游生态专业委员会：《中国生态旅游发展论坛④——生态旅游实践与出路》，中国环境科学出版社 2008 年版，第 215 页。

其生态旅游功能分区，一是能使自然旅游资源与人文旅游资源得到优化利用并得到保护；二是便于管理人员根据游客的需求对其加以分流。

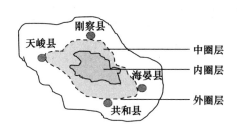

**图6-2　三圈布局模式**

1. 内圈层——生态核心保护区

内圈层是自然保护区的核心范围，即鸟岛片区、湖上游览区。保护青海湖水体生态环境免遭破坏是自然保护区旅游业可持续发展的首要条件，因此该区域主要功能是利用其现有的资源开展特种生态旅游，为游客提供观赏、教育和体验功能。

2. 中圈层——生态旅游游览区

中圈层是主要的生态旅游游览区，包括：二郎剑片区（151片区）、沙岛片区、原子城片区、刚察草原片区和天鹅湾（仙女湾）片区。这五个片区聚集了青海湖自然保护区绝大多数景点，可以为旅游业发展提供生态教育、自然观光和生态体验的功能。但是在该区域针对上述五个不同的片区应该采取的生态环境措施有所区别，以确保自然保护区的资源、生态环境的安全。

3. 外圈层——生态旅游城镇区

该区域是目前自然保护区内各级城镇主要分布的环带地区，涉及的城镇主要有：天峻县、刚察县、共和县、海晏县。该区域主要功能在于满足生态游客的食宿、娱乐购物、各种旅游业开发运营、监督管理等中心均在该区域。生态旅游城镇区是社区居民的居住地，是自然保护区社区经济的核心所在，将成为保护区内经济发展的增长极，带动整个社区的社会经济发展。

# 第七章 青海湖自然保护区旅游
## 发展的环境分析

区域经济的发展对旅游市场形成和发展，以及旅游目的地接待能力都有着深刻的影响。对于青海湖自然保护区而言，由于经济基础比较薄弱，县域国民收入水平低，在经济结构转型中，经济发展对旅游业的影响主要体现在接待能力上。旅游业的发展需要大量资金的投入，地方经济发展水平决定着政府能否对旅游业进行必要的引导性投资，也会影响旅游资源的开发水平、开发次序和开发重点，关系到能否将旅游资源优势转变为经济优势。

## 第一节 青海湖自然保护区在青海省
### 旅游产业中的地位

青海省旅游资源丰富、总量大、类型多。表 7-1 列举了青海省主要的旅游景点和景区 2007 年和 2015 年的旅游收入和旅游人数，在 2007 年排第一的是塔尔寺，2015 年互助土族故土园旅游区第一，发生这样的变化，跟旅游者在青海停留的时间等其他因素有关，但是青海湖自然保护区在青海省旅游产业中的地位是不可替代的，其原因有三个①：

---

① 青海省旅游局：《青海湖景区旅游整体规划（2007—2020）》评审稿完整版，2007 年，第 66 页。

**一　青海湖自然保护区是重要的旅游经济类型区**

青海湖自然保护区地跨青海省海北、海南、海西三州，湖区和外围辐射面积达两万多平方公里。所以青海湖自然保护区的开发不仅仅是单个旅游景区开发的问题，也是关系到青海省整体范围生态区域开发的问题。因此，不仅要将青海湖自然保护区的旅游开发作为一个景区和一个自然区来看待，而且要作为一个旅游经济区来看待，从青海湖的自然生态系统、人文生态系统的整体性，从区域发展的协调性角度统筹考虑。

**二　青海湖自然保护区是重要的目的地型旅游区**

环西宁旅游圈的景区具有便利的交通区位，如塔尔寺、清真大寺、马步芳馆等，但是这些景区的空间规模都远远小于青海湖，必须依托西宁市成为一个旅游点，难以形成目的地型的旅游。青海湖自然保护区具有巨大的空间尺度和游客容量、具有目的地型旅游区的资源环境条件、具有旅游开发产生的经济辐射作用和对整个青海省旅游产业的影响力，这些是其他景区所不具备的。虽然青海省的三江源区域空间尺度更为巨大，但由于受自然环境保护要求和交通区位条件限制，都难以进行大众化生态旅游开发，尤其是旅游接待服务设施建设更受资源和环境条件制约。相对而言，青海湖自然保护区旅游开发的制约性因素较少，限制强度也低得多。

**三　青海湖自然保护区是青海省的核心品牌景区和形象代表**

青海省以青海湖得名，青海湖是青海省的形象代表，所以青海湖自然保护区的旅游开发直接影响到青海省旅游产业的核心品牌形象。塑造青海湖旅游的名牌形象与塑造青海省的旅游品牌形象直接相关。将青海湖作为青海省旅游形象的最重要组成部分来塑造，在旅游开发中树立形象与品牌意识，将青海湖的形象设计、形象管理、形象宣传融为一体，并提升到青海省品牌形象塑造的高度来看待。

表7-1    青海省主要景区2007年、2015年旅游收入与游客人次

| 景区（景点） | 旅游收入（亿元） | | 旅游人数（万人次） | |
|---|---|---|---|---|
| | 2007年 | 2015年 | 2007年 | 2015年 |
| 湟中塔尔寺旅游区 | 1.85 | 4.43 | 149.5 | 235.46 |
| 青海湖风景区 | 0.32 | 2.23 | 79.5 | 165.21 |
| 互助北山国家地质森林公园 | 0.03 | 3.51 | 6.4 | 92.7 |
| 互助土族故土园旅游区 | 0.21 | 11.66 | 51.8 | 290 |
| 孟达天池景区 | 0.77 | 0.51 | 6.4 | 31.73 |
| 贵德高原养生休闲度假区 | 0.26 | 8.48 | 26.2 | 285.85 |

资料来源：青海省旅游局内部资料。

# 第二节　青海湖自然保护区旅游
发展的经济环境

青海省经济的快速发展为旅游经济运行提供了良好的宏观环境，产业结构的升级与调整为青海省旅游经济提供广阔的发展空间。根据产业发展规律可知，随着经济的发展和人均收入水平的不断提高，劳动力和社会资本逐步从第一产业向第二产业转移，并随着工业化进程由低级向高级不断优化再向第三产业转移，当社会软件、硬件、人员等整体素质的层次上升，推动第三产业不断扩张，最终成为经济总量中最大产业。在这个变动过程中，第一产业比重不断下降，第二产业比重则不断上升。目前青海省第三产业在国民经济中所占的比重还比较小，未来青海省产业结构的调整为旅游经济的增长提供广阔的空间。

（1）地区生产总值的增长在一定程度上反映了旅游经济发展的总值规模。2015年青海省实现国内生产总值2417.05亿元，比2014年增长了14.8%，国民经济的快速增长是包括旅游经济在内的各种经济系统合力的结果，同时也会通过一定的函数关系拉动经济规模自身的发展。

表 7 - 2　2014—2015 年影响青海旅游经济运行主要经济指标一览

| 年　份 | | 2014 年 | 2015 年 | 2015 年比 2014 年增长（%） |
|---|---|---|---|---|
| 地区生产总值（亿元） | | 2303.32 | 2417.05 | 14.8 |
| 第三产业生产总值（亿元） | | 853.08 | 1000.81 | 11.8 |
| 三产比例 | | 9.4 : 53.6 : 37.0 | 8.6 : 49.9 : 41.5 | -0.8 : -3.7 : 4.5 |
| 全社会固定资产投资（亿元） | | 2908.71 | 3266.64 | 11.0 |
| 财政收入（亿元） | | 251.68 | 267.13 | 5.8 |
| 人民生活水平（元） | 城镇人均可支配收入 | 22307 | 24542 | 9.1 |
| | 城镇人均消费支出 | 17493 | 19201 | 8.9 |
| | 农村人均可支配收入 | 7283 | 7933 | 8.2 |
| | 农村人均消费支出 | 8253 | 8566 | 3.7 |

资料来源：《青海省统计年鉴》（2015 年、2016 年）。

（2）旅游业属于第三产业，第三产业的发展一定程度上也能准确地反映旅游经济的运行状况。2015 年青海省第三产业生产总值比 2014 年增长了 11.8%，占地区生产总值的 41.5%，比 2014 年增加了 0.46%，从这点可以看出，青海省第三产业发展速度较快，旅游业作为主要的服务业，对整个经济运行起到了很好的推动作用。

（3）旅游经济是一个外部性表现强烈的经济，它的发展不仅依靠旅游业自身基础设施的完善，而且更大程度上与交通等基础设施的发展密切相关，2015 年比 2014 年固定资产投资增长 11.0%，一定程度上也将改善旅游产业的外部环境。

（4）人均可支配收入直接影响着出游的决策，影响着旅游市场自身的规模，2015 年青海省城镇和农村人均可支配收入分别比 2014 年增长了 9.1% 和 8.2%，这为青海旅游市场特别是省内旅游市场和出境旅游市场的发展奠定了经济基础。

# 第三节 青海湖自然保护区旅游
市场的发展环境

青海省旅游业在近些年发展快速，主要是因为西部大开发战略的实施、可持续发展观念的深入、政府对旅游产业的重视等因素。青海湖自然保护区旅游业的发展是依托青海省旅游业的发展而发展，因此对青海省旅游业发展的现状进行分析和归纳，可以从青海省旅游业整体发展分析青海湖自然保护区局部旅游业发展。

## 一 入境旅游市场分析

青海省入境客源市场结构是旅游空间结构的重要组成部分，通过研究入境客源市场结构的时空动态变化，能够揭示青海省入境客源市场的空间结构、重要客源市场及其变化趋势，从而有利于促进青海省旅游业的持续快速发展。

### （一）海外游客接待情况分析

2000 年青海省接待海外游客 3.26 万人次，创汇 740 万美元，发展到 2015 年接待海外游客增至 6.56 万人次，创汇 3876.3 万美元；累计接待海外游客 66.51 万人次，累计创汇 26128 万美元。就旅游而言，接待国外入境旅游者，对地区经济增长最明显、最重要的作用是增加外汇收入，旅游外汇收入是非贸易外汇收入，具有换汇成本低、创汇方便的特殊优越性，旅游创汇已成为青海省非贸易外汇收入的主要来源。

表 7-3　　青海省 2000—2015 年旅游外汇收入和入境游客数

| 项目 | 单位 | 2000 年 | 2001 年 | 2002 年 | 2003 年 | 2004 年 | 2005 年 | 2006 年 | 2007 年 |
|------|------|---------|---------|---------|---------|---------|---------|---------|---------|
| 外汇收入 | 万美元 | 740 | 902 | 998 | 473 | 912 | 1102 | 1325.1 | 1590.6 |
| 入境游客 | 万人 | 3.26 | 3.97 | 4.35 | 1.77 | 2.89 | 3.52 | 4.22 | 5.0 |
| 项目 | 单位 | 2008 年 | 2009 年 | 2010 年 | 2011 年 | 2012 年 | 2013 年 | 2014 年 | 2015 年 |
| 外汇收入 | 万美元 | 1014.7 | 1542.4 | 2044.9 | 2658.5 | 2432.4 | 1941.7 | 2574.4 | 3876.3 |
| 入境游客 | 万人 | 2.99 | 3.61 | 4.67 | 5.17 | 4.73 | 4.65 | 5.15 | 6.56 |

　　从图 7 - 1 中可以看出，青海省入境旅游需求波动性大，这一方面是因为自身敏感性强，易受外部因素的影响；另一方面与青海入境旅游客源市场结构单一有关。所谓敏感性是指旅游业的生产和发展对自然、政治、经济和社会等因素的变化反应程度，各种因素的微小变化都可能引起旅游业的波动①。2003 年的"非典"让青海省入境旅游收入和入境旅游人数同比下降了 52.6% 和 59.3%，前期持续良好的发展势头被中断。自 2004 年后入境市场逐步恢复并总体好转，入境旅游人次及旅游收入也随之快速增加，其中 2005 年的增长速度达到 21.8%，这是从突发事件中恢复的短时间快速增长。但是受国际经济等因素的影响，使 2008 年青海省入境旅游再次受到了重创，旅游收入与旅游人数同比增长为 - 36.2% 和 - 40.2%。

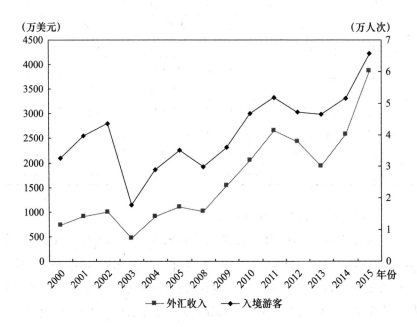

图 7 - 1　青海省入境旅游年际变化（2000—2015 年）

① 李肇荣、曹华盛：《旅游学概论》，清华大学出版社 2006 年版，第 81 页。

（二）海外游客市场的特点分析

长期以来海外入境市场的格局：一是以日本、韩国为主体的东北亚市场；二是以马来西亚、菲律宾为主体的东南亚市场；三是以美国、加拿大、英国、法国、德国、意大利为主体的欧美市场。2015年青海省接待入境旅游者6.56万人次，其中外国人4.5万人次，港澳台同胞2万人次，外国人的市场份额占到69.23%。亚洲市场是青海省入境旅游的重要力量，2015年总数达到4.52万人次。

表7-4　　　2014年、2015年接待外国旅游人数（按国别分）　　单位：人次

| 国家 | 2014年 | 2015年 | 国家 | 2014年 | 2015年 |
|---|---|---|---|---|---|
| **亚洲小计** | 40648 | 45241 | 德　国 | 2656 | 2763 |
| 日　本 | 14013 | 21290 | 意大利 | 1413 | 1685 |
| 韩　国 | 3393 | 4296 | 其　他 | 6308 | 1543 |
| 印度尼西亚 | 2289 | 3932 | **美洲小计** | 9406 | 8229 |
| 马来西亚 | 2266 | 935 | 美　国 | 6420 | 5847 |
| 菲律宾 | 13678 | 2127 | 加拿大 | 2049 | 1871 |
| 新加坡 | 2274 | 269 | 其　他 | 937 | 511 |
| 泰　国 | 2735 | 1531 | **大洋洲小计** | 2619 | 3315 |
| **欧洲小计** | 37543 | 2432 | 澳大利亚 | 1685 | 1709 |
| 英　国 | 3791 | 5768 | 新西兰 | — | 624 |
| 法　国 | 13375 | 11380 | 其　他 | 934 | 982 |

（三）海外游客消费行为分析

入境旅游者平均停留天数和人均花费是衡量旅游需求的主要指标。当前世界旅游需求有三个方面的变化：一是旅游者在一年时间内出游的频率增加；二是每一次出游在外停留的时间延长；三是减少在同一个旅游目的地停留时间，增加旅游目的地数量。如表7-5所示，与全国相比，青海省入境过夜旅游者平均停留时间低于全国统计数据，青海入境旅游者停留天数减少是世界旅游需求变化总趋势的一个反映。青海省旅游产品结构相对单一；旅游资源可进入性较差，娱乐、餐饮、住宿的不完善等因素也是影响入境旅游者停留天数没有增加的主要原因。

表7-5　2007年、2015年入境旅游者在青海人均停留天数及花费

| 项目 | 停留时间（天） | | | | 人均花费（美元/人天） | | | |
| --- | --- | --- | --- | --- | --- | --- | --- | --- |
| | 2007年 | | 2015年 | | 2007年 | | 2015年 | |
| | 青海 | 全国 | 青海 | 全国 | 青海 | 全国 | 青海 | 全国 |
| 外国人 | 2.3 | 7.0 | 3.5 | 8 | 136.92 | 196.39 | 179.05 | 237.75 |
| 香港同胞 | 2.2 | 3.5 | 3.5 | 9.1 | 120.82 | 133.49 | 183.24 | 258.27 |
| 澳门同胞 | 3.0 | 4.4 | 3.2 | 3.8 | 118.11 | 117.30 | 168.37 | 169.06 |
| 台湾同胞 | 1.9 | 7.6 | 6.8 | 5 | 181.1 | 172.18 | 147.39 | 136.31 |
| 平均 | 2.4 | 5.6 | 2.7 | 8.3 | 139.24 | 154.84 | 182.79 | 235.75 |

资料来源：《中国旅游统计年鉴》（2008、2016），青海旅游便笺（2008年、2015年）。

2015年入境旅游者花费人均每天花费182.79美元/人天，其中长途交通占29.3%、游览占12.0%、住宿占6.4%、餐饮占10.6%、购物占1.7%、娱乐占16.9%、邮电通讯占0.9%、市内交通占2.3%、其他占8.1%。研究时间序列的中间时点2007年赴青海的入境旅游者人均每天花费中长途交通占21.2%、游览占2.2%、住宿占3.8%、餐饮占1.9%、购物占35.3%、娱乐占1.2%、邮电通讯占8.8%、市内交通占1.1%、其他占24.5%。从入境旅游者消费的构成来看，2007年购物及交通两项就占到了56.5%，所用支出比重过大，而住宿、餐饮、景区游览、娱乐四项所占比重为9.1%，比重过小。2015年入境旅游者的消费构成中交通仍占很大比重，但是购物从35.3%降低到了1.7%，娱乐的比例由1.2%上升到16.9%，可以看出，随着经济发展，人们旅游消费的观点发生着变化，更加注重享受风景和娱乐。由于青海省所处的地理位置，交通运输距离较长，目前青海还没有直飞国外的航线，需要经由北京、上海、广东等大城市转机，导致在青海的入境旅游者的花费构成中有30%左右用于交通。赴青海的海外旅游者人均日花费结构的不合理，不仅导致旅游饭店和餐饮行业的激烈竞争，甚至出现低价恶性竞争的状况，抑制了旅游景区游览和娱乐等方面的扩张和发展。

**二　国内旅游市场分析**

（一）国内旅游发展状况

近几年，青海省旅游业在旅游人数、旅游收入、资源开发、产业

规模等方面获得了较快的发展，成为青海国民经济发展中日渐成熟和具有优势的产业，旅游产业在总体上保持了跨越式发展。从2000年到2015年国内旅游收入情况（见表7-6）可以看出青海省国内旅游收入和旅游接待人数总体上呈现明显上升趋势。随着青海省对外宣传力度的加强，使其社会认知度不断提高，吸引国内游客到来。旅游人数逐年增加，这说明随着我国社会经济的发展，人民生活水平的提高，群众参与旅游活动的愿望日趋强烈，大众旅游的概念已深入人心。从图7-2中我们可以得出，除2003年和2008年旅游业因受特殊事件影响导致旅游收入增长率为负外，其他各年份青海省旅游收入呈现出波动增长的趋势。

表7-6　　　　　　　青海省2000—2015年国内旅游情况

| 项目 | 单位 | 2000年 | 2001年 | 2002年 | 2003年 | 2004年 | 2005年 | 2006年 | 2007年 |
|---|---|---|---|---|---|---|---|---|---|
| 国内旅游收入 | 亿元 | 9.88 | 12.44 | 14.10 | 14.25 | 19.47 | 24.84 | 34.64 | 46.11 |
| 国内旅游人数 | 万人 | 317.7 | 370.0 | 418.0 | 394.3 | 509.2 | 633.0 | 810.3 | 996.6 |
| 项目 | 单位 | 2008年 | 2009年 | 2010年 | 2011年 | 2012年 | 2013年 | 2014年 | 2015年 |
| 国内旅游收入 | 亿元 | 46.72 | 47.07 | 49.65 | 91.87 | 122.6 | 157.9 | 200.3 | 246.5 |
| 国内旅游人数 | 万人 | 902.0 | 1105 | 1221.5 | 1407.2 | 1576.8 | 1775.8 | 2000.4 | 2308.8 |

资料来源：青海省旅游统计便览（2015）。

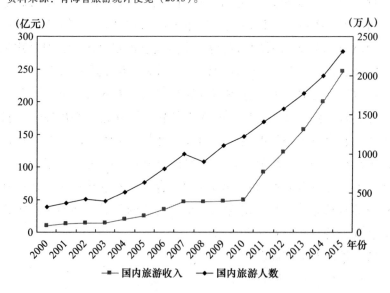

图7-2　青海省接待国内旅游人数及同比增长变化趋势（2000—2015年）

（二）旅游客源市场格局分析

青海省通过加快互助、贵德县国家旅游休闲度假区创建，推进民和、大通县省级旅游度假区建设，加快城市旅游目的地和特色旅游小城镇建设，着力发展青海高原特色健康休闲游和民族特色文化体验游。同时加快5A级景区创建步伐和景区设施建设，打造高层次的高原特色旅游目的地，不断扩大青海省旅游知名度和吸引力。青海省国内旅游的客源主要是以青海本省客源为主，邻近各省客源和全国其他省份客源为辅的分布格局。随着青海省经济的发展、居民旅游消费的提高及闲暇时间的增多，越来越多的居民利用周末或者其他假期在本省内进行旅游活动，本地旅游活动成为日常休闲放松的一种重要方式。从2015年青海省排在前十位的国内客源地区来看（见表7-7），甘肃、陕西和四川是主要的客源市场，其他的旅游客源市场是值得青海省重视的机会旅游客源市场，应加大宣传和营销力度。

表7-7　　　　　　　　2015年入青游客主要客源地排名

| 位　次 | 地　区 | 省外游客（万人次） | 所占比重（%） |
|---|---|---|---|
| 1 | 甘肃 | 132.11 | 12.46 |
| 2 | 陕西 | 113.45 | 10.7 |
| 3 | 四川 | 99.03 | 9.34 |
| 4 | 河南 | 57.89 | 5.46 |
| 5 | 山东 | 44.53 | 4.20 |
| 6 | 江苏 | 42.62 | 4.02 |
| 7 | 北京 | 42.31 | 3.99 |
| 8 | 河北 | 36.90 | 3.48 |
| 9 | 山西 | 22.05 | 2.08 |
| 10 | 宁夏 | 21.63 | 2.04 |
| 11 | 其他 | 447.76 | 42.23 |
| 合　计 | | 1191.57 | 100 |

资料来源：2015年青海省旅游统计便览。

（三）旅游市场产品结构分析

青海省旅游业正在经历跨越式发展的阶段，在这个阶段中旅游产品不断丰富与完善。从图7-3中我们可以清晰地看出，观光度假、商务活动、参加会议、探亲访友、宗教朝拜、健康疗养和文体科技交流7大类旅游活动产品构成了青海省旅游产品体系的主体结构。2015年省外旅游者有216.9万人次主要以观光游览为目的，其次是探亲访友29.49万人次和商务活动26.93万人次，这三类旅游产品合计占省外游客总数的83.81%，而以会议、疗养、宗教朝拜、文化体育交流及其他为目的的游客所占的比重较低。从国内旅游者旅游目的反映出，青海省旅游产品开始从单一的观光旅游发展转变为观光、度假、休闲互促共进的新格局。

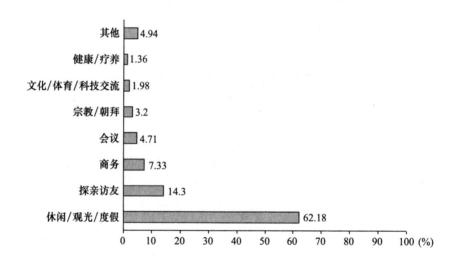

图7-3 青海省2015年省外游客旅游目的构成

## 三 青海湖自然保护区旅游市场现状评价

（一）市场规模小，游览时间集中

作为青海省的王牌景区，青海湖自然保护区因旅游资源数量大、类型多、组合好等特点属于世界级的旅游资源，但是2015年景区接待了165.21万人次，仅占青海省旅游接待总人数的7.15%，实现门票收入 12791 万元，创造旅游收入 2.23 亿元，无论是旅游接待规模还是旅游收入都不及塔尔寺，以及后面开发建设的互助土族故土园旅游区，与青海湖自然保护区旅游资源的品位和旅游地位不相符。

（二）客源地分布广，主体板块更加明朗

作为青海省旅游形象的标志地，青海湖自然保护区旅游市场客源地域结构与青海省的基本一致。入境旅游市场中亚洲、欧洲和美洲是传统的入境旅游主板块。随着交通条件的改善以及自驾游兴起，青海湖国内旅游市场客源呈现发散状态，基本涵盖了中国 31 个省市区，主要客源地为甘肃、四川、陕西、青海等。国内市场被分为省内市场、地缘市场和远程市场三大板块，其中省内市场和地缘市场占主导地位，是青海湖旅游市场发展的重点市场，后期旅游市场需要通过产品设计与推广不断开发国内远程市场和国际市场。

（三）过境旅游突出，停留时间短

作为青藏铁路旅游、青藏高原旅游的重要节点，青海湖过境旅游特征突出，而以青海湖为目的地的游客相对较少。据青海湖风景区保护管理局调查统计，超过85%的游客将前往其他景区或者来自其他景区，游客流呈辐射状态，以青海湖（西宁）为中心，向玉树—西藏、格尔木—西藏、柴达木—新疆、西宁—敦煌、西宁—银川—呼和浩特、西宁—兰州—西安等方向发散，游客呈现双向流动，但东西流动趋势会更明显。旅游产品类型单一、旅游设施匮乏以及过境旅游突出等多方面原因共同导致了青海湖游客停留时间短。游客在青海湖停留时间最短仅 2—3 小时，平均停留不足 1 天，在湖区的住宿率不足 20%。

# 第八章 青海湖自然保护区旅游
# 生态足迹的动态分析

## 第一节 青海湖自然保护区本底旅游
## 生态足迹计算与分析

改革开放以来，青海经过坚持不懈的努力，经济建设取得明显成效，但是也遇到了草地沙化、冰川退缩、湖泊和湿地萎缩等生态环境问题。本章利用生态足迹模型，考虑青海省生态环境先天脆弱性、容易受损和极难恢复的特点，使用前面章节计算的当量因子和产量因子对青海湖自然保护区的本底生态足迹进行测算并分析其可持续发展状态。

在生态足迹的计算中，主要包括生物资源消费账户、能源消费账户两个账户，即生物资源消费包括农产品、动物产品、林产品和水产品四个方面，总共提取了19项具体产品，其中农产品由小麦、薯类、杂粮、油菜籽、蔬菜等组成；林产品包括木材和苹果、梨、葡萄等消费项目；动物产品包括牛肉、羊肉、牛奶和羊毛等；水产品取淡水水域养殖的鱼。在生物资源生产的土地面积转化为生物生产性土地面积时要用到各类生物资源的全球平均产量。

### 一 生物资源账户生态足迹计算

生物资源账户主要计算青海省消费的农产品、动物产品、林产品和水产品的消费足迹，四类产品分别对应耕地、牧草地、林地和水域的生物生产性土地需求。

（一）耕地生态足迹

青海省统计部门对农产品的统计资料十分详细，为准确评估耕地资源的利用提供了有力的依据。从中国当量因子计算结果可以看出，我国耕地的生态生产力最高，这就决定了耕地的生态足迹对整个社会经济发展起着重要的作用。青海也有一定面积质量较好的土地，主要分布于东部河湟地区、共和盆地和柴达木盆地。东部河湟地区的黄土区或红土区，土层深厚、气候温暖、降水较多、土地质量较好。共和盆地和柴达木盆地降水较少，只有局部地区的土层较厚、质量较好的土地。根据《青海省统计年鉴》《中国农业统计年鉴》和中国农业信息网相关资料提供的产品类型、产品数量和耕地占用面积，计算出2000—2015 年青海省耕地的利用情况。以 2015 年为例说明生态足迹具体计算过程，结果见表 8 - 1，整个研究时间序列生态足迹结果见表8 - 2。

表 8 - 1　　　　　　　2015 年青海省生态足迹生物资源消费账户

| 产品 | | 总产量 | 全球平均产量 | 总面积 | 土地 |
|---|---|---|---|---|---|
| 分类 | 品种 | （$10^4$t） | （kg/$hm^2$） | （$hm^2$） | 类型 |
| 农产品 | 小麦 | 61.400 | 2744 | 124344.02 | 耕地 |
| | 杂粮 | 15.470 | 2744 | 123323.62 | 耕地 |
| | 薯类 | 9.700 | 1856 | 217250.00 | 耕地 |
| | 油菜籽 | 2.300 | 1856 | 23841.52 | 耕地 |
| | 蔬菜 | 27.740 | 1600 | 92446.67 | 耕地 |
| 合计 | | | | 581205.82 | 耕地 |
| 当量因子 | | | | 3.613 | 耕地 |
| 总生态足迹 | | | | 2099896.63 | 耕地 |

表 8 - 2　　　　　　2000—2015 年青海省耕地总生态足迹　　　　单位：nhm$^2$

| 年份 | 总生态足迹 | 年份 | 总生态足迹 |
|---|---|---|---|
| 2000 | 1527233.23 | 2008 | 2132439.18 |
| 2001 | 1901262.14 | 2009 | 2048745.45 |

续表

| 年份 | 总生态足迹 | 年份 | 总生态足迹 |
|------|-----------|------|-----------|
| 2002 | 1722630.05 | 2010 | 2037809.54 |
| 2003 | 1700679.27 | 2011 | 2085697.08 |
| 2004 | 1753642.95 | 2012 | 2047466.68 |
| 2005 | 1869890.39 | 2013 | 2080744.23 |
| 2006 | 1892873.73 | 2014 | 2115736.27 |
| 2007 | 1987945.49 | 2015 | 2099896.63 |

（二）牧草地生态足迹

青海省牧草地面积大，牧草地面积占全省总土地面积的43.85%，是全国五大牧区之一。牧草地主要集中在青南高原、祁连山地和柴达木盆地东南部边缘山地。牧草场资源是发展畜牧业的前提条件，牧草地的质量对畜群的构成和载畜量影响较大。除了基本的放牧功能外，牧草地还是生物圈的重要组成部分，在维持生物圈的生态平衡上起着重要的作用。青海省牧草地生态足迹计算主要包括牛肉、羊肉、奶类等产品，计算得到牧草地生态足迹见表8-3。

表8-3　　　　　2000—2015年青海省牧草地总生态足迹　　　单位：$nhm^2$

| 年份 | 总生态足迹 | 年份 | 总生态足迹 |
|------|-----------|------|-----------|
| 2000 | 1761292.25 | 2008 | 2034900.66 |
| 2001 | 2238830.82 | 2009 | 2953677.94 |
| 2002 | 2317958.18 | 2010 | 3066084.58 |
| 2003 | 2574163.13 | 2011 | 3174089.69 |
| 2004 | 2550498.65 | 2012 | 3310216.29 |
| 2005 | 2643077.25 | 2013 | 3417171.92 |
| 2006 | 2503324.14 | 2014 | 3533795.54 |
| 2007 | 2325470.51 | 2015 | 3683127.08 |

（三）林地生态足迹

林地是陆地生态系统中重要的组成部分，它不仅可以提供木材和各种林副产品，同时还具有涵养水源、保持水土、防风固沙、调节气候、保障农牧业生产、保存生物物种、维持生态平衡的生态作用。青海省林地面积为 309.66 万 hm²，占全省总土地面积的 23.3%。其中 70% 的森林划为防护林，20% 划为用柴林，其他经济林、特用林占到 10%。经济林主要包括苹果园、梨园和葡萄园。计算出青海省林地生态足迹见表 8-4。

表 8-4　　　　　2000—2015 年青海省林地总生态足迹　　　　单位：nhm²

| 年份 | 总生态足迹 | 年份 | 总生态足迹 |
|---|---|---|---|
| 2000 | 2307.14 | 2008 | 2408.83 |
| 2001 | 2197.81 | 2009 | 2829.67 |
| 2002 | 2056.21 | 2010 | 2696.68 |
| 2003 | 2228.10 | 2011 | 2324.58 |
| 2004 | 1845.21 | 2012 | 1888.02 |
| 2005 | 1954.32 | 2013 | 1285.93 |
| 2006 | 2209.44 | 2014 | 1085.43 |
| 2007 | 2005.89 | 2015 | 1536.10 |

（四）水域生态足迹

青海省有"中华水塔"的美誉，是长江、黄河、澜沧江的发源地。水资源是生物结构组成和生命活动的主要物质，是连接所有生态系统的纽带。水在人类的活动中，是基础性的自然资源，也是战略性的经济资源，还是公共性的社会资源。水域生态足迹的计算中，可以分为淡水产出和海水产出。青海省水域生态足迹主要采用淡水养殖生产，结果见表 8-5。

表 8-5　　　　　2000—2015 年青海省水域总生态足迹　　　　单位：nhm²

| 年份 | 总生态足迹 | 年份 | 总生态足迹 |
|---|---|---|---|
| 2000 | 9279.31 | 2008 | 20198.28 |
| 2001 | 15233.79 | 2009 | 11076.21 |
| 2002 | 14275.86 | 2010 | 21848.27 |
| 2003 | 10775.86 | 2011 | 46740.69 |
| 2004 | 8882.07 | 2012 | 64215.17 |
| 2005 | 7525.52 | 2013 | 87931.03 |
| 2006 | 17155.17 | 2014 | 135288.28 |
| 2007 | 16081.38 | 2015 | 118933.79 |

### 二　能源账户生态足迹计算

经济发展造成了大量的能源消耗，尤其是化石能源消耗产生大量的温室气体 $CO_2$，这些温室气体 $CO_2$ 产生了重大的环境影响。化石能源账户建立的主要目的是对化石能源使用造成的环境影响进行评估，在计算中通过把对 $CO_2$ 吸收占用的土地面积转化为可进行比较的实际土地面积，从而计算化石能源地的生态足迹。

这里主要采用碳吸收法对化石能源占地进行计算。在计算中，对 $CO_2$ 的吸收包含了林地和草地，根据林地和牧草地对 $CO_2$ 的吸收能力，得到每吨能源所占用的林地和牧草地面积，再利用《青海省统计年鉴》提供的各种能源的消耗量，求得化石能源占用的生态土地面积。生态足迹模型中能源消费主要包括原煤、原油、天然气，采用世界能源平均生态足迹将青海省能源消费所消耗的热量折算成一定的化石能源土地面积。能源账户另外一个土地类型是建筑用地，建筑用地占用主要依据电力的消费来计算，在电力消费中包括水电和火电，由于火电是消耗化石能源所得，为了避免重复计算，只计算水电的生态土地占用。以 2015 年青海省各种能源消费的生态足迹为例，进一步说明计算过程，结果见表 8 - 6；2000—2015 年经过当量因子折算后的能源生态足迹结果见表 8 - 7。

表 8 - 6　　　　　　2015 年青海省生态足迹能源消费账户 单位：万吨标准煤

| 项目 | 全球平均生态足迹（$GJ/hm^2$） | 折算系数（$GJ/t$） | 消费量（$10^4 t$） | 总面积（$hm^2$） | 土地类型 |
|---|---|---|---|---|---|
| 原煤 | 55 | 20.934 | 1344.826 | 5118652.27 | 化石燃料用地 |
| 原油 | 93 | 41.868 | 352.2262 | 1585699.63 | 化石燃料用地 |
| 天然气 | 93 | 49.607 | 590.3509 | 3148982.48 | 化石燃料用地 |
| 电力 | 1000 | 3.6 | 1846.707 | 66481.45 | 建筑用地 |

### 三　青海湖自然保护区本底生态足迹计算

用耕地、牧草地、林地、水域等六类生物生产性土地加总的生态足迹除以对应年份的总人口数（见表 8 - 8）得到青海湖自然保护区本底人均生态足迹结果（见表 8 - 9）。

表 8－7 　　　　　2000—2015 年青海化石能源生态足迹 　　单位：nhm²

| 年份 | 化石能源用地 | 建筑用地 | 年份 | 化石能源用地 | 建筑用地 |
|---|---|---|---|---|---|
| 2000 | 2027658.06 | 14867.82 | 2008 | 6788219.17 | 31588.42 |
| 2001 | 2141874.45 | 15693.95 | 2009 | 6855320.00 | 33842.79 |
| 2002 | 2467927.27 | 16343.66 | 2010 | 6304577.27 | 47663.06 |
| 2003 | 2810559.14 | 17274.31 | 2011 | 7109730.47 | 54090.00 |
| 2004 | 3444593.21 | 20914.31 | 2012 | 8335999.15 | 55771.20 |
| 2005 | 4571763.47 | 25811.96 | 2013 | 8743947.38 | 62590.64 |
| 2006 | 5255892.74 | 28992.34 | 2014 | 8736524.47 | 70643.52 |
| 2007 | 6007529.98 | 29804.58 | 2015 | 9853334.38 | 66481.45 |

表 8－8 　　　　　2000—2015 年青海省人口总量 　　单位：万人

| 时间 | 2000 | 2001 | 2002 | 2003 | 2004 | 2005 | 2006 | 2007 |
|---|---|---|---|---|---|---|---|---|
| 总人口 | 516.5 | 523.1 | 528.6 | 533.8 | 538.6 | 543.2 | 547.7 | 551.6 |
| 时间 | 2008 | 2009 | 2010 | 2011 | 2012 | 2013 | 2014 | 2015 |
| 总人口 | 554.3 | 557.3 | 563.5 | 568.2 | 573.2 | 577.8 | 583.4 | 588.43 |

表 8－9 　　　　2000—2015 年青海省人均生态足迹及构成 　单位：nhm²/cap

| 土地类型 | 2000 年 | 2001 年 | 2002 年 | 2003 年 |
|---|---|---|---|---|
| 耕地 | 0.2960 | 0.3635 | 0.3259 | 0.3186 |
| 牧草地 | 0.3413 | 0.4280 | 0.4385 | 0.4822 |
| 林地 | 0.0004 | 0.0004 | 0.0004 | 0.0004 |
| 水域 | 0.0018 | 0.0029 | 0.0027 | 0.0020 |
| 化石能源用地 | 0.0507 | 0.0463 | 0.0514 | 0.0642 |
| 建筑用地 | 0.0113 | 0.0114 | 0.0118 | 0.0121 |
| 合计 | 0.7016 | 0.8525 | 0.8306 | 0.8797 |
| 土地类型 | 2004 年 | 2005 年 | 2006 年 | 2007 年 |
| 耕地 | 0.3256 | 0.3442 | 0.3456 | 0.3604 |
| 牧草地 | 0.4735 | 0.4866 | 0.4571 | 0.4216 |
| 林地 | 0.0003 | 0.0004 | 0.0004 | 0.0004 |
| 水域 | 0.0016 | 0.0014 | 0.0031 | 0.0029 |

续表

| 土地类型 | 2004 年 | 2005 年 | 2006 年 | 2007 年 |
|---|---|---|---|---|
| 化石能源用地 | 0.0780 | 0.1052 | 0.1334 | 0.1590 |
| 建筑用地 | 0.0147 | 0.0179 | 0.0198 | 0.0203 |
| 合计 | 0.8938 | 0.9557 | 0.9594 | 0.9646 |
| 土地类型 | 2008 年 | 2009 年 | 2010 年 | 2011 年 |
| 耕地 | 0.3847 | 0.3676 | 0.3617 | 0.3671 |
| 牧草地 | 0.3671 | 0.5300 | 0.5441 | 0.5587 |
| 林地 | 0.0004 | 0.0005 | 0.0005 | 0.0004 |
| 水域 | 0.0036 | 0.0020 | 0.0039 | 0.0082 |
| 化石能源用地 | 0.2094 | 0.2559 | 0.2517 | 0.2753 |
| 建筑用地 | 0.0219 | 0.0219 | 0.0302 | 0.0342 |
| 合计 | 0.9872 | 1.1778 | 1.1921 | 1.2439 |
| 土地类型 | 2012 年 | 2013 年 | 2014 年 | 2015 年 |
| 耕地 | 0.3572 | 0.3601 | 0.3626 | 0.3569 |
| 牧草地 | 0.5775 | 0.5914 | 0.6057 | 0.6259 |
| 林地 | 0.0003 | 0.0002 | 0.0003 | 0.0002 |
| 水域 | 0.0112 | 0.0152 | 0.0232 | 0.0202 |
| 化石能源用地 | 0.3200 | 0.3375 | 0.3235 | 0.2009 |
| 建筑用地 | 0.0349 | 0.0388 | 0.0435 | 0.0408 |
| 合计 | 1.3012 | 1.3433 | 1.3588 | 1.2449 |

## 四 青海湖自然保护区本底生态足迹动态分析

通过青海省 2000—2015 年生态足迹的计算，16 年来生态系统发展变化具有以下三个特点：

### （一）青海省利用自然资源以可再生资源为主

若将耕地、牧草地、林地、水域归为可再生资源，化石能源用地和建筑用地归为不可再生资源，则 2000—2015 年人均生态足迹的动态变化见图 8-1。青海省人均生态足迹由 2000 年的 0.7016nhm²/cap 上升到 2015 年的 1.2449nhm²/cap，人均生态足迹反映的是一定经济技术水平下，每个人对生态环境的影响大小，16 年之间每一个人对生态环境的影响增加了 0.5433nhm²/cap，增长率为 77.44%，年均增长

4.84%。其中，可再生资源生态足迹由 2000 年的 0.6396nhm²/cap 上升到 1.0032nha/cap，增加了 0.3636nhm²/cap，增长率为 56.85%，年均增长 3.55%；不可再生资源生态足迹由 2000 年的 0.0620nhm²/cap 上升到 0.2418nhm²/cap，增加了 0.1798nhm²/cap，增长率为 290.0%，年均增长 18.13%。从数量上看，可再生资源生态足迹大于不可再生资源生态足迹，说明青海省现阶段对于自然资源的利用是以可再生资源为主。从增长率看，可再生资源需求的增长速度小于不可再生资源需求的增长速度，说明青海省在经济发展的过程中对于不可再生资源的利用比重不断增大。

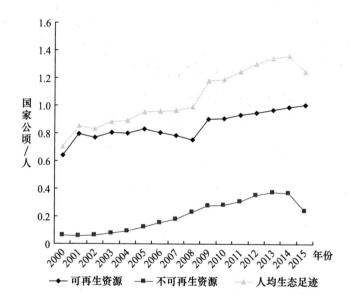

**图 8 - 1　青海湖自然保护区本底人均生态足迹变化趋势（2000—2015 年）**

　　（二）青海省对自然资源的利用主要集中在耕地、牧草地和化石能源用地

　　从六类生物生产性土地的生态足迹组成结构上来看（见图 8 - 2），各类不同类型的生态足迹在时间序列中变化趋势具有不一致性。耕地、牧草地、化石能源用地在总生态足迹中占了很大的比重，对林

地、淡水水域和建筑用地的利用强度相对较小，导致了青海省的生态
需求具有偏向性。2000 年耕地占总生态足迹的 42.19%、牧草地占
48.65%、化石能源用地占 7.23%，2015 年耕地占总生态足迹的
28.67%、牧草地占 50.28%、化石能源用地占 16.14%。耕地在总生
态足迹中的比重有所下降，从 42.19% 下降到 28.67%，化石能源用
地比重上升，从 7.29% 上升到 16.13%。化石能源用地生态足迹占总
生态足迹的增加量，是导致青海省总生态足迹上升的主要原因。

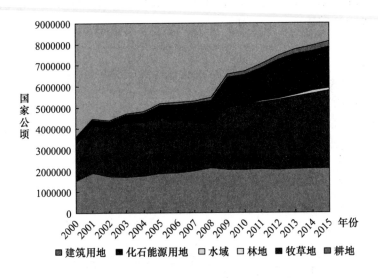

图 8 - 2　青海湖自然保护区本底生态足迹构成（2000—2015 年）

（三）青海省居民的食品消费结构从农业转向畜牧业

青海省人均生态足迹除在总量上发生了变化以外，其各个组成部
分也发生了相应的变化。人均生态足迹不断增加，一方面说明青海经
济逐步发展、人民生活水平逐步提高，人类对生物生产性土地的占用
面积及开发利用不断增加；另一方面说明青海经济的快速发展是以青
海生态资源的大量消耗为基础的，经济发展带动了人民生活水平的迅
速提高，同时也对生态环境造成迅速增长的压力。从各类土地生态足
迹的变化还可以反映出青海省居民食物消费结构。除 2008 年各类生
物生产性土地的生态足迹最大的是耕地以外，生态足迹最大的是牧草

地生态足迹并且不断增加，说明居民在基本粮食需求得到保证以后，对动物产品的需求和消费开始不断增加，同时也反映出青海生产首先需要大量畜牧业资源，其次就是农业资源。

## 第二节　青海湖自然保护区本底旅游生态承载力计算与分析

### 一　青海湖自然保护区本底人均生态承载力计算

生态承载力是相对于生态足迹而言，指能提供给人类的所有生物生产性土地面积，它是青海省的实际生态承载能力。由于土地生态生产力随着区域和土地类型存在很大的差异，为了便于比较和汇总，区域实际面积必须通过当量因子和产量因子进行标准化处理加总得到区域生态承载力。依据第五章修正后的生态足迹模型，利用中国的当量因子和青海的产量因子进行处理，根据式（4－3）计算青海省2015年生态承载力，结果见表8－10。整个研究时间序列的生态承载力结果见表8－11。总生态承载力除以总人口数就得到人均生态承载力，结果见表8－12。在计算生态承载力的过程中，出于谨慎性考虑，应扣除12%的生物多样性保护面积，这是因为在城市或地区的发展实际过程中，人们并不会留出专门用于 $CO_2$ 吸收的化石能源用地，所以在生态承载力的计算中不应该包括化石能源用地这一部分。

表8－10　　　　　2015年青海省生态承载力及构成

| 土地类型 | 面积（$10^4$ 公顷） | 当量因子 | 产量因子 | 生态承载力（$nhm^2$） | 人均生态承载力（$nhm^2/cap$） |
|---|---|---|---|---|---|
| 耕地 | 54.22 | 3.361 | 0.496 | 903877.76 | 0.1536 |
| 牧草地 | 4034.93 | 0.350 | 0.020 | 282445.10 | 0.0480 |
| 林地 | 266.79 | 0.120 | 0.011 | 3521.63 | 0.0006 |
| 水域 | 4.30 | 0.326 | 0.114 | 1598.05 | 0.0003 |
| 建筑用地 | 32.46 | 3.361 | 0.496 | 541126.38 | 0.0920 |

续表

| 土地类型 | 面积<br>（10⁴ 公顷） | 当量因子 | 产量因子 | 生态承载力<br>（nhm²） | 人均生态承载力<br>（nhm²/cap） |
|---|---|---|---|---|---|
| 合计 | | | | 1732568.92 | 0.2944 |
| 扣除生物多样性 12% | | | | 1524660.65 | 0.2591 |

表 8 - 11　　　　　**2000—2015 年青海省总生态承载力**　　　　单位：nhm²

| 土地类型 | 2000 年 | 2001 年 | 2002 年 | 2003 年 |
|---|---|---|---|---|
| 耕地 | 736897.50 | 878418.20 | 777345.60 | 799919.60 |
| 牧草地 | 191739.90 | 190650.40 | 192466.20 | 206386.70 |
| 林地 | 15487.16 | 16581.00 | 15847.33 | 16274.19 |
| 水域 | 316.48 | 505.94 | 454.94 | 322.50 |
| 建筑用地 | 441160.00 | 525884.50 | 465375.10 | 478889.50 |
| 合计 | 1385601.04 | 1612040.04 | 1451489.17 | 1501792.49 |
| 扣除生物多样性 12% | 1219328.92 | 1418595.24 | 1277310.47 | 1321577.39 |
| 土地类型 | 2004 年 | 2005 年 | 2006 年 | 2007 年 |
| 耕地 | 754022.40 | 751628.00 | 747836.90 | 779565.40 |
| 牧草地 | 196702.80 | 198518.60 | 181329.80 | 172291.50 |
| 林地 | 12042.90 | 12339.04 | 11866.82 | 10127.35 |
| 水域 | 250.78 | 255.94 | 430.00 | 383.04 |
| 建筑用地 | 451412.10 | 449978.70 | 447709.10 | 466704.00 |
| 合计 | 1414430.98 | 1412720.28 | 1389172.62 | 1429071.29 |
| 扣除生物多样性 12% | 1244699.26 | 1243193.85 | 1222471.91 | 1257582.74 |
| 土地类型 | 2008 年 | 2009 年 | 2010 年 | 2011 年 |
| 耕地 | 815988.80 | 1109306.00 | 1072653.00 | 774922.00 |
| 牧草地 | 189561.00 | 262916.00 | 261463.50 | 254926.90 |
| 林地 | 10492.85 | 13318.16 | 10805.00 | 8804.07 |
| 水域 | 461.18 | 232.97 | 442.73 | 850.37 |
| 建筑用地 | 488509.70 | 664110.80 | 642167.20 | 463924.20 |
| 合计 | 1505013.53 | 2049883.93 | 1987531.43 | 1503427.54 |
| 扣除生物多样性 12% | 1324411.91 | 1803897.86 | 1749027.66 | 1323016.24 |

续表

| 土地类型 | 2012 年 | 2013 年 | 2014 年 | 2015 年 |
|---|---|---|---|---|
| 耕地 | 989096.40 | 981886.20 | 974875.60 | 903877.76 |
| 牧草地 | 254926.90 | 268322.80 | 269856.10 | 282445.10 |
| 林地 | 6456.32 | 4164.59 | 5762.66 | 3521.63 |
| 水域 | 1186.97 | 1535.10 | 2258.10 | 1598.05 |
| 建筑用地 | 592144.40 | 587827.90 | 583630.80 | 541126.38 |
| 合计 | 1843810.99 | 1843736.59 | 1836383.27 | 1732568.92 |
| 扣除生物多样性12% | 1622553.67 | 1622488.20 | 1616017.28 | 1524660.65 |

表 8 – 12　　　　　**2000—2015 年青海省人均生态承载力**　　　单位：$nhm^2$

| 土地类型 | 2000 年 | 2001 年 | 2002 年 | 2003 年 |
|---|---|---|---|---|
| 耕地 | 0.1427 | 0.1679 | 0.1471 | 0.1499 |
| 牧草地 | 0.0371 | 0.0364 | 0.0364 | 0.0387 |
| 林地 | 0.0030 | 0.0032 | 0.0030 | 0.0030 |
| 水域 | 0.0001 | 0.0001 | 0.0001 | 0.0001 |
| 建筑用地 | 0.0854 | 0.1005 | 0.0880 | 0.0897 |
| 合计 | 0.2683 | 0.3082 | 0.2746 | 0.2813 |
| 扣除生物多样性12% | 0.2361 | 0.2712 | 0.2416 | 0.2476 |
| 土地类型 | 2004 年 | 2005 年 | 2006 年 | 2007 年 |
| 耕地 | 0.1400 | 0.1384 | 0.1365 | 0.1413 |
| 牧草地 | 0.0365 | 0.0365 | 0.0331 | 0.0312 |
| 林地 | 0.0022 | 0.0023 | 0.0022 | 0.0018 |
| 水域 | 0.0001 | 0.0001 | 0.0001 | 0.0001 |
| 建筑用地 | 0.0838 | 0.0828 | 0.0817 | 0.0846 |
| 合计 | 0.2626 | 0.2601 | 0.2536 | 0.2591 |
| 扣除生物多样性12% | 0.2311 | 0.2289 | 0.2232 | 0.2280 |
| 土地类型 | 2008 年 | 2009 年 | 2010 年 | 2011 年 |
| 耕地 | 0.1472 | 0.1991 | 0.1904 | 0.1364 |
| 牧草地 | 0.0342 | 0.0472 | 0.0464 | 0.0449 |
| 林地 | 0.0019 | 0.0024 | 0.0019 | 0.0015 |
| 水域 | 0.0001 | 0.0001 | 0.0001 | 0.0001 |

| 土地类型 | 2008 年 | 2009 年 | 2010 年 | 2011 年 |
|---|---|---|---|---|
| 建筑用地 | 0.0881 | 0.1192 | 0.1140 | 0.0816 |
| 合计 | 0.2715 | 0.3678 | 0.3527 | 0.2646 |
| 扣除生物多样性12% | 0.2389 | 0.3238 | 0.3104 | 0.2328 |
| 土地类型 | 2012 年 | 2013 年 | 2014 年 | 2015 年 |
| 耕地 | 0.1726 | 0.1699 | 0.1671 | 0.1536 |
| 牧草地 | 0.0445 | 0.0464 | 0.0463 | 0.0480 |
| 林地 | 0.0011 | 0.0007 | 0.0010 | 0.0006 |
| 水域 | 0.0002 | 0.0003 | 0.0004 | 0.0003 |
| 建筑用地 | 0.1033 | 0.1017 | 0.1000 | 0.0920 |
| 合计 | 0.3217 | 0.3191 | 0.3148 | 0.2944 |
| 扣除生物多样性12% | 0.2831 | 0.2808 | 0.2770 | 0.2591 |

## 二 青海湖自然保护区生态承载力动态分析

通过青海省生态承载力的计算可以看出青海省生态承载力的动态变化特征。

### (一) 生态承载力呈波动变化趋势

青海省总的生态承载力在时间序列中呈波动变化趋势（如图 8 - 3 所示），这种变动可以分为两个阶段：保持平稳阶段和跳跃上升阶段，转折点是 2008 年。保持平稳阶段（2000—2008 年），生态承载力从 2000 年的 1385601.04nhm² 上升到 2008 年的 1505013.53nhm²，上升幅度不高。跳跃上升阶段（2008—2015 年），生态承载力从 2008 年的 1505013.53nhm² 上升到 1732568.92nhm²，增加了 15.12%。引起生态承载力增加的原因很多，除了耕地、牧草地产量因子上升因素外，科学技术进步和管理水平提高也是增加青海省自然生态承载力的因素，还有个重要的原因是 2008 年青海省实施生态立省战略，全面推进生态保护、生态经济和生态文化。

### (二) 可再生资源是生态承载力的主体

根据计算结果，绘制出青海省 2000—2015 年人均生态承载力的构成图（见图 8-4）。从图中可知，生态承载力中耕地和牧草地两者

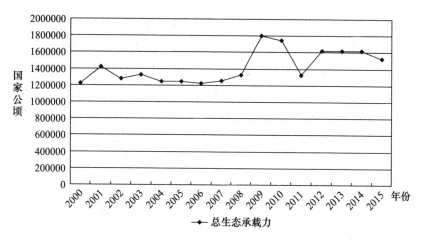

**图 8-3 青海省生态承载力变化趋势 (2000—2015 年)**

所占的比例最大，建筑用地次之，比例最小的是水域，在图中几乎看不到。近几年来，耕地对人均总生态承载力的贡献率一直保持在 55% 以上；建筑用地的生态承载力比较稳定，一直保持在 30% 左右；水域承载力对人均总生态承载力贡献很小而且还不断下降。由此可见，青海省的生态承载力是以可再生资源生态承载力为主。

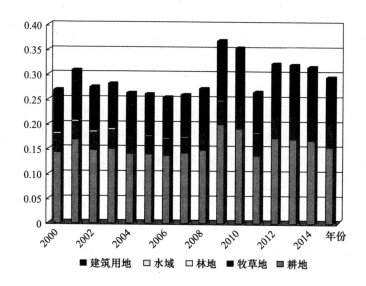

**图 8-4 青海省人均生态承载力构成 (2000—2015 年)**

## 三 "全球公顷"与"国家公顷"生态足迹比较分析

当进行国际间比较时，采用"全球公顷"为计量单位的生态足迹模型，本书计算的生态足迹是建立在"国家公顷"生态足迹模型之上的，在计算中全球公顷的当量因子选择了 Wackernagel（1996）的耕地和建筑用地 2.8，林地和化石能源用地 1.1，水域 0.2，牧草地 0.5。表 8-13 是两种不同计量单位下青海省生态足迹。

表 8-13　　青海省 2000—2015 年两种标准的生态足迹比较

| 时间 | 2000 | 2001 | 2002 | 2003 | 2004 | 2005 | 2006 | 2007 |
|---|---|---|---|---|---|---|---|---|
| 全球公顷生态足迹（pha/cap） | 1.3031 | 1.4118 | 1.4573 | 1.5383 | 1.6886 | 1.9410 | 2.0462 | 2.1780 |
| 国家公顷生态足迹（nhm²/cap） | 0.7016 | 0.8525 | 0.8306 | 0.8797 | 0.8938 | 0.9557 | 0.9594 | 0.9646 |
| 二者相比 | 1.86 | 1.66 | 1.75 | 1.75 | 1.89 | 2.03 | 2.13 | 2.26 |
| 时间 | 2008 | 2009 | 2010 | 2011 | 2012 | 2013 | 2014 | 2015 |
| 全球公顷生态足迹（pha/cap） | 2.3517 | 2.3916 | 2.2981 | 2.4912 | 2.7354 | 2.8293 | 2.8360 | 3.0582 |
| 国家公顷生态足迹（nhm²/cap） | 0.9872 | 1.1778 | 1.1921 | 1.2439 | 1.3012 | 1.3433 | 1.3588 | 1.2449 |
| 二者相比 | 2.38 | 2.03 | 1.93 | 2.00 | 2.10 | 2.11 | 2.09 | 2.46 |

以"全球公顷"为计量单位的青海省的人均生态足迹需求较大，从 2000 年的 1.3031pha/cap 增加到 2015 年的 3.0582pha/cap，增加幅度为 134.68%；而以"国家公顷"为计量单位计算的生态足迹从 0.7016nhm²/cap 增加到 1.2449nhm²/cap，增加幅度为 77.43%，并且"全球公顷"生态足迹从 2005 年之后都是"国家公顷"计算结果的两倍以上。造成这种结论差别的原因在于：世界和中国各类土地生产力在生物生产性土地面积生产力中所占的权重不同导致的当量因子有差别，化石能源用地生态足迹需求计算中两种不同计量单位的当量因子差异最大，超过了 5 倍。中国耕地的平均生产力高于世界耕地的平均水平，说明支持我国消费的生物生产性土地主要是耕地。从计算结

果的意义上来看，"国家公顷"为计量单位的生态足迹计算模型，可以更为准确地把握不同国家的国情和各地区差异性，真实地反映出国家内各地区生态环境的压力与可持续现状。

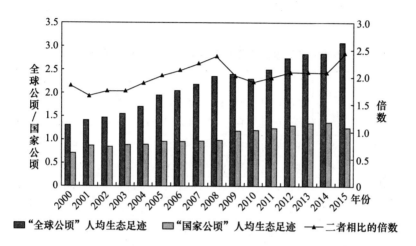

图 8-5　基于"全球公顷"与"国家公顷"的青海省人均生态足迹比较

## 第三节　青海湖自然保护区旅游者生态足迹计算与分析

从系统论的角度出发，青海湖自然保护区生态旅游系统具有地域性、脆弱性和生态性的特点，包括旅游者、旅游资源、旅游业和旅游环境四个要素在内。旅游活动对青海湖自然保护区的生态环境有着不可忽视的影响，旅游者对青海湖自然保护区内各类旅游资源、旅游设施、旅游服务的消费会影响其旅游的可持续发展。同时，旅游企业、旅游从业人员在青海湖自然保护区内的生产活动同样会占用一定的资源。旅游需求和旅游供给二者之间的资源如何配置需要通过模型来测算。

## 一 青海湖自然保护区本底旅游者生态足迹计算与分析

依据旅游者生态足迹模型，以青海湖自然保护区本底生态足迹为
基础，按照旅游业对国内生产总值的贡献，计算出青海省旅游者生态
足迹、人均生态足迹的结果，见表 8 - 14。

表 8 - 14　青海省旅游者生态足迹与生态赤字（2000—2015 年）

| 年份 | 旅游人数（万人次） | 贡献率（%） | 旅游者生态承载力（nhm²） | 旅游者生态足迹（nhm²） | 旅游者生态赤字（nhm²） | 人均旅游者生态承载力（nhm²/cap） | 人均旅游者生态足迹（nhm²/cap） | 人均旅游者生态赤字（nhm²/cap） |
|---|---|---|---|---|---|---|---|---|
| 2000 | 320.9 | 4.4 | 53650.47 | 159445.62 | -105795.14 | 0.0167 | 0.0497 | -0.0330 |
| 2001 | 370 | 4.4 | 62418.19 | 196214.81 | -133796.62 | 0.0169 | 0.0530 | -0.0362 |
| 2002 | 418 | 4.4 | 56201.66 | 193184.27 | -136982.61 | 0.0134 | 0.0462 | -0.0328 |
| 2003 | 394.3 | 3.7 | 48898.36 | 173746.03 | -124847.66 | 0.0124 | 0.0441 | -0.0317 |
| 2004 | 509.23 | 4.3 | 53522.07 | 207002.29 | -153480.22 | 0.0105 | 0.0407 | -0.0301 |
| 2005 | 633 | 4.7 | 58430.11 | 243994.03 | -185563.92 | 0.0092 | 0.0385 | -0.0293 |
| 2006 | 810.3 | 5.6 | 68458.43 | 294259.49 | -225801.07 | 0.0084 | 0.0363 | -0.0279 |
| 2007 | 996.6 | 6.2 | 77970.13 | 329885.48 | -251915.35 | 0.0078 | 0.0331 | -0.0253 |
| 2008 | 902 | 4.9 | 64896.18 | 268130.43 | -203234.25 | 0.0072 | 0.0297 | -0.0225 |
| 2009 | 1105 | 5.56 | 100296.72 | 364951.69 | -264654.97 | 0.0091 | 0.0330 | -0.0240 |
| 2010 | 1121.5 | 5.26 | 91998.85 | 353339.63 | -261340.78 | 0.0082 | 0.0315 | -0.0233 |
| 2011 | 1412.0 | 5.65 | 74750.42 | 399332.95 | -324582.53 | 0.0053 | 0.0283 | -0.0230 |
| 2012 | 1581.5 | 6.56 | 106439.52 | 489276.18 | -382836.66 | 0.0067 | 0.0309 | -0.0242 |
| 2013 | 1780.4 | 7.54 | 122335.61 | 585223.69 | -462888.08 | 0.0069 | 0.0329 | -0.0260 |
| 2014 | 2005.6 | 8.77 | 141724.72 | 695218.88 | -553494.16 | 0.0071 | 0.0347 | -0.0276 |
| 2015 | 2308.8 | 10.26 | 156430.18 | 751582.46 | -595152.27 | 0.0068 | 0.0326 | -0.0258 |

从表 8 - 14 和图 8 - 6 中可以看出旅游者生态足迹呈现明显的上
升趋势。青海省旅游者生态足迹从 2000 年的 159445.62nhm² 上升到
2015 年的 751582.46nhm²，增加了 592136.84nhm²，增长率为
371.37%，年均增长 23.21%；旅游者生态承载力从 2000 年的
53650.47nhm² 上升到 156430.18nhm²，增加了 102779.71nhm²，增长

率为191.57%，年均增长10.64%。旅游者生态足迹增长的速度远远高于旅游者生态承载力增长速度，所以导致旅游者生态赤字不断增加。2000年旅游者人均生态足迹为0.0497nhm²/cap，即在青海的每1个旅游者的所有消费需要0.0497nhm²的生物生产性土地来支持，到2015年下降为0.0326nhm²，下降了0.0171nhm²，下降速率是34.41%，年平均下降2.15%。青海省旅游者人均生态承载力明显下降，2000年青海能为每一位旅游者提供0.0167nhm²生物生产性土地面积，2015年减少为0.0068nhm²，16年间下降了59.28%，是旅游者人均生态足迹变化幅度的1.72倍，这说明青海省旅游者生态承载力较弱，即生态系统脆弱度大，对生态足迹干扰破坏的抵抗力弱。

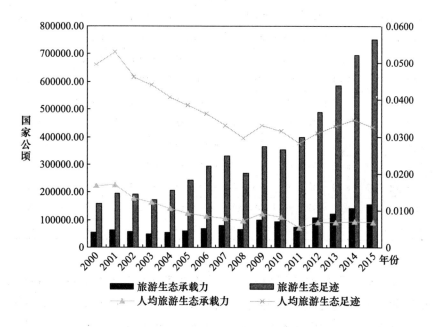

图8-6　青海湖自然保护区本底旅游者生态足迹变化趋势（2000—2015年）

**二　青海湖自然保护区旅游者生态足迹计算**

青海湖自然保护区旅游者生态足迹的意义并不是对青海湖自然保护区真正的生态需求，而是在青海省旅游者生态需求中有多少是被青海湖自然保护区的旅游者所消耗，α即为青海湖自然保护区旅游人数占青海省旅游人数的百分比，根据 α 计算出青海湖自然保护区旅游者生态足迹结果见表 8 – 15。

表 8 – 15　　青海湖自然保护区旅游者生态足迹（2001—2015 年）

| 年份 | 旅游人数 万人 | α （%） | 旅游者生态承载力 （nhm²） | 旅游者生态足迹 （nhm²） | 旅游者生态赤字 （nhm²） | 人均旅游者生态承载力 （nhm²/cap） | 人均旅游者生态足迹 （nhm²/cap） | 人均旅游者生态赤字 （nhm²/cap） |
|---|---|---|---|---|---|---|---|---|
| 2001 | 56 | 15.14 | 9450.11 | 29706.92 | -20256.81 | 0.0169 | 0.0530 | -0.0362 |
| 2002 | 76 | 18.18 | 10217.46 | 35120.90 | -24903.44 | 0.0134 | 0.0462 | -0.0328 |
| 2003 | 66 | 16.74 | 8185.59 | 29085.09 | -20899.50 | 0.0124 | 0.0441 | -0.0317 |
| 2004 | 86 | 16.89 | 9039.88 | 34962.69 | -25922.81 | 0.0105 | 0.0407 | -0.0301 |
| 2005 | 106 | 16.75 | 9787.04 | 40869.00 | -31081.96 | 0.0092 | 0.0386 | -0.0293 |
| 2006 | 139 | 17.16 | 11747.46 | 50494.93 | -38747.47 | 0.0085 | 0.0363 | -0.0279 |
| 2007 | 167 | 16.76 | 13067.79 | 55288.81 | -42221.01 | 0.0078 | 0.0331 | -0.0253 |
| 2008 | 32 | 3.55 | 2303.81 | 9518.63 | -7214.82 | 0.0072 | 0.0297 | -0.0225 |
| 2009 | 61 | 5.52 | 5536.38 | 20145.33 | -14608.95 | 0.0091 | 0.0330 | -0.0239 |
| 2010 | 62.56 | 5.12 | 4710.34 | 18090.99 | -13380.65 | 0.0075 | 0.0289 | -0.0214 |
| 2011 | 85.96 | 6.11 | 4567.25 | 24399.24 | -19831.99 | 0.0053 | 0.0284 | -0.0231 |
| 2012 | 101.23 | 6.42 | 6833.42 | 31411.53 | -24578.11 | 0.0068 | 0.0310 | -0.0243 |
| 2013 | 119.35 | 6.72 | 8220.95 | 39327.03 | -31106.08 | 0.0069 | 0.0330 | -0.0261 |
| 2014 | 132.71 | 6.63 | 9396.35 | 46093.01 | -36696.66 | 0.0071 | 0.0347 | -0.0277 |
| 2015 | 165.21 | 7.16 | 11200.40 | 53813.30 | -42612.90 | 0.0068 | 0.0326 | -0.0258 |

　　青海湖自然保护区旅游者生态承载力和旅游者生态足迹呈现同向的变化，整体上是增加的趋势（见图 8 – 7）。从 2008 年青海省实施生态立省战略，青海湖自然保护区进行了旅游规划，有利于人均旅游者生态承载力的提高，同时也与旅游资源的利用效率不断提高、地区经济整体发展水平的提高以及旅游者的旅游行为有直接的关联。但与旺盛的旅游需求相比，旅游者生态承载力的提高远远低于旅游者生态足迹的增加，这种供需矛盾会制约青海湖自然保护区旅游业的发展。

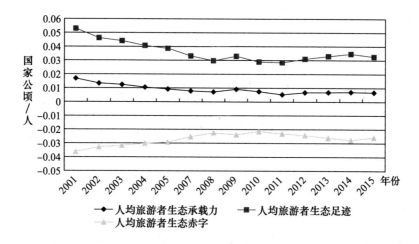

**图 8 - 7 青海湖自然保护区生态足迹变化趋势（2001—2015 年）**

青海湖自然保护区旅游者生态赤字除 2008 年外一直呈现上升趋势除 2008 年外。旅游生态赤字从 2001 年的 20256.81nhm² 增长到 2015 年的 42612.90nhm²，增长了 110.36%，年均增长 7.36%，生态赤字年均增长的速度均高于生态足迹年均增长速度和生态承载力年均增长速度。2001 年青海湖自然保护区人均生态足迹为 0.0530nhm²/cap，20256.81nhm² 的生态赤字相当于 382203 人次产生的生态需求，而 2001 年青海湖能接待的最大游客上限 178303 人次，超承载接待旅游人数为 140080 人；2015 年人均生态足迹为 0.0326nhm²/cap，42612.90nhm² 的生态赤字相当于 1307144 人次产生的生态需求，而 2015 年青海湖能接待的最大游客上限 344558 人次，超承载接待旅游人数为 963586 人，可见通过青海湖自然保护区旅游者生态赤字的计算，揭示了青海湖自然保护区生态环境面临着严峻的威胁，目前旅游者对生态环境的压力已经远远超过了生态环境自身的承载能力。

# 第九章　青海湖自然保护区旅游经济
# 可持续发展能力评估

　　旅游经济可持续发展的前提条件是旅游经济活动要在限定的自然空间生态承载的阈值以内，或者是"旅游经济可持续发展阈值"。从生态经济学的角度分析，现代旅游经济系统是建立在自然生态系统基础上的开放系统，其整体的运作都不能脱离自然生物圈而进行。旅游经济活动离不开旅游的主体旅游者，也离不开旅游的客体旅游资源和旅游资源所在的生态环境，这两者都是以生态系统的良性运行和发展作为前提条件和基础的。现代旅游经济发展必须以良性循环的生态系统和旅游资源的持久、稳定的供给能力为基础。可见，生态可持续是旅游经济可持续发展的根本，这是不以人的意志为转移的客观规律。生态可持续性是旅游经济可持续发展的支撑基础，对旅游经济可持续发展能力进行评价关键在于有效评价旅游资源环境功能的阈值及人类活动是否超出了其范围。

## 第一节　旅游经济与生态环境
## 可持续性评价条件

### 一　可持续评价的内容
#### （一）生态系统功能及服务评价
　　旅游经济发展的自然约束条件是旅游资源所在的自然生态系统的生态服务供给能力，对青海湖自然保护区生态系统功能与服务、青海省的生态系统功能与服务进行评价，消除旅游主体、旅游客体对资源、环境"稀缺性"的模糊认识，通过定量分析，明确旅游经济的发展规模。研究的内容包括，一是自然保护区森林、草原、水域等生态系统的基本功能；二是能够提供的生态服务的数量和质量；三是这些生态服务对旅游经济生产的持续供给能力和经济价值。通过对生态系统功能及服务评价，可以用比较容易理解的方式告知旅游经济的主体系统和客体系统、旅游支持系统所面临的环境约束，不断提高生态环境保护意识。

（二）旅游经济发展对环境影响的评价

在自然保护区生态系统中给旅游经济发展施加一个限制的同时，旅游经济的发展也给自然保护区生态系统造成规模不一、性质不同、种类繁多的影响。比如，旅游企业排放的垃圾、旅游者对生态产品的消费、旅游交通造成的尾气污染、人工景观对耕地的占用、对自然保护区生物的物种产生影响等。在这些影响中，有些是生态系统可以自我调节恢复的，但是有些在时间尺度上，对生态系统的影响是不可逆的，是无法恢复的，这样的影响会反作用于旅游经济发展，形成恶性循环状态，因此有必要研究旅游经济发展对生态环境影响的性质与规模。

（三）旅游经济发展与生态系统协调性评价

所谓旅游经济与生态环境协调性评价，指的就是为了达到旅游经济发展与自然保护区生态环境协调发展的目的，对当前旅游经济发展对旅游资源利用程度采用科学分方法和手段评价。在同等数量和质量的生态服务条件下，旅游经济发展的速度越快、规模越大，就会越多地依赖旅游资源的投入，就越感觉到生态环境的约束。旅游经济发展的环境影响和生态系统的服务供给能力是平衡的两侧，必须视为一体，进行全面的评价与分析，为最终实现旅游经济增长和生态环境保护制定提供科学的依据。

**二　评价的条件**

从生态足迹理论来看旅游经济与生态环境可持续发展的评价条件，取决于以下三力之间的此消彼长的长期竞争：

生态承载力、生态足迹（生态受压力）和增长控制力合力的正向性和负向性决定了可持续性或非持续性的发展方向。其中,生态承载力不仅包括旅游目的地自然生态系统的资源供给力和污染消纳力,而且还包括人造生态系统的资源供给力和污染消纳力,特别是包括生态系统的生命生态支持力。生态受压力不仅包括资源的过度开发和过度消耗对生态系统的负向影响力,还包括污染的过度排放对生态系统的负向作用力。增长控制力不仅包括经济规模速度的控制力,还包括对人口数量和质量的控制力度。在三力共同作用的合力中,生态承载力和增长控制力具有生态持续发展的正向性,生态受压力或生态足迹具有生态可持续发展的负向性。生态可持续的界定必须同时满足以下条件[1]:

增长控制力≥生态承载力≥生态受压力

在可持续发展理论下界定生态可持续性,则可以把生态可持续性理解为上述三力相互作用的合力依次均为正向矢量的状态。

## 第二节 青海湖自然保护区旅游可持续发展评价指标计算

### 一 旅游地生态供需能力评价

为了衡量一个地区生态需求与生态供给的平衡状态,需要将生态承载力与生态足迹进行比较,得出生态赤字或盈余。根据前面计算的青海湖自然保护区本底生态足迹与生态承载力的变化情况可以反映青海湖自然保护区本底生态的平衡状态,汇总结果见表9-1。

表9-1　　　2000—2015年青海湖自然保护区本底生态足迹
供需总量情况汇总　　　单位:nhm²

| 土地类型 | 2000 年 | 2001 年 | 2002 年 | 2003 年 |
| --- | --- | --- | --- | --- |
| 耕地 | -880116.00 | -1128326.70 | -1038699.00 | -996604.60 |

① 刘冬梅:《可持续经济发展理论框架下的生态足迹研究》,中国环境科学出版社2007年版,第90—93页。

续表

| 土地类型 | 2000 年 | 2001 年 | 2002 年 | 2003 年 |
|---|---|---|---|---|
| 牧草地 | − 1594435. 50 | − 2071476. 00 | − 2148759. 00 | − 2391957. 80 |
| 林地 | 11363. 00 | 12554. 40 | 11629. 20 | 11743. 60 |
| 水域 | − 8780. 50 | − 14646. 80 | − 13743. 60 | − 10142. 20 |
| 化石能源用地 | 330043. 50 | 402787. 00 | 346761. 60 | 356578. 40 |
| 建筑用地 | − 261865. 50 | − 242195. 30 | − 271700. 40 | − 342699. 60 |
| 合计 | − 2404307. 50 | − 3040780. 30 | − 3113454. 00 | − 3374149. 80 |
| 土地类型 | 2004 年 | 2005 年 | 2006 年 | 2007 年 |
| 耕地 | − 1090126. 40 | − 1208076. 80 | − 1235063. 50 | − 1302327. 60 |
| 牧草地 | − 2377380. 40 | − 2468844. 00 | − 2344156. 00 | − 2173855. 60 |
| 林地 | 8617. 60 | 8691. 20 | 8215. 50 | 6619. 20 |
| 水域 | − 8079. 00 | − 7061. 60 | − 16431. 00 | − 15444. 80 |
| 化石能源用地 | − 23159. 80 | − 175453. 60 | − 336835. 50 | − 466653. 60 |
| 建筑用地 | − 79174. 20 | − 97232. 80 | − 108444. 60 | − 111974. 80 |
| 合计 | − 3569302. 20 | − 3947977. 60 | − 4032167. 40 | − 4063085. 60 |
| 土地类型 | 2008 年 | 2009 年 | 2010 年 | 2011 年 |
| 耕地 | − 1414573. 60 | − 1072245. 20 | − 1093753. 50 | − 1404022. 20 |
| 牧草地 | − 1867991. 00 | − 2722410. 50 | − 2836095. 50 | − 2950094. 40 |
| 林地 | 7205. 90 | 8916. 80 | 6762. 00 | 5113. 80 |
| 水域 | − 19400. 50 | − 10588. 70 | − 21413. 00 | − 46024. 20 |
| 化石能源用地 | − 731121. 70 | − 841523. 00 | − 853139. 00 | − 1156287. 00 |
| 建筑用地 | − 121391. 70 | − 122048. 70 | − 170177. 00 | − 194324. 40 |
| 合计 | − 4147826. 90 | − 4759342. 00 | − 4968379. 50 | − 5745070. 20 |
| 土地类型 | 2012 年 | 2013 年 | 2014 年 | 2015 年 |
| 耕地 | − 2918161. 20 | − 2944468. 80 | − 2973006. 40 | − 2895664. 03 |
| 牧草地 | − 3534924. 40 | − 3652851. 60 | − 3771097. 60 | − 3931300. 83 |
| 林地 | − 7451. 60 | − 4622. 40 | − 7000. 80 | − 4119. 01 |
| 水域 | − 65344. 80 | − 89559. 00 | − 137682. 40 | − 120628. 15 |
| 化石能源用地 | − 2355278. 80 | − 2467206. 00 | − 2400691. 00 | − 1658784. 17 |
| 建筑用地 | − 200046. 80 | − 224186. 40 | − 253779. 00 | − 240079. 44 |
| 合计 | − 9081207. 60 | − 9384049. 80 | − 9543257. 20 | − 8849987. 20 |

从表 9 - 1 可以看出，在整个时间序列中青海湖自然保护区本底生态足迹超过生态承载力的承受范围内，出现生态赤字。说明发生在当地的生产和消费对生态资源的占用超出了其拥有的生态资源，对生态环境形成了较大的压力。计算生态赤字与生态供给力的比值，即将青海省生物供给力作为基准 1，可表示青海省对生物生产性土地的过度需求量相当于几个青海省的生物生产供给力。结果表明，2000 年青海省需要相当于 1.98 个青海省的生物生产性土地提供额外消费的生物资源；2015 年需要 5.8 个青海省的生物生产性土地来提供额外消费的生物资源。若去除能源生态足迹，2000 年青海省也需要相当于 1.75 个青海省的生物生产性土地来提供额外消费的生物资源，2015 年需要相当于 5.64 个。

从表 9 - 2 中可以看出最大的生态赤字来自牧草地。化石能源用地的赤字不断增加，尤其是 2013 年增加的幅度较大，由于没有专门为吸收温室气体而预留出林地面积，因此，能源用地需求全部表现为赤字且递增；耕地的生态赤字不断增加；林地基本表现为盈余，盈余量不断减小，到 2012 年开始转化为赤字；水域生态赤字很小，呈增大的趋势但变化速度缓慢。总的人均生态赤字在不断增加，生态赤字变化趋势主要取决于生态足迹，而居民的生活方式、消费结构和意识形态直接或间接地影响着居民的资源消费水平。[1] 徐中民计算中国 1999 年 31 个省市的生态足迹，将中国的生态赤字或盈余（ED）划分为 5 个等级，即可持续 ED ≥ 0.414，弱可持续 0 ≤ ED < 0.414，弱不可持续 -0.995 ≤ ED < 0，强不持续 -1.99 < ED < -0.995，强不可持续 ED ≤ -1.99。根据中国可持续发展的标准，2000—2010 年青海省生态赤字均大于 -0.995，呈现出弱不可持续性；从 2011 年开始生态赤字在 [-1.99，-0.995] 区间，出现强不持续性。从长远来看，应该考虑在不降低人民生活水平的前提下，减少生态足迹的需求，提高生态系统的生态承载力。

---

[1] 徐中民、张志强、陈国栋等：《中国 1999 年生态足迹计算与发展能力分析》，《应用生态学报》2003 年第 2 期。

表 9 - 2　　　青海湖自然保护区本底生态赤字/盈余及构成

单位：$nhm^2/cap$

| 土地类型 | 2000 年 | 2001 年 | 2002 年 | 2003 年 |
|---|---|---|---|---|
| 耕地 | - 0. 1704 | - 0. 2157 | - 0. 1965 | - 0. 1867 |
| 牧草地 | - 0. 3087 | - 0. 396 | - 0. 4065 | - 0. 4481 |
| 林地 | 0. 0022 | 0. 0024 | 0. 0022 | 0. 0022 |
| 水域 | - 0. 0017 | - 0. 0028 | - 0. 0026 | - 0. 0019 |
| 化石能源用地 | 0. 0639 | 0. 077 | 0. 0656 | 0. 0668 |
| 建筑用地 | - 0. 0507 | - 0. 0463 | - 0. 0514 | - 0. 0642 |
| 合计 | - 0. 4655 | - 0. 5813 | - 0. 589 | - 0. 6321 |
| 土地类型 | 2004 年 | 2005 年 | 2006 年 | 2007 年 |
| 耕地 | - 0. 2024 | - 0. 2224 | - 0. 2255 | - 0. 2361 |
| 牧草地 | - 0. 4414 | - 0. 4545 | - 0. 428 | - 0. 3941 |
| 林地 | 0. 0016 | 0. 0016 | 0. 0015 | 0. 0012 |
| 水域 | - 0. 0015 | - 0. 0013 | - 0. 003 | - 0. 0028 |
| 化石能源用地 | - 0. 0043 | - 0. 0323 | - 0. 0615 | - 0. 0846 |
| 建筑用地 | - 0. 0147 | - 0. 0179 | - 0. 0198 | - 0. 0203 |
| 合计 | - 0. 6627 | - 0. 7268 | - 0. 7362 | - 0. 7366 |
| 土地类型 | 2008 年 | 2009 年 | 2010 年 | 2011 年 |
| 耕地 | - 0. 2552 | - 0. 1924 | - 0. 1941 | - 0. 2471 |
| 牧草地 | - 0. 3370 | - 0. 4885 | - 0. 5033 | - 0. 5192 |
| 林地 | 0. 0013 | 0. 0016 | 0. 0012 | 0. 0009 |
| 水域 | - 0. 0035 | - 0. 0019 | - 0. 0038 | - 0. 0081 |
| 化石能源用地 | - 0. 1319 | - 0. 151 | - 0. 1514 | - 0. 2035 |
| 建筑用地 | - 0. 0219 | - 0. 0219 | - 0. 0302 | - 0. 0342 |
| 合计 | - 0. 7483 | - 0. 854 | - 0. 8817 | - 1. 0111 |
| 土地类型 | 2012 年 | 2013 年 | 2014 年 | 2015 年 |
| 耕地 | - 0. 5091 | - 0. 5096 | - 0. 5096 | - 0. 4921 |
| 牧草地 | - 0. 6167 | - 0. 6322 | - 0. 6464 | - 0. 6681 |
| 林地 | - 0. 0013 | - 0. 0008 | - 0. 0012 | - 0. 0007 |
| 水域 | - 0. 0114 | - 0. 0155 | - 0. 0236 | - 0. 0205 |
| 化石能源用地 | - 0. 4109 | - 0. 427 | - 0. 4115 | - 0. 2819 |
| 建筑用地 | - 0. 0349 | - 0. 0388 | - 0. 0435 | - 0. 0408 |
| 合计 | - 1. 5843 | - 1. 6241 | - 1. 6358 | - 1. 5040 |

## 二 旅游地生态经济协调性评价

生态经济协调性评价为合理的生态经济协调发展以及全方位的可持续发展政策的制定提供决策依据，是生态经济协调发展理论转向实践的重要前提。通过定量测量对不同时间段、不同空间经济发展与生态环境之间的协调程度进行描述与评估，可以实现预警、政策解释与效果评价等多种功能。青海省生态压力指数、生态占用指数和生态经济协调指数结果见表9-3，动态变化见图9-1。

表9-3　　　　　　　　青海省生态经济协调性指标

| 年份 | ec | ef | ec′ | ef′ | ef_n | EOI | ETI | EECI |
|---|---|---|---|---|---|---|---|---|
| 2000 | 0.2361 | 0.7016 | 0.1610 | 0.6395 | 0.8754 | 0.8015 | 3.9732 | 0.2017 |
| 2001 | 0.2712 | 0.8525 | 0.1827 | 0.7948 | 0.9412 | 0.9058 | 4.3506 | 0.2082 |
| 2002 | 0.2416 | 0.8306 | 0.1642 | 0.7675 | 1.3833 | 0.6004 | 4.6740 | 0.1285 |
| 2003 | 0.2476 | 0.8797 | 0.1687 | 0.8032 | 1.5328 | 0.5739 | 4.7612 | 0.1205 |
| 2004 | 0.2311 | 0.8938 | 0.1573 | 0.8010 | 1.6898 | 0.5289 | 5.0936 | 0.1038 |
| 2005 | 0.2289 | 0.9557 | 0.1559 | 0.8326 | 1.8435 | 0.5184 | 5.3394 | 0.0971 |
| 2006 | 0.2232 | 0.9594 | 0.1513 | 0.8062 | 2.1150 | 0.4536 | 5.3295 | 0.0851 |
| 2007 | 0.2280 | 0.9646 | 0.1535 | 0.7853 | 2.2876 | 0.4217 | 5.1169 | 0.0824 |
| 2008 | 0.2389 | 0.9872 | 0.1614 | 0.7558 | 2.2136 | 0.4460 | 4.6830 | 0.0952 |
| 2009 | 0.2389 | 0.9872 | 0.1614 | 0.7558 | 2.2136 | 0.4460 | 4.6830 | 0.0952 |
| 2010 | 0.3238 | 1.1778 | 0.2189 | 0.9001 | 2.1808 | 0.5401 | 4.1111 | 0.1314 |
| 2011 | 0.3104 | 1.1921 | 0.2101 | 0.9102 | 2.5751 | 0.4629 | 4.3313 | 0.1069 |
| 2012 | 0.2328 | 1.2439 | 0.1610 | 0.9344 | 2.6119 | 0.4762 | 5.8055 | 0.0820 |
| 2013 | 0.2831 | 1.3012 | 0.1922 | 0.9462 | 2.6341 | 0.4940 | 4.9232 | 0.1003 |
| 2014 | 0.2808 | 1.3433 | 0.1912 | 0.9669 | 2.6978 | 0.4979 | 5.0564 | 0.0985 |
| 2015 | 0.2770 | 1.3588 | 0.1890 | 0.9918 | 2.7241 | 0.4988 | 5.2470 | 0.0951 |

对照表4-1，生态压力指数均大于2，说明生态环境处于极不安全状态，生态安全问题已经到了青海省必须加以重视的地步。同期生态占用指数处于第2等级——较贫困，说明青海省经济发展水平相对全国平均水平来说，还处于较落后状态，并且一直延续。青海省的生

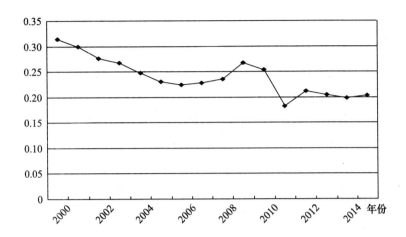

**图 9 - 1　青海湖自然保护区本底生态安全系数变化趋势（2000—2015 年）**

态经济协调指数基本呈现下降趋势，其大小数值均处于 0—0.5，EE-CI 处于第 1 等级——生态经济协调性差，经济发展与生态环境保护之间的矛盾日益严重。从可持续发展的角度看，青海省需要通过扩大自然资本的进口来转移生态压力，降低生态压力的同时增加占用全国生态足迹的份额，使青海省的经济发展与生态环境之间协调发展。

**三　旅游地生态安全评价**

一般来讲，生态安全是指一个区域生存和发展所需的生态环境处于不受或少受破坏与威胁的状态；是人类在生产、生活和健康等方面不受生态破坏与环境污染等影响的保障程度，包括饮用水与食物安全、空气质量与绿色环境等基本要素。健康的生态系统是稳定的和可持续的，在时间上能够维持它的组织结构和自治，以及保持对胁迫的恢复力。反之，不健康的生态系统，是功能不完全或不正常的生态系统，其安全状况则处于受威胁之中。

旅游地是由于旅游流的产生、分配、集聚与扩散而形成并成长的复杂、开放的地域综合体。[①] 随着旅游业的快速发展，旅游流所引发的经济、社会、文化、环境、生态等方面的负面影响越来越受到人们

---

① 曹新向、陈太政：《旅游地生态安全评价研究——以开封市为例》，《水土保持研究》2006 年第 2 期。

的关注，旅游地的生态安全研究正成为旅游研究的重要领域。根据上述生态安全的概念，旅游地生态安全可以界定为：旅游地生态安全可以表征为旅游地可持续发展依赖的自然资源和生态环境处于一种不受威胁、没有风险的健康、持续、平衡的状态和趋势，在这种状态和发展趋势下，旅游地生态系统能够持续存在并满足旅游业持续发展的需求。或者说，旅游业的发展不会造成旅游地生态系统不可逆的变化而导致其质量的降低，不存在退化和崩溃危险。其包含两重含义：一是旅游地生态系统自身是否安全，即其自身结构是否受到破坏，其生态功能是否受到损害；二是旅游地生态系统对人类的生产和生活是否安全，以及旅游地生态系统所提供的服务是否满足人类的生存需要。根据旅游地生态安全系数计算公式，计算结果见表 9 - 4。青海省生态安全系数呈现波动性、不断降低趋势，从 2000 年的 0.3143 降低到 2015 年的 0.2028。根据表 4 - 2 的旅游地生态安全等级划分标准判断，16 年间青海省生态安全系数都小于 0.5，说明青海省旅游业发展对自身的威胁程度不断增大，旅游者生态足迹通过与地区本底生态足迹产生"叠加"效应，进而对地区可持续发展产生影响，目前青海省处于弱可持续发展状态。

**表 9 - 4    青海湖自然保护区本底生态安全系数 (2000—2015 年)**

| 年份 | 人均本底生态足迹 (nhm²/cap) | 人均本底生态承载力 (nhm²/cap) | 人均旅游者生态足迹 (nhm²/cap) | 生态安全系数 (TDESI) |
|---|---|---|---|---|
| 2000 | 0.7016 | 0.2361 | 0.0497 | 0.3143 |
| 2001 | 0.8525 | 0.2712 | 0.0530 | 0.2995 |
| 2002 | 0.8306 | 0.2416 | 0.0462 | 0.2755 |
| 2003 | 0.8797 | 0.2476 | 0.0441 | 0.2680 |
| 2004 | 0.8938 | 0.2311 | 0.0407 | 0.2473 |
| 2005 | 0.9557 | 0.2289 | 0.0385 | 0.2302 |
| 2006 | 0.9594 | 0.2232 | 0.0363 | 0.2242 |
| 2007 | 0.9646 | 0.2280 | 0.0331 | 0.2285 |

续表

| 年份 | 人均本底生态足迹<br>（nhm²/cap） | 人均本底生态承载力<br>（nhm²/cap） | 人均旅游者生态足迹<br>（nhm²/cap） | 生态安全系数<br>（TDESI） |
|------|------|------|------|------|
| 2008 | 0.9872 | 0.2389 | 0.0297 | 0.2349 |
| 2009 | 1.1778 | 0.3238 | 0.0330 | 0.2674 |
| 2010 | 1.1921 | 0.3104 | 0.0315 | 0.2537 |
| 2011 | 1.2439 | 0.2328 | 0.0283 | 0.1830 |
| 2012 | 1.3012 | 0.2831 | 0.0309 | 0.2125 |
| 2013 | 1.3433 | 0.2808 | 0.0329 | 0.2040 |
| 2014 | 1.3588 | 0.2770 | 0.0347 | 0.1988 |
| 2015 | 1.2449 | 0.2591 | 0.0326 | 0.2028 |

#### 四　旅游地万元 GDP 生态足迹分析

GDP 是反映一个地区所有生产活动的生产产值，是衡量地区经济发展水平的重要指标。生态足迹是从生理量使用出发，衡量一个区域经济活动对生态占用强度表达的指标。

因此，将这两个指标结合，通过计算"万元 GDP"所占用的生态足迹来评价区域发展过程的资源利用效益，即用区域生态足迹总量除以该区域 GDP 总值，得到每万元 GDP 对应的生态足迹量。很显然，如果万元 GDP 所占用的生态足迹量越小，那么资源的利用效益就越高；反之，则资源利用效益越低。通过计算，得到了青海湖自然保护区本底万元 GDP 生态足迹，结果见表 9 - 5 和图 9 - 2。

表 9 - 5　　　　青海湖自然保护区本底万元 GDP 生态足迹

| 年份 | GDP（亿元） | 生态足迹（nhm²） | 万元 GDP 生态足迹（nhm²/万元） |
|------|------|------|------|
| 2000 | 621.44 | 3623764 | 0.583 |
| 2001 | 701.50 | 4459427.5 | 0.636 |
| 2002 | 814.12 | 4390551.6 | 0.539 |
| 2003 | 954.90 | 4695838.6 | 0.492 |
| 2004 | 1130.85 | 4814006.8 | 0.426 |
| 2005 | 1314.62 | 5191362.4 | 0.395 |

续表

| 年份 | GDP（亿元） | 生态足迹（nhm²） | 万元GDP生态足迹（nhm²/万元） |
|---|---|---|---|
| 2006 | 1524.79 | 5254633.8 | 0.345 |
| 2007 | 1868.88 | 5320733.6 | 0.285 |
| 2008 | 2365.80 | 5472049.6 | 0.231 |
| 2009 | 2465.21 | 6563879.4 | 0.266 |
| 2010 | 3187.75 | 6717483.5 | 0.211 |
| 2011 | 3927.87 | 7067839.8 | 0.180 |
| 2012 | 4429.02 | 7458478.4 | 0.168 |
| 2013 | 5243.40 | 7761587.4 | 0.148 |
| 2014 | 5719.01 | 7927239.2 | 0.139 |
| 2015 | 5970.58 | 7325365.1 | 0.123 |

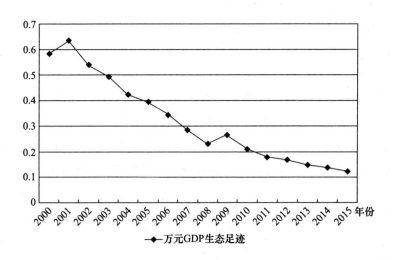

图 9 - 2　青海湖自然保护区本底万元 GDP 生态足迹变化趋势（2000—2015 年）

从图 9 - 2 可见，青海湖自然保护区本底万元 GDP 生态足迹呈下降趋势，每万元 GDP 占用生物生产性土地由 2000 年的 0.5831nhm²/万元下降至 2015 年的 0.1227nhm²/万元，下降率为 78.95%。这从侧面反映出青海省资源利用效率的提高和经济增长方式的良性转变，但是也不能盲目地乐观，只有在良好的基础上进一步科学合理地开发利

用和规划发展，不断提高资源利用效益水平，通过各种措施提高科技
对经济发展的贡献率，改变人们的生产和生活消费方式，减少其对自
身资源及能源的消耗，才能走上一条可持续发展的道路。

五　旅游业生态效率评价

根据公式（4-13），计算青海湖自然保护区本底旅游业的生态效
率，结果见表9-6和图9-3。青海湖自然保护区本底旅游业的生态
效率不断增加，意味着每一单位生物生产性土地面积所能支持的旅游
者人数增加，比值越大说明旅游行业消耗资源越少而创造出的经济价
值越多或者生产行为越具有可持续性。2000年青海湖自然保护区本底
旅游业的生态效率是0.6617nhm$^2$/万元，即每单位生物生产性土地的
生产都不能支持1个旅游者的需求，然而到了2015年，旅游业的生
态效率是3.3001nhm$^2$/万元，说明每单位生物生产性土地面积可以支
持3.3个旅游者的生态需求，这种转变反映了青海湖自然保护区本底
旅游经济的高效性慢慢显现出来，因此大力发展旅游业有助于促进青
海省社会经济的整体发展，而社会经济的整体发展又能反过来带动旅
游业的发展。

表9-6　　　　　青海湖自然保护区本底旅游业生态效率

| 年份 | 旅游总收入（亿元） | 旅游生态足迹（nhm$^2$） | 生态效率（nhm$^2$/万元） |
|---|---|---|---|
| 2000 | 10.55 | 159445.62 | 0.6617 |
| 2001 | 13.25 | 196214.81 | 0.6753 |
| 2002 | 15.00 | 193184.27 | 0.7765 |
| 2003 | 14.63 | 173746.03 | 0.8420 |
| 2004 | 20.2 | 207002.29 | 0.9758 |
| 2005 | 25.73 | 243994.03 | 1.0545 |
| 2006 | 35.69 | 294259.49 | 1.2129 |
| 2007 | 47.38 | 329885.48 | 1.4363 |
| 2008 | 47.51 | 268130.43 | 1.7719 |
| 2009 | 60.15 | 364951.69 | 1.6482 |
| 2010 | 71.02 | 353339.63 | 2.0100 |

续表

| 年份 | 旅游总收入（亿元） | 旅游生态足迹（nhm²） | 生态效率（nhm²/万元） |
|------|------------------|-------------------|--------------------|
| 2011 | 92.3 | 399332.95 | 2.3114 |
| 2012 | 123.75 | 489276.18 | 2.5292 |
| 2013 | 158.54 | 585223.69 | 2.7090 |
| 2014 | 201.90 | 695218.88 | 2.9041 |
| 2015 | 248.03 | 751582.46 | 3.3001 |

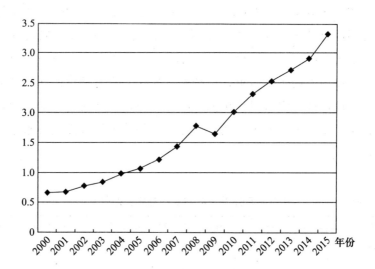

**图 9 - 3 青海湖自然保护区本底旅游业生态效率变化趋势（2000—2015 年）**

## 六 旅游生态环境压力分析

由旅游目的地生态环境压力指数定义及计算公式得知，[①] TEI 是指区域单位生态承载力面积上的旅游者生态足迹。若一个区域处于生态盈余状态，说明生态系统暂时是安全的，那么 TEI 值的增大，可能是由于旅游者生态足迹的增加，也即旅游资源的利用效率在不断提

---

① 李静：《基于生态足迹模型的包头市可持续发展研究》，硕士学位论文，西南大学，2010 年，第 35 页。

高，也可能是由于区域生态承载力的下降、生态环境恶化。如果区域
处于生态赤字，说明生态系统已经不安全，那么 TEI 值越大，就表明
单位承载面积上所要承受的压力越大，生态安全受到的威胁也就越
大。旅游目的地生态环境压力指数的大小正好能够反映旅游生态环境
的安全程度。由于不同旅游目的地、旅游景点的生态承载力存在巨大
差异，因此旅游生态环境压力指数比生态赤字更能直观地表达生态供
给与需求之间的对比关系。青海湖自然保护区旅游生态环境压力指数
结果见表 9 - 7 和图 9 - 4。

表 9 - 7　青海湖自然保护区生态环境压力指数（2000—2015 年）

| 年份 | 2000 | 2001 | 2002 | 2003 | 2004 | 2005 | 2006 | 2007 |
|---|---|---|---|---|---|---|---|---|
| 青海湖自然保护区 TEI | — | 3.14 | 3.44 | 3.55 | 3.87 | 4.18 | 4.30 | 4.23 |
| 年份 | 2008 | 2009 | 2010 | 2011 | 2012 | 2013 | 2014 | 2015 |
| 青海湖自然保护区 TEI | 4.13 | 3.64 | 3.84 | 5.34 | 4.60 | 4.78 | 4.91 | 4.80 |

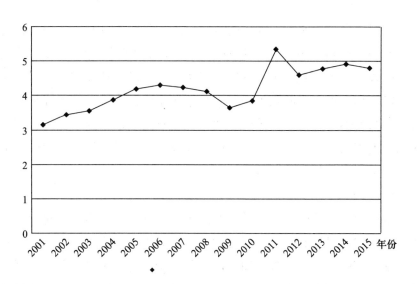

图 9 - 4　青海湖自然保护区生态环境压力指数（2001—2015 年）

从图 9 - 4 中可以看出，青海湖自然保护区的旅游生态环境压力
指数呈现上升趋势，从 2001 年的 3.14 增加到了 4.80，16 年间上升

了 52.86%，年均增长 3.52%。旅游生态环境压力指数 TEI 值越大，则对旅游地的生态压力越大。对照表 4-3 的结果来看，青海湖自然保护区的旅游生态环境压力在研究时间序列中数值均大于 1，说明旅游者旅游活动形成的生态足迹已经超过自然保护区的生态容量，旅游活动对青海湖自然保护区生态环境形成了一定的压力，青海湖自然保护区旅游业发展处于不可持续状态。

# 第三节　青海湖自然保护区可持续发展评价

## 一　青海湖自然保护区旅游可持续发展特征

发展性、协调性和持续性构成旅游业可持续发展的三大本质特征，青海湖自然保护区旅游可持续发展现状可通过这三个主要特征加以描述。

（一）发展性

发展性是旅游业可持续发展的程度，本质是指旅游经济的增长速度，它表征可持续发展的数量特征，构成旅游业可持续发展的数量维，它强调"量"的概念或规模的扩大。青海湖自然保护区旅游者人数不断增加，加之旅游景点固有的特色和品位，旅游交通条件和基础配套设施的不断改善，旅游资源效率的不断提高，以及相应知名度和吸引度的不断提升，青海湖自然保护区旅游业可持续发展程度达到了新的高度，有着较好的发展性。

（二）协调性

协调性是旅游业可持续发展中经济、社会、资源环境之间的协调程度，它表征可持续发展的质量维，成为旅游业可持续发展的核心，它更加强调的是内在的效率和"质"的概念。青海湖自然保护区生态脆弱，一旦破坏很难恢复，从旅游者生态足迹的角度来看，现阶段出现的主要问题是：①有限的旅游资源面临旅游者数量倍增压力，使旅游资源供需失衡。快速增长的旅游需求与有限的旅游资源供给不足的矛盾日趋尖锐。青海湖自然保护区旅游资源总量虽然丰富，但人均旅游资源相对短缺，尤其是近几年旅游者数量的增加，使这个问题更加突出。②脆弱的生态环境与旅游需求的快速扩展形成强烈反差。青海湖自然保护区的环境生态压力指数不断增加，说明其旅游业的发展对生态环境的压力过大，是靠消耗自然环境为代价的发展，环境质量在不断下降，人与环境的协调性下降。

（三）持续性

持续性是旅游业可持续发展的持续程度，构成旅游业可持续发展系统的时间维，表述为可持续发展的时间特征，强调可持续发展合理程度的长期性和永久性。从青海湖自然保护区旅游业可持续发展的发展性和协调性分析，近几年青海湖自然保护区旅游发展程度呈明显增加趋势，但其协调性则处于相对不协调状态，亦即旅游资源与旅游生态环境可持续性发展远远跟不上旅游经济可持续发展的步伐，因此，青海湖自然保护区已经开始出现不可持续状态，可以预测，在5年到10年内，青海湖自然保护区旅游仍可能维持不可持续发展状态。若要确保青海湖自然保护区旅游业长期、健康可持续发展，必须同时调整经济政策和环境政策，以尽早扭转环境和经济恶性循环的趋势。

**二　青海湖自然保护区旅游可持续发展面临挑战**

由于近几年青海省旅游业跨越发展，生态足迹超过生态承载力，旅游者的大量涌入带来了一系列严重的问题，对于青海湖自然保护区而言，其焦点是青海湖自然保护区跨越发展与旅游资源及生态环境保护相对滞后之间的矛盾。

（一）旅游环境污染

旅游是一种高消费活动，旅游者在旅游时的消费行为最活跃，其支出额及消费的物资要比平常高许多，排放的废弃物也特别多，旅游垃圾的大量产生，使生态环境受到污染和破坏。污染物主要是游客用过的饮料瓶、金属罐和塑料袋，这些都是难以分解的固体垃圾，不仅有碍观瞻，造成景观污染，影响旅游资源的美学价值，而且还直接影响土壤的结构和循环系统，间接影响生物的生命活动，使物种减少和种群退化。

（二）生态系统的恶化

生态环境是最宝贵的旅游资源，是旅游业发展的重要基础和必备条件。但由于生态系统的整体性、不可逆转性和长期性，一旦遭受破坏，其带来的损失是巨大的，事后补救的成本很大，甚至有些生态损失是不可弥补的。旅游发展中存在的主要生态破坏：一是植被破坏。由于游客生态意识的淡薄和旅游区追求旅游收入的最大化，往往最大限度地接待更多的游客，大量游客的践踏严重破坏了植被，使植被呈退化趋势。二是资源的过度开发。早期青海湖自然保护区，为了盲目追求经济利益的最大化，通过依靠增加旅游景点，加快资源开发利用强度和速度来扩大旅游规模，不合理地开发利用自然资源，破坏植被，从而导致水土流失。还有的旅游片区由于过多兴建基础设施与建筑物等均对旅游区的生态环境造成了严重破坏。三是对野生动物的保护构成威胁。在青海湖自然保护区，由于游客的进入及活动，其产生的噪声、野炊烟火和拍摄观赏等人为活动严重影响并干扰着动物的生活与生存环境。

（三）人文安全问题

旅游业的发展在促进传统文化传承与保护的同时，客观上也会对旅游目的地的文化带来一定的影响。首先是游客的大量涌入，他们的思想意识、价值观念通过言谈举止潜移默化地作用于当地居民，随之影响到居民的生活习惯、消费模式，从而使传统文化被冲击，其价值有所减弱。如传统的民间习俗、礼仪、节庆活动都是在特定的时间、地点，按传统的内容和方式举行的，但是这些活动旅游业的开展逐渐被商品化，它们根据游客的需要随时被搬上"舞台"，活动的内容也往往被调整、被压缩、被删除，活动的节奏明显加快。这虽然向更多的人展示了传统文化，但如果不采取必要的保护措施，也可能导致其传统意义与价值的减弱乃至丧失。

**三　青海湖自然保护区旅游可持续发展面临挑战成因探讨**

（一）旅游业发展的"三个"认识误区

长期以来，旅游业的发展存在三个认识的误区：一是"旅游业即无烟产业"的认识误区；二是"旅游业是低投入、高产出的产业"

的认识误区；三是"旅游业为无资源耗竭型产业"的认识误区。

从旅游开发的环境效应来说，旅游产业并不是"无烟"产业。旅游产品开发生产过程中导致生态环境破坏和污染、旅游企业经营过程中同样排放出废弃物，对环境也造成了污染、对旅游目的地整体生态生命周期的影响；旅游业还可以形成"无形"污染，如文化污染和地方特色的消失。从旅游的绝对投入来看，旅游业并非是"低投入、高产出"的产业。长期以来，之所以将旅游业看成是低投入、高产出产业是因为忽略了两个关键的成本：一是旅游资源的成本；二是旅游环境的成本，从而曲解了旅游产品的成本构成，最终低估了旅游产品的投入。从旅游资源性质和价值分析，旅游业并非是非资源消耗的产业，旅游资源具有脆弱性和不可再生性，旅游资源的规划开发不当造成资源的破坏，旅游管理过失造成资源损耗，旅游者旅游活动导致自然资源的不断损耗。

以上认识是数量型、粗放式传统旅游业思维的延伸，至今仍主导着人们的意识形态，一方面强调无节制地开发旅游资源，另一方面忽视旅游资源与生态环境的固有价值，从而导致旅游资源的破坏和旅游生态环境的污染，最终制约了青海湖自然保护区的可持续发展。

（二）地区经济弱不可持续发展的制约

地区旅游持续发展能力与地区经济的可持续发展能力呈正相关，而且彼此互为条件，区域经济的发达程度，直接影响到人才的档次、投资的能力、开发的规模和方向，进而影响旅游可持续发展的能力。通过青海省生态足迹的计算与分析，体现出环境与发展的两个基本矛盾：一是伴随着人口的不断增长与有限的自然资源及加速消耗的趋势之间的矛盾；二是人们生活水平迅速提高带来的巨大的生态需求与社会生产力不适应之间的矛盾。在我们关注农业、工业等产业可持续发展的同时，我们也应该对新兴产业——旅游业的可持续发展给予高度的重视。从生态赤字、生态经济协调度，可以判断出青海省经济发展整体上出现不可持续性。如去除能源生态足迹，2000年青海省需相当于2.97个青海省的生物生产性土地来提供额外消费的生物资源，2015年需相当于4.80个青海省的生物生产性土地来提供额外消费的生物资源。青海湖自然保护区旅游业发展依托青海省经济的发展，青海省经济的稳定与增长是青海湖自然保护区旅游业可持续发展的物质保障，因此，发展青海省的经济、培育青海省整体经济可持续发展的活力才能够提高青海湖自然保护区旅游经济容量的需要。

（三）生态环境保护与资源利用矛盾突出

青海湖自然保护区早期旅游业发展时期，将游客直接引入"内圈层"进行旅游活动，导致原来需要严格保护的区域生态环境恶化，建设了与环境不相协调的建筑物，破坏了原有的自然景观，生态环境保护与资源利用的矛盾在保护区中显得更为突出。分析旅游者生态足迹，可以看出青海湖自然保护区的人均生态足迹不断降低，这从侧面反映了旅游资源利用效率的提高，但是相对于旅游者生态足迹的不断上升而言，其资源利用的程度远远不能跟上旅游者对旅游资源的需求，因此导致了旅游者生态赤字不断增加，旅游目的地的生态安全不断下降。旅游业的发展是消耗生态资源而发展的，从这个角度而言，脆弱的生态环境与旅游需求的快速扩张形成了强烈的反差，生态系统的破坏与环境的退化是青海湖自然保护区旅游业可持续发展的主要障碍。

# 第十章　保护区旅游可持续发展的策略研究

　　旅游者生态足迹方法从生态角度衡量可持续发展程度，忽略了经济、社会、技术的影响。即便如此，旅游生态赤字的出现给我们极力推崇"绿色产业""生态产业"的旅游业敲响了警钟。为了实现青海湖自然保护区旅游的可持续发展，要充分认识到旅游生态足迹警示，有效地检验旅游发展状态，及时调整旅游业发展的方向及政策，引导其走上健康持续的发展轨迹。

## 第一节　青海湖自然保护区旅游业本底生态承载力提升对策

　　要实现青海湖自然保护区的可持续发展，必须充分意识到生态环境的可持续发展作为其前提和保障的重要性。生态环境不仅是青海湖自然保护区所属的社会经济活动的承载空间，而且为青海湖自然保护区发展提供自然物质基础和废弃物消纳空间，因而成为青海湖自然保护区发展的决定性因素。要实现青海湖自然保护区的可持续发展，就必须综合考虑青海湖自然保护区资源的再生与替代能力，生命支持系统的循环与净化能力和生物多样性的保护。青海省社会经济的发展，也为青海湖自然保护区旅游业可持续发展提供了保障。然而，青海省的生态赤字从 2000 年的 $0.4655\mathrm{nhm^2/cap}$ 增加到了 2015 年的 $1.5040\mathrm{nhm^2/cap}$，青海省的发展呈现出弱不可持续性，要使青海省发展改变弱不可持续性，就要降低青海省的生态赤字，为此，需要从以下五个方面采取有效的政策措施。

### 一 依靠科学技术，提高经济效益

科学技术水平越高，资源的利用效率就越高，区域生态生产力就越大，从而有效地提高了区域生态承载力，进而增加区域自然资源的生命负荷能力，因此，青海省必须依靠科技来促进经济增长和实现社会、经济、环境的可持续发展。首先，构建青海省科技创新体系。其核心是要构造有利于提高青海省科技创新能力，促进科技与经济紧密结合的体系。其次，加强专业人才队伍建设。重点是加强本地技术骨干队伍的培养，建立一支懂技术、懂管理的人才队伍。再次，提高生态保护、生态建设、生态恢复和环境污染治理的科技含量，着重在清洁生产、生态环境保护、资源综合利用与废弃物资源化利用、生态农业发展方面积极开发新产品，引进和推广应用新技术。最后，改善农业生产条件，提高土地生产率。通过不断加大农业生产科技支持力度、提高农业机械化程度、科学地规划农业发展，用科技改善土质，提高土壤肥力和保持土壤水分，进而促进青海省土地生产力的提高，提高生态承载力，缓减生态赤字。

### 二 加快产业结构调整步伐，实现产业结构优化

产业结构调整是实现产业结构优化的手段和途径。从表 9-2 中可以看出，化石能源用地的不断增加是导致生态足迹上升的主要原因之一。由此表明，第二产业在国民经济中占有绝对优势的同时，也暴露出第一产业的基础薄弱的现实。因此，在第二产业发展的同时，要注重提高第一产业的发展速度，加大第三产业的发展力度，使三次产业的比例协调。具体措施：一是鼓励发展市场前景广阔、产业关联度大、带动性强、经济效益好、技术含量高，能够支撑和带动本行业快速发展的新兴项目；二是充分挖掘传统产业的潜在优势，用高新技术和先进工艺改造传统产业，大力扶持青海省优势产品、优势企业、优势产业的发展；三是严格控制和淘汰技术工艺落后、高耗能、严重污染环境、破坏生态、浪费资源的产业项目。总之，通过重点抓好新兴产业的发展、传统产业的改造和落后生产能力淘汰三个环节，推进青海省产业结构的全面优化升级，减少对不可再生资源的消耗量，降低生态足迹。

### 三　大力发展生态经济和循环经济，建设资源节约型社会

通过发展生态农业，提高土地资源、水资源的利用率，降低化肥、农药施用强度，实现农业的可持续发展。充分利用青海省丰富的生态旅游资源，以发展生态旅游和休闲度假旅游为主导，实现旅游产品结构由单纯的观光型向"度假—观光"复合型转化，提高资源的使用率。另外，通过旅游业的发展还可以增加林业和其他农产品的附加值，降低生态足迹。青海省林业的生态承载力大而生态足迹小，加快发展林业，应优先考虑发展包括水果和林产品的林业，以培育本地优质产品为基础，加快林业基地的建设，提高林业资源的利用效率。在大力发展生态经济的同时，青海省要积极鼓励和支持循环经济的发展，在资源开发、生产消耗、废弃物利用和社会消费等环节通过减量化、再利用、再循环和无害化等措施，建立起以循环经济为核心的经济体系，达到产品清洁生产、资源循环利用、废弃物高效回收的目的，实现"资源—产品—废弃物"线性模式向"资源—产品—废弃物—再生资源"循环模式的转变。从生产方式上提倡循环经济，提高废弃物的回收利用率，减少对自然资源的消耗是降低生态足迹，提高生态承载力和生态盈余最根本的方法。

### 四　保护青海省的自然生态系统，提高自然生态承载能力

耕地、牧草地、林地和水资源都是青海省重要的自然生态系统类型，保护好青海省的耕地、牧草地、林地和水资源，是提高生态承载力的有效途径，为此需要做好以下工作：一是根据青海省不同区域的生态环境、资源特点和生态安全的需要划分出生态区，分区推进生态保护工作。按照各区的主导功能，明确生态环境保护和恢复治理的重点，科学确定不同区域的环境容量和合理分配污染物排放总量控制指标，确保环境污染得到控制，生态环境得到恢复。二是改变土地利用方式，在确保粮食安全的前提下，通过采取调整农业结构布局、灌溉技术和发展节水型农业，提高全民水资源的保护意识，确保水资源的生态安全。三是控制人口数量，减少人口以减少消费以及减少人均消费，从而减少生态系统人口超负荷的现象；加大宣传与教育，全社会树立可持续发展观，倡导可持续消费观念，转变人们的生产和生活消

费方式，建立资源节约型的社会生产和消费体系。四是大力开发太阳能、水电能等清洁能源，既能提供充足的能源，又不会产生环境污染，同时要积极推进全社会节约能源，提高能源的利用效率和经济效益，通过保护自然生态系统，提高青海的自然生态承载力。

**五　将生态赤字作为生活环境指标纳入地方政府的考核**

从 2000 年开始，世界自然基金会每两年发布一次 *Living Planet Report*，在这个报告中，列出了世界上超过 100 万人口的 150 多个国家和地区的生态足迹状况，根据这个生态足迹列出一份"大脚黑名单"，"脚板"越大，说明其对自然资源的占用就越多。建议青海省政府将部门间生态足迹与生态承载力的对比关系作为一种地方生态环境考核指标，作为衡量生态文明建设的指标之一。列出青海省内部各个地区的"大脚"，评估每一个区域对自然资源的消耗水平，自己的"大脚"是否已经踩到别人的地盘。进一步建立生态足迹和生态承载力核算与监督体系，形成系统的核算账户，通过这样的考核，提高地方政府的忧患意识，促进自然资源的合理利用与生态环境保护。

# 第二节　青海湖自然保护区旅游发展与生态环境保护对策

可持续发展旅游是一种对环境负责任的旅游，强调参与主体要树立对自然界的生态责任感。通过观念引导行动，要保护旅游生态环境，降低旅游生态足迹；青海湖自然保护区旅游业可持续发展不能脱离"青海省旅游业"的发展而发展，只有青海省旅游业实现可持续发展，才能为青海湖自然保护区提供良好的发展环境，努力提高旅游企业、社区与旅游者的生态环境意识，充分发挥他们在生态系统管理中的作用。旅游产业采取有效的措施，促进旅游资源与环境的保护。

**一　更新思想观念，使全社会树立新的旅游发展观**

青海省旅游业可持续发展关键在于树立开发与保护并重的观念，保护旅游资源和生态环境不受破坏与污染，使保护与开发利用良性循环。资源保护越完善，开发利用也越有潜力，保护是为了利用，利用有助于更好地保护。

（一）树立可持续发展的资源利用观

对于旅游资源的开发要留有余地，要有长远发展的观念，把那些目前生态品位不高，尚需进一步培育和改善的资源，留待以后进行开发。现在开发这些生态资源会因为科技水平有限，导致不合理的开发利用，等将来随着科学技术的发展，资源利用水平提高了，再来开发这些生态品位较低的旅游资源，使其转化为合理开发的产品。资源的开发利用程度与科技发展水平直接相关，要合理开发生态资源，就要以持续发展的资源利用观来指导，作长远的规划，提高旅游生态承载力。

（二）建立与后代休戚与共的思想观

在生态旅游发展过程中，旅游的开发者和管理者必须明白，当代人的发展不应当危害后代人的发展，当代人对旅游资源的利用也应该以不危害后代人的需求为限。生态旅游资源是全人类共同拥有的财富，当代人应该有为后代人创造财富、管理财富的责任。总之，当代人既要留给后代人一个良好的环境，又应该为后代人积累足够发展的旅游资源财富。旅游开发者与管理者只有具备了这种代际共享和后代休戚与共的思想，才能真正为保证后代人有一个良好的生态环境作出贡献；旅游的开发者与管理者有了这种思想就等于提高了旅游生态承载力。

（三）树立对生态环境新的道德观

生态道德是一种"危机道德"，其思维方式是将人与自然统一起来。人的行为凡是有利于"人类—社会—自然"生态系统进化就是道德的，反之就是不道德的①。在旅游活动中，游客要运用自身独特而优越的理性和道德，自觉地承担起维护生态平衡、保护旅游资源与环境的必要责任；旅游开发者要认识到，旅游资源与旅游环境既有为人类服务的天然义务，又有自身不可剥夺的权利；对旅游经营者来说不

---

① 吴易明、徐月芳：《中国生态旅游业研究》，对外经济贸易大学出版社 2007 年版，第 194 页。

能以单纯追求经济效益为中心，要认识到资源与环境的非经济价值的重要性。良好的生态道德可以使人们在受到规章制度约束的同时，受到更加重要、持久的潜移默化的道德约束力，自觉地考虑自身行为对环境的影响。

（四）倡导可持续旅游消费观

旅游生产和消费模式是影响旅游者生态足迹大小的关键因素，为了减少旅游者的人均生态足迹，应倡导可持续旅游消费观。可持续旅游消费观强调，不论是对旅游资源、旅游环境、旅游设施、旅游服务、公共产品的消费，还是对旅游消费观念、旅游消费模式、旅游消费政策的选择，都必须有强烈的生态环境意识和可持续旅游发展思想。通过可持续旅游消费引导可持续旅游的生产，从生产和消费两个方面节约资源的使用，达到不断降低旅游生态足迹的目的。

二　采取有效措施，促进旅游资源和环境的保护

青海省比较脆弱的旅游生态环境条件特征，决定了青海旅游资源开发和旅游业的发展，必须把旅游资源和生态环境的保护置于优先地位，把可持续发展理念贯穿到旅游业发展的各个层面。

（一）加强产业协调，实现资源优化配置

旅游业可持续发展所追求的是人与自然、人与人、人与社会之间的和谐发展，是一个综合性和系统性很强的产业，它涉及第三产业的很多行业，是一个十分复杂多变的系统，只有妥善地处理旅游业发展的局部与总体、微观与宏观的关系，避免其他资源的不合理开发对旅游资源的破坏，实现资源优化配置，提高旅游生态承载力，才能使青海省经济、社会、生态协调发展。

（二）强化宣传引导，倡导科学文明旅游

增强旅游者生态环境意识，是青海省旅游业实施可持续发展战略的关键。开展生态旅游，必须扩大生态旅游的宣传力度，推行生态教育，增强生态保护意识：① 一是开发管理生态意识，主要指领导者、

---

① 李琼、明庆忠、李庆雷：《基于人—人关系角度的生态旅游健康发展的对策研究》，《云南地理环境研究》2008 年第 3 期。

开发管理者和旅游业经营者的生态意识；二是公众生态意识。公众生态意识是衡量一个国家或地区环境保护水平的重要标志，环境保护和环境可持续发展的根本动力在于环境保护的全民参与，提倡科学文明的旅游行为，最终以降低生态足迹促进旅游业的可持续发展。

（三）保护民族文化，避免地方特色退化

注意挖掘、整理和保护民族文化遗产，保护文化多样性，避免受现代商品经济浪潮的冲击而使富有地方特色的民俗风情、娱乐、节庆活动退化。通过科学合理地开发与利用民俗风情资源为青海旅游可持续发展服务，同时使独具魅力的青海民族文化资源得到更好的保护。

**三　构建符合两型社会要求的"两型旅游"发展模式**

发展"两型旅游"是有效减少旅游生态足迹的重要举措。[①] 两型旅游即旅游业向资源节约型和环境友好型两型社会发展的业态模式，是在相关理念的指导下由传统旅游产业向符合两型社会建设要求转型的新型旅游业发展模式。与传统旅游产业相比，两型旅游产业是符合可持续发展要求的新兴旅游产业。传统旅游产业在资源节约型、环境友好型方面挖掘不足，资源旅游缺乏循环性、空间利用不均衡，开发方式不合理、与环境之间的循环影响关系比较弱，发挥的效应相对较窄，可持续性不强。两型旅游产业能最大限度地挖掘资源节约型、环境友好型的天然属性，推动循环经济体系和绿色消费体系的构建。两型旅游产业既是旅游业本身的可持续发展，同时全面推动所涉及的社会、经济、文化的可持续发展。青海省旅游发展的战略目标是在两型旅游发展理念的指导下，以保护旅游资源为前提，以新颖的旅游产品、完善的配套机制和先进的两型技术为抓手，围绕着旅游发展涉及的政府、社区居民、旅游者、旅游企业、旅游投资者等主要利益相关者，构建多元化的发展目标。

**四　实施生态补偿政策，增强对生态系统保护和建设的长期投入**

青海湖自然保护区目前处于一种不可持续发展状态，旅游生态足

---

① 刘辛田、肖华茂：《论长株潭城市群"两型旅游"发展战略》，《社会科学家》2012年第 5 期。

迹需求大于生态供给，旅游者的活动消耗了当地的自然资源，占用了当地居民的生态需求，对区域的环境与资源利用造成了压力。为此，需要建立合理的旅游生态补偿制度，从而促进旅游业和当地生态系统的可持续发展。由于生态系统管理的长期性和艰巨性，在今后比较长的时期内，不断增加生态系统保护与管理的投入，使生态系统服务能力得到持续提升。具体来说，以生态系统服务为基础，根据生态系统服务收益主体的特点，对于可明确界定受益主体的生态系统服务，按照"谁受益、谁补偿"的原则进行补偿；对于难以界定受益主体的生态服务，青海省政府应该为生态补偿设置充足合理的预算。

**五　重视科技创新，为旅游可持续发展提供科技支撑**

旅游资源低水平的重复开发，盲目建设低品位的人造景观，是影响旅游业可持续发展的重要原因。为此，青海省旅游资源的开发不仅要重视资金的投入，更应突出强调科技与文化的投入，不断提高旅游产业生产、管理科技水平和旅游产品的科技含量，提高旅游的生态承载力。一是重视提高旅游产品的科技含量。发掘和延伸现有旅游产品中的科普、文化内涵，提高旅游产品的档次；有重点地开发一批特色鲜明，集文化科普与娱乐于一体的旅游项目；编辑出版形式新颖、内容丰富、文化品位高的导游词和解说词。二是开展必要的旅游研究与科普工作。针对设计未来青海省旅游业可持续发展和旅游资源可持续利用方面一些重大问题进行超前研究，加强与高等学校之间的合作，帮助解决重大问题，鼓励民间团体或组织参与青海省生态保护和旅游科普活动。三是加强旅游环境保护与治理技术的研制、开发与推广。重点开发与推广有利于旅游生态环境质量的清洁环保技术，景区（点）资源和环境的保护与修复技术，以及重点旅游区旅游资源、生态环境动态监测评估技术等。四是加快旅游产业的信息化建设。抓好信息技术手段的应用与网络的完善，实施旅游管理信息化和网络化，重点抓好旅游统计网络、饭店预定网络、旅行社管理网络、旅游人才信息网络建设。大力开发面向全球的酒店客房预定系统、旅游电子商务系统、旅游散客服务系统等旅游信息系统，推进旅游业的信息化建设。

### 六　加强人才培养，建设高素质旅游专业人才队伍

建设高素质的旅游专业人才队伍，是保障旅游业可持续发展的关键。针对目前青海省旅游人才，特别是生态旅游人才短缺、从业人员素质参差不齐的状况，要充分利用青海省高等院校的人才培训资源，积极培养旅游业发展所需的各类人才。首先，完善专业设置，重点培养中高级人才。生态旅游涉及多个学科的专业知识，包括风景园林、生态学、旅游、城市规划、建筑学、市场营销等。因为生态旅游需要人才，所以教育存在它的市场需求，引导和支持青海省的本科院校和高等职业院校开设旅游可持续发展方面急需的专业知识课程，促进青海省旅游业在育人和用人方面的全面发展，培养新型的中高级专门人才。其次，充实教师队伍，提高师资质量。加强旅游师资队伍建设，形成自我发展的良性循环机制，为青海省培养更多的优秀人才。最后，组建高层次的旅游科研机构，促进旅游科研的发展。要对现有旅游科研机构及专业人才进行梳理，明确专业研究方向，整合现有研究力量，提高研究水平，集中解决旅游可持续发展中的重大问题，为高层的决策提供咨询服务，为青海省培育旅游支柱产业服务。

## 第三节　青海湖自然保护区发展生态旅游业的对策

旅游"大生态"的思想是旅游业发展既要考虑人与环境之间的相互关系和作用，还要考虑人与人之间、环境之间以及人身心与环境之间的关系。青海湖自然保护区既要最大限度地满足旅游者的需要，又不能以损害环境为代价。因此，青海湖自然保护区实现可持续发展，应以"大生态"思想作为生态旅游发展的指导，这种生态旅游应该是大众化的，从而实现产业化和普及化。

### 一　通过功能分区，对青海湖自然保护区生态旅游准确定位

开展生态旅游是保护区向正规化、多元化发展的道路上所必然经历的阶段，同时也是旅游发展的潮流及趋势。对于青海湖自然保护

区，从可供旅游者观赏的旅游目标对象、主要保护对象在旅游开展过程中的受影响程度、自然保护区建设发展方向等角度进行定位。

青海湖自然保护区功能划分的"内圈层"若要开发生态旅游，应定位为"专业型生态旅游"。所谓专业型生态旅游是指旅游者收入水平和受教育程度较高、规模小、消费高、自由支配的时间充足，做专业化的长途旅行，深入自然界体验与学习。"内圈层"开发生态旅游的目的是以开发促保护，以保护来提高生态承载力；开发面对的旅游客源市场为科考人员、完全生态旅游者；开发的宗旨是以保护区内丰富的自然资源作为生态教育的素材，通过多种媒体宣传，培养和引导公众对自然环境的爱心，严格保护生态系统，这就决定了在保护区内不宜进行大规模的基本建设，旅游项目设置及路线选择均应有较强的针对性。

青海湖自然保护区的"中圈层""外圈层"生态旅游开发是普通观光旅游在知识性、参与性方面的扩充，是观光旅游的有机组成部分，适应于广泛游客层面，可定位为大众型生态旅游。大众型生态旅游是指参与者规模较大，旅游产品类型多样，既有大众旅游产品又有生态旅游产品，大众生态旅游的发展可以真正促成社会效益、经济效益和社会效益的综合统一，生态旅游基础设施应尽量完备，旅游项目及旅游线路的设计糅合在游客观光过程中。在"中圈层"开展的大众型生态旅游可以降低旅游者的生态足迹，同时能保护生态承载力，最终能缩减生态赤字，达到青海湖自然保护区旅游业的可持续发展。

从青海湖自然保护区生态旅游的定位可以看出，其生态旅游的市场具有消费和培育双重功能，是一个二元市场，即专业型生态旅游和大众型生态旅游共存的市场。

**二　从生态安全的视角做好自然保护区的生态旅游规划**

产业的发展需要规划引领。因此，旅游业的健康发展离不开旅游规划编制的控制和引导。目前，青海省已经把旅游产业作为实现跨越发展、绿色发展、和谐发展、统筹发展的战略性支柱产业进行培育，并出台了《青海湖自然景区旅游整体规划（2007—2020）》《青海省旅游条例》《青海省旅游业"十三五"规划》，对青海省旅游发展进行了总体设计。

从生态安全视角做好旅游规划，其出发点和最终目的是促进和保持青海湖自然保护区生态环境的可持续发展。主要内容涵盖了如下几个方面：提供人类生活居住的良好环境；合理利用自然保护区内的自然环境资源，提高其经济价值；保护自然生态系统的多样性和完整性。

前面的分析表明，旅游生态足迹可以定量地衡量旅游的生态发展状况，以及旅游发展所造成的经济与环境之间的矛盾，从而提供寻求解决矛盾的切入点和平衡点，促进旅游可持续发展。因此，参考旅游生态足迹进行生态旅游规划需要考虑以下几个方面：在宏观层面，要充分认识规划区域的生态状况，正确把握规划发展目标和方向；在中观层面，要进行旅游规划方案的生态比较，实现规划方案生态结构最优化；在微观层面，要找出生态环境承载力和生态供给能力变化最本质的因素，引导和促进规划补偿措施的研究。生态旅游规划方案确定后，应着重研究如何避免旅游过程中给生态系统所造成的破坏，让生态效益实现最大化，对自然环境的影响或者破坏最小化，对于旅游发展过程中不得已对环境造成的负面影响，要通过侧面补救措施进行一定的生态补偿。

### 三　加强国际交流合作，开展生态旅游认证和等级评价

目前，国际上许多国家和地区都在试行生态旅游等级评价和生态旅游认证。青海省区域旅游发展要有前瞻性，要鼓励旅游行业开展多层面、多形式的国际合作，广泛借鉴国际上旅游业可持续发展与管理的经验和教训，提高旅游产业发展的整体素质和国际市场竞争能力。

在促进生态旅游发展方面，要加强在旅游区规划与管理方面的国际合作。特别是旅游区生态环境保护方面的技术与管理经验，要积极引入学习。如可借鉴澳大利亚的自然和生态旅游认定计划（NEAP），开展生态旅游等级评价和生态旅游认证。

积极实施绿色环球 21 认证工作。绿色环球 21 可持续旅游标准体系，是全球旅游企业与社区达标和认证的一个国际性的可持续发展的标准体系，也是当今世界上唯一的全球性的可持续发展标准，适用于

世界上各个国家与地区的各种类型与规模的旅游企业和景区。通过绿色环球 21 环境认证的旅游企业和景区可使用绿色环球 21 标志，它是世界上绿色旅游和环境友好的象征。青海省旅游行业要积极推行绿色环球 21 标志认证，从标准入手提高旅游产业的国际竞争力。

　　**四　加快旅游生态化建设，减少自然保护区旅游生态足迹**

　　旅游生态化建设是青海湖自然保护区旅游业可持续发展的必然要求，也是降低青海湖自然保护区生态足迹的有效手段。要对旅游服务过程和旅游服务产品等进行全方位的建设，扩展其生态功能，提升生态承载能力，它可以分为生态硬件建设和生态软件建设两大部分（见图 10 - 1）：生态硬件建设主要是指对保护区的基础设施和自然生态环境方面的建设；生态软件建设主要是对旅游文化、旅游形象和旅游管理等方面的建设。生态硬件建设是青海湖自然保护区旅游可持续发展的物质基础和基本保障，生态软件建设是青海湖自然保护区旅游生态化建设的精神内涵和文化支撑，以提升青海湖自然保护区旅游业的综合形象和服务水平，两者相辅相成，不可偏废。

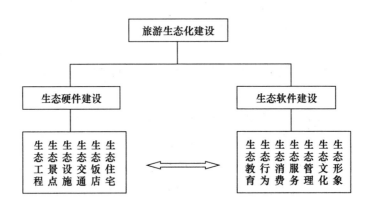

**图 10 - 1　青海湖自然保护区旅游生态化建设的基本内容**

　　**五　不同主体采用不同的生态旅游资源保护方法**

　　对于青海湖自然保护区而言，采用"契合"开发方式，从生态保护与生态开发的角度不断提升生态承载力；从生态旅游与生态管理的角度不断减少生态足迹，最终达到降低生态赤字的目标。因此，在青海湖自然保护区整个旅游业的开发过程中，从自然保护区（青海省青海湖景区保护利用管理局）管理高层到各基层工作人员、从开发者到管理者、从社区居民到旅游者始终都应有强烈的生态保护意识，从而做到在生态保护思想指导下，将开发、管理等各个环节生态化，并将工作落到实处（见表 10 - 1）。

表 10 - 1    不同主体的青海湖自然保护区生态旅游资源保护方法①

| 主体 | 方法 |
|---|---|
| 政府 | 各级政府领导理念的转变（经济效益、社会效益、环境效益并重）<br>政府领导自身素质和觉悟的提高<br>政府主导开展与环保相关的普法教育<br>政府主导、媒体引导宣传旅游资源保护 |
| 旅游企业 | 树立旅游资源保护意识，在经营各环节注重资源的保护<br>企业员工引导游客文明旅游、保护旅游资源 |
| 社区居民 | 旅游资源保护重要性认识的培训<br>增加其自豪感与自信心的培训<br>培育在旅游资源保护方面的少数民族干部<br>针对科学保护旅游资源的现代化技能进行培训 |
| 其他 | 高科技保护<br>针对民族文化资源的保护：建立民族文化博物馆、异地模拟型民族文化村、民族生态博物馆、当地民族文化村、民族文化产业化系列化保护等 |

### 六  通过生态旅游产品开发，提高旅游资源的生态效率

青海湖国际环湖自行车赛的成功举办对青海湖旅游资源开发是个很好的启发：一是全面而深入地认识青海湖旅游资源的特色；二是加强了对外宣传力度。青海湖自然保护区的生态开发，要想使资源优势转变为经济优势，关键的一点就是生态旅游产品的多样化。生态旅游

---

①  赵筱：《基于生态文明新常态下的青海旅游资源多元化保护》，《攀登》（汉文版）2015 年第 3 期。

产品的多样化可以提高旅游资源的利用效率。根据青海湖旅游资源的品级、开发原则、产品组合原理及择优成片开发的理论，青海湖旅游产品可以按照功能分类设计成以下产品系列（见表10－2）。

表 10 – 2　　　　　　按功能分类的青海湖生态旅游产品类型①

| 产品类型 | 主要建设的旅游地 | 主要内容 |
|---|---|---|
| 青海湖生态观光游 | 青海湖帐房宾馆、151基地、月牙湖旅游、金银滩草原、海心山、仙米林场及沙岛旅游景区等 | 乘游艇环湖游；早观日出、晚观夕阳；骑马漫游草原；游访牧户，体验牧人生活，欣赏藏族歌舞，参加篝火晚会；在增量中可以观树景，享受森林浴，参加林中野营；在沙地中进行沙海探险、滑沙等活动 |
| 青海湖休闲度假旅游 | 青海湖帐房宾馆、鸟岛、金银滩草原、仙米林场、月牙湖、沙岛尕海、小北湖及错褡裢景区等 | 在滨湖度假区中，可以乘坐游轮在湖中遨游，在草原上骑马、打高尔夫球；在森林度假区中，享用具有民族风味的美食 |
| 青海湖民族民情生态旅游 | 青海湖帐房宾馆、金银滩草原、沙岛尕海景区等 | 骑马、驯马、赛马、套马、打马鬃、挤马奶、喝马奶酒；射箭、射击比赛；学藏语、藏歌、藏舞，欣赏民族歌舞表演；参与篝火晚会等重大节事活动 |
| 青海湖体育健身观光游 | 青海湖帐房宾馆、151基地、月牙湖旅游、金银滩草原、仙米林场及沙岛旅游景区等 | 观看环青海湖国际公路自行车赛；在沙地中体验响沙、欣赏沙漠草地、沙漠湖泊、沙漠生物；在湖泊中进行帆板比赛；森林中生态漂流等 |
| 青海湖宗教古迹生态游 | 沙陀寺、刚察大寺、佛海寺、白佛寺、哈龙岩画、舍布奇岩画、三角城遗址及原子城等 | 观光、科考古迹遗址、宗教寺庙朝觐等 |
| 青海湖科研教育生态游 | 鸟岛和仙米林场景区等 | 识别珍贵鸟类及植物、探究生物成因及地质成因，了解自然界的奇迹，丰富生态知识 |

① 祁桂芳：《青海旅游资源概况》，旅游教育出版社2014年版，第300—340页。

### 七　加强生态管理，提高自然保护区的生态承载力

自然保护区生态开发能否成功，取决于管理自然保护区的方式是否科学。只有在科学的生态管理下，才有可能有力地保障自然保护区的可持续发展。生态管理就是要用到生态学、经济学、社会学以及旅游科学原理和方法来管理旅游资源、旅游环境、旅游过程以及整个旅游产业生态系统，实现旅游业可持续发展的一个动态监控和调节过程。生态管理需要完成四大基本职能，即计划、协调、监督和指导功能。青海湖自然保护区的生态管理是一个系统工程，它需要对旅游资源进行定期的调查，对旅游环境进行动态的监测，对旅游容量和旅游市场进行系统的调查，在此基础上对旅游各要素实施适时调控与管理，其主要内容包括三个方面（见图 10 - 2）。

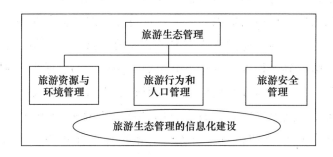

图 10 - 2　青海湖自然保护区旅游生态管理的主要内容

#### （一）旅游资源与环境管理

对青海湖自然保护区旅游生态资源的管理，就是要清楚一切可能损害旅游资源与环境的行为及其可能存在的影响，并协调好旅游发展与资源环境保护之间的关系，处理好政府、旅游企业以及社区居民之间的权利和职责关系。以往，青海湖自然保护区旅游资源环境问题产生的重要原因之一，就是旅游资源的所有权、管理权和使用权不分；此外，青海湖自然保护区长期处于"一湖三管"的管理体制下，即行政区域上的海晏县、刚察县、共和县共同管理，这也使青海湖自然保护区在生态旅游迅猛发展的大环境下却难以发挥其资源的集群优势。

目前，青海省青海湖景区保护利用管理局全面负责青海湖自然保护区的管理工作，管理体制问题得到了有效解决，为青海湖自然保护区创造了一个良好的管理环境。

（二）旅游行为和人口管理

旅游生态系统是一个由人参与的生态经济系统，加强青海湖自然保护区旅游人口管理实际上就是加强对人的行为管理。旅游生态经济系统的人口要素包括旅游者、旅游从业人员和社区居民三种类型。

在行为管理方面，一是对旅游从业人员的行为与素质加以要求与规范。因为旅游从业人员是旅游活动的引导者和组织者，因此，旅游从业人员必须具备一定的生态意识、生态环境知识以及专业技能，树立起良好的生态文明形象和行动榜样。二是对旅游者的管理行为需要加强规范、监督与管理。因为旅游者是旅游活动的主体，其表现行为直接影响到生态环境与资源环境。三是对社区居民的行为管理。因为社区居民的行为与青海湖自然保护区的发展息息相关，他们的行为不仅可直接影响到保护区的生态环境保护、保护区的旅游形象和旅游业的发展，而且其行为和文化也会影响到旅游者的行为与文化。

青海湖自然保护区对旅游人口的管理需要做好两个方面的工作：一是利用各种场合加强对旅游人口的生态环境保护意识的宣传与教育。在保护区可以建设一些具有教育功能的基础设施，如生态环境的科学解说体系、提醒旅游者注意环境卫生的指示牌、方便且与环境相协调的废弃物收集系统等；利用多种媒体等不同手段，使旅游者接受多渠道的环境保护意识教育，包括电脑显示屏、门票、导游图、导游手册上添加的生态知识和注意事项；增加旅游商品中的生态产品，包括天然食品、饮品。二是建立和完善相关的法律法规，并利用法律手段、经济手段和行政手段等，加强对游客、旅游业从业人员和社区居民以及有关部门的行为管理。

在环境生态容量方面，应该测算出一定的空间和时间内，旅游资源的极限日容量是多少，并据此对旅游资源实行动态管理。实施容量调节的方法有主动调节和被动调节两种。被动调节是当游客量猛增的时候，采取临时增加交通工具、临时招聘管理服务人员等措施对游客进行分流。主动调节就是主动引导客流的变化，包括调峰和调谷两个方面。调峰的手段有：提高门票价格、提高住宿费以增加旅游的费用支出；组织游客在景区间游览，配备导游引导观赏等。调谷的手段有：淡季降低票价、提供优惠政策、开办各种文化节等。

（三）旅游安全管理

对青海湖自然保护区而言，旅游安全管理主要包括两个方面：一方面是旅游公共安全管理；另一方面是生态安全管理。目前青海湖自然保护区较为突出的公共安全主要来自于自然灾害、环境卫生、食品卫生等方面；生态安全问题突出表现在开发过程中可能带来的植被破坏、生物多样性破坏以及在旅游过程中的旅游者超载、公共健康等方面。针对旅游公共安全与生态安全管理存在的问题，青海湖自然保护区可以从以下几个方面加强旅游安全管理：

1. 加大公共安全与生态安全的宣传教育力度

公共安全与生态安全需要全民的共同参与与维护。因此，青海湖自然保护区必须大力加强公共安全与生态安全法律与法规的宣传教育，提高旅游业从业人员和旅游者等的安全与健康意识；同时，要加强与公共安全事故有关的防护技术训练。在每一个旅游地段（特别是危险地段）以及每一个旅游项目上（探险项目）都应该标注相应的安全说明或警示，并配备相应的防护措施。在保护区要树立"安全第一，旅游第二"的思想。

2. 建立公共安全与生态安全的监测系统

在青海湖自然保护区建立生物多样性监测、病虫害监测系统、环境质量监测系统、气象气候监测等资源与环境监测系统的基础上，进一步建立火警系统、食品质量监测系统、疫病监测系统、报警系统等人为安全事故的监测系统，特别加强对草原、道路、宾馆、饭店等的安全监测系统的建设。将资源与环境监测系统与安全监测系统结合起来，形成一个完整的公共安全与生态安全监测体系，以便对自然灾害和人为破坏环节进行动态的监测与检测。

3. 建立公共安全与生态安全的预警与应急系统

在获得大量监测数据的基础上，首先对青海湖自然保护区内容易发生的公共安全与生态安全事故进行风险辨别，包括对生态环境灾害或事故的类型、发生原因与形成机制等，在此基础上进行风险评价，包括对公共灾害、事故发生的可能性、频率和严重程度；然后制订相应的减灾方案与配套防护措施。同时还要加强公共安全与生态安全的预警系统与快速应急系统的建设，最终形成青海湖自然保护区安全综合防御体系（见图 10-3）。

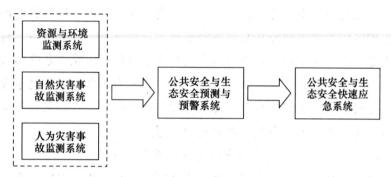

**图 10-3 青海湖自然保护区安全综合防御体系**

4. 旅游信息化管理

青海湖自然保护区应适应信息化、数字化时代发展的要求，基于区域大数据，利用地理信息系统（GIS）、计算机网络技术、图形图像等技术，打造全省数字生态旅游。加强生态旅游管理信息化建设（见图 10-4），一方面有助于管理者利用生态旅游信息资源有效组织

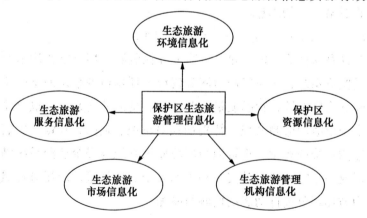

**图 10-4 青海湖自然保护区生态旅游管理信息化内容**

人力、物力和财力，优化生产经营活动；另一方面，生态旅游者能从生态旅游信息中获得众多资讯，受到相应的生态教育，从而作出明智选择，尽到自己的生态责任。

# 第十一章　结论与展望

## 第一节　主要结论

旅游可持续发展是一个十分复杂的研究课题。本书运用了旅游学、生态学、经济学、统计学等理论和方法，以旅游生态足迹模型为切入点，探讨了旅游发展对区域的影响，提出了区域旅游可持续发展的相关战略，并以青海湖自然保护区为例，对旅游者生态足迹进行了实证研究，得出如下主要结论：

### 一　青海省生态足迹需求与生态承载力供给矛盾尖锐

青海省 16 年来人均生态足迹增长了近 1.77 倍，从 2000 年的 0.7016nhm²/cap 增加到 2015 年的 1.2449nhm²/cap，同期，人均生态赤字由 0.4655nhm²/cap 增加到 1.5040nhm²/cap，呈现出明显的不断增长的态势。同时，青海省 2015 年人均生态赤字为人均生态承载力的 5.8 倍，说明青海省的生产与生活等人类活动已经超出了生态承载力供给能力，人与自然的关系紧张。

导致青海省生态赤字不断增加的原因主要包括如下方面：一是人口的增长引起生态足迹的上升；二是消费水平的提高、消费需求与消费结构的变化导致生态需求的增加；三是经济的发展带来的物耗、能耗的增加；四是城市化进程带来的耕地面积的减少。因此，保护与恢复生态环境是青海省社会经济发展中应该特别关注的问题。

### 二　青海省社会经济发展呈现弱不可持续性

在研究的时间期限内，青海省生态足迹超过生态承载力，即青海省的生产与消费对地区生态资源的占用超出了其拥有的生态资源承载能力，进而表现为生态环境压力大。2000 年，青海省的生态赤字为 $2404307.5nhm^2$，为了平衡生态赤字需要 1.97 个青海省的生物生产性土地来提供额外消费的生物资源。评价结果表明，青海省 2015 年社会经济发展呈现出弱不可持续性；若将旅游者生态足迹完全叠加到青海省生态足迹中，按照生态安全系数的标准来判断青海省的可持续性，青海省 16 年的生态安全系数均小于 0.5，说明目前青海省处于弱不可持续状态。因此，降低生态赤字，提高生态安全系数是未来的发展目标。

### 三 青海湖自然保护区旅游业发展的自然环境脆弱

从整个青海省来看，生态承载力相对于生态需求而言，其提高的幅度远远低于生态需求的增加，最终导致青海省整体生态赤字不断增加，青海省社会经济发展处于弱不可持续状况。青海湖自然保护区旅游业的发展是基于青海省社会经济发展的基础之上，由于总体生态承载力水平较低，导致了能够支撑旅游业发展的生态能力弱，支撑旅游资源开发的能力更是有限，因此，旅游业发展的自然环境脆弱。青海湖自然保护区的价值不是体现在能产出多少的物质与精神的产品，更不是能产出多少的 GDP，而是提供多少的生态服务。由于旅游业发展的自然环境脆弱，相对于旺盛的旅游需求市场，青海湖自然保护区的生态保护尤为重要。

### 四 旅游业是一种生态消耗很大的产业选择

2015 年，青海省旅游者人均生态足迹为 $0.0497nhm^2/cap$，青海省居民本底人均生态足迹为 $1.2449nhm^2/cap$；旅游者人均生态足迹是本底人均生态足迹的 3.99%，旅游者人均生态足迹对青海省人均生态赤字的贡献率为 2.16%。旅游是一种对自然资源高需求、高消耗的生活方式。高消费的生活模式是导致旅游者生态足迹增大的主要原因。因此，必须从这种高消费模式转变为一种与环境相协调的、低自然资源和能源消耗、高消费质量的生态文明适度的消费体系，这是一种可持续发展的消费模式。

### 五 旅游活动对自然环境的影响不可忽视

旅游活动是以人为主的活动，是人与自然、文化以及人类生存环境相结合的活动。青海湖自然保护区旅游环境压力指数从 2001 年的 3.14 增加到 2015 年的 4.80。旅游生态环境压力指数的不断增加，表明旅游活动对于环境的影响是难以忽略的，也不是所谓的"无烟产业"，旅游业必须对环境的变化负责任。降低旅游活动对生态环境压力的有效途径有两个：一是减少旅游者生态足迹的新增；二是提高旅游目的地的生态承载力。从生态足迹的角度来说，减小和控制旅游生态足迹的新增是减小旅游业对环境影响的主要途径，然而不能为了减少旅游生态足迹的产生就限制旅游业的发展和旅游活动的开展，因而，旅游者的规模大小，旅游开发的程度就必须以生态环境的承载能力为限制，在技术允许的范围内，提高生态承载力，降低旅游活动对环境的影响程度。

### 六 青海湖自然保护区本身就是重要的生态旅游资源

青海湖自然保护区环境优美、生物资源丰富，本身就是一种重要的生态旅游资源。青海湖自然保护区生态旅游开发是自然保护事业和旅游可持续发展的需要。生态旅游符合青海湖自然保护区的特点，是资源利用的最佳方式，可改变目前消极被动的管理形式，有利于景区环境的维系与优化。开展生态旅游不仅能为保护区增强造血功能，解决自然资源保护与地区经济发展的矛盾，维持自然保护区基础建设与管理工作的正常进行，促进自然保护事业的可持续发展；还能通过社区的参与，提供大量的就业机会，使其真正自觉保护环境，提升系统的生态服务价值；能带动相关产业的发展，促进当地的社会经济发展和人民脱贫致富；能发挥保护区在文化教育、科学考察、卫生保健、环境教育、游览观光方面的功能，也能扩大青海湖自然保护区的社会影响、提高知名度，促进其生态、社会、经济效益相统一；对改变旅游者的消费方式、提高人们环境保护意识，以及自然资源的可持续利用和可持续发展也有促进作用。

# 第二节　研究展望

## 一　本书的不足

本书选择青海湖自然保护区作为研究对象，利用旅游者生态足迹模型分析了2000—2015年的变化状况，进行了小跨度、详细动态的分析研究。但是，整个研究还存在着某些问题或是有待深入探讨和完善之处，大致归纳如下：

（一）数据资料对结果具有一定的影响

旅游者生态足迹模型计量分析应用的基础是准确完备的统计数据资料，同其他课题研究一样，数据获取、处理和运算等方面的问题在本书研究过程中也是存在的。尽管本书前期做了大量的数据收集和整理工作，但某些数据，如青海湖自然保护区旅游要素的数据缺乏；一些生物资源及能源等的生产或消费数据难以获得，统计年鉴中某些数据不够精确等，这些对计算结果都会产生一定的影响。

（二）当量因子和产量因子的确定可能还存在一定误差

当量因子和产量因子对生态足迹计算是至关重要的。但依据目前国内外关于生态足迹研究的做法，为了方便与国内外已有的研究成果进行对比，本书采用了基于中国平均水平的当量因子，产量因子则根据当地的实际情况计算。但是，第五章中"全球公顷"与"国家公顷"的计算结果表明，不同当量因子与产量因子计算得到的结果差异明显，这就造成了本书不可避免的计算误差。同样，这也是目前国内外生态足迹研究中普遍存在的问题，是今后深化研究的方向。

## 二　展望

（一）进一步完善生态足迹和生态承载力的计算方法

现有计算中，能源足迹的承载力均为0。诚然，化石能源是不可再生能源，储量是有限的，应该将其承载力视为0。但可更新的再生能源是有承载力的，如水电、风电、光电等。并不只有林地才能吸收二氧化碳，其他如耕地、草地、水域藻类等均可通过光合作用吸收大量的二氧化碳。海洋是地球上藻类植物最大的光合作用场所。因此，使用化石能源释放的二氧化碳对环境的影响，应考虑地球上绿色植物光合作用净吸收的二氧化碳量减去人类和其他动物生命活动产生的二氧化碳量之后，还能吸收多少化石能源释放的二氧化碳，最后不能吸收的那一部分才是对环境的影响。因此，可更新能源足迹和能源承载力的计算需要完善。

（二）需要强化与其他可持续发展指标的衔接

旅游者生态足迹模型只考虑了旅游者的旅游活动对环境的影响，并未考虑旅游活动与当地社会、文化、经济的冲突，应该将该方法所涉及的指标体系与其他传统指标相结合与衔接，如当地居民心理容量、区域社会经济发展状况等，以全面反映一个地区旅游业可持续发展的现状，为制定相关旅游政策和发展战略提供依据。此外，旅游者生态足迹模型无法测量人们的旅游质量。虽然追求生态足迹的减少对旅游业和当地可持续发展具有重大意义，但同时也需要考虑这种做法是否会影响游客体验，因为旅游的过程也是旅游者追求满意体验的过程。所以，如何在保证游客旅游质量的前提下减少其旅游生态足迹也有待于进一步探究。

（三）建立相对比较全面和准确的数据库

由于数据资源获取困难，本书只从旅游者角度对青海湖自然保护区的旅游者生态足迹进行了计算，并未从旅游要素的角度入手来计算其在青海湖自然保护区发展中对生态的需求量，日后通过收集一个连续时间序列内各个要素的基本资料，计算分析旅游要素生态足迹变化趋势。将旅游者生态足迹与旅游要素生态足迹结合起来，全面预测未来旅游活动对生态系统的需求情况，以便及时做出相应措施，使旅游业更加健康持续地发展。当然，提高旅游业经营者以及游客的环保意识，增强保护环境的自觉性、主动性也是解决旅游业可持续发展问题的当务之急。

（四）加强旅游生态足迹指标与可持续发展政策的有机联系研究

旅游生态足迹研究目前只是一种象征性的指向指标，没有找到与可持续发展政策的有机联系，如何将生态足迹研究的结果转化为可以执行的可持续发展政策，是旅游生态足迹研究深化的必然方向，也是旅游生态足迹研究获得生命力的根本。

（五）旅游生态足迹的市场化运作研究

现有旅游生态足迹分析框架建立的初衷是解决一个可持续性尺度的问题，尽管旅游生态足迹账户方法给出了定量结果，但没有真正解决可持续性尺度问题。从生态经济的角度看，人类发展面对可持续尺度问题、公平分配问题和效益配置三大问题。这三个问题的解决有一定的先后次序，首先是可持续性尺度，然后是公平分配，最后才是效益配置的问题。由于市场不能解决可持续性尺度和公平分配的问题，而且如果可持续性尺度和公平分配问题没有解决的话，市场也不能有效地解决效益配置问题。通常当问题可以在市场上解决的时候，其相关的对策建议也会具有可操作性，具有更多的现实意义。从旅游生态足迹研究现有的状况来看，还没有触及市场层次，因而提供的政策建议大多只能是目前这些具有启发性的意义，缺乏实际操作价值的建议，因此生态足迹的市场化运作研究非常必要。

# 参考文献

［1］［奥地利］陶在朴：《生态包袱与生态足迹：可持续发展的重量及面积观念》，经济科学出版社2003年版。

［2］樊胜岳、王曲元、包海花：《生态经济学》，中国社会科学出版社2010年版。

［3］刘某承：《中国生态足迹的时间动态与空间格局》，化学工业出版社2014年版。

［4］甄翌：《旅游区域可持续发展评价研究——以张家界为例》，湖南人民出版社2010年版。

［5］王大庆、王宏燕：《黑龙江省生态足迹与生态安全分析》，黑龙江人民出版社2009年版。

［6］刘宇辉：《基于生态足迹模型的经济—生态协调度评估》，中国环境科学出版社2009年版。

［7］王治国、樊华、孙保平、朱党生：《基于生态足迹理论的陕北生态环境可持续发展研究》，中国水利水电出版社2011年版。

［8］张忠孝：《青海地理》，青海人民出版社2004年版。

［9］李小雁、李凤霞、马育军等：《青海湖流域湿地修复与生物多样保护》，科学出版社2016年版。

［10］刘同德：《青藏高原区域可持续发展研究》，中国经济出版社2010年版。

［11］刘辛田：《基于动态足迹理论的旅游可持续发展研究》，黄河水利出版社2014年版。

［12］张可云：《生态文明的区域经济协调发展战略》，北京大学出版社2014年版。

［13］明庆忠：《旅游开发影响效应研究》，科学出版社 2007 年版。

［14］安永刚、张合平：《休闲城市旅游业可持续发展》，化学工业出版社 2012 年版。

［15］何桂梅：《旅游环境学》，南开大学出版社 2007 年版。

［16］刘树华：《人类环境生态学》，北京大学出版社 2009 年版。

［17］佟玉权：《环境与生态旅游》，中国环境科学出版社 2009 年版。

［18］李峰：《目的地旅游危机管理——机制、评估与控制》，中国经济出版社 2010 年版。

［19］曹文虎：《青海省实施生态立省战略研究》，青海人民出版社 2009 年版。

［20］祁桂芳、华智海：《青海旅游资源概况》，旅游教育出版社 2014 年版。

［21］明庆忠、李庆雷：《旅游循环经济发展研究》，人民出版社 2007 年版。

［22］汪晓梅：《基于生态经济理论的我国生态旅游业发展问题研究》，旅游教育出版社 2011 年版。

［23］唐小平、黄桂林、徐明：《青海省生态系统服务价值评估研究》，中国林业出版社 2016 年版。

［24］张帆：《旅游功能区产业发展研究》，中国旅游出版社 2012 年版。

［25］吴必虎：《区域旅游规划原理》，中国旅游出版社 2001 年版。

［26］顾晓薇、王青：《可持续发展的环境压力指标及其应用》，冶金工业出版社 2005 年版。

［27］王书华：《区域生态经济——理论、方法与实践》，中国发展出版社 2008 年版。

［28］Odum H. T.，Oudm E. C.：《繁荣地走向衰退——人类在能源危机笼罩下的行为选择》，严茂超、毛志峰译，中信出版社 2002 年版。

［29］钟林生、赵士洞、向宝惠：《生态旅游规划原理与方法》，化学工业出版社 2003 年版。

［30］姜若愚：《旅游景区服务与管理》，东北财经大学出版社 2008 年版。

［31］刘建兴：《中国生态足迹的时间序列与地理分布》，硕士学位论文，东北大学，2004 年。

［32］刘钦普：《基于生态足迹改进模型的江苏省耕地利用可持续性研究》，博士学位论文，南京师范大学，2007 年。

［33］王金荣：《基于 GIS、生态足迹模型的内蒙古生态安全评价研究》，硕士学位论文，内蒙古师范大学，2008 年。

［34］刘浩：《基于生态足迹模型的广州市生态可持续发展定量分析评价与预测研究》，硕士学位论文，华南师范大学，2007 年。

［35］陈成忠：《生态足迹模型的多尺度分析及其预测研究》，博士学位论文，南京师范大学，2008 年。

［36］杨絮飞：《生态旅游的理论与实证研究》，博士学位论文，东北师范大学，2004 年。

［37］孟繁斌：《基于生态足迹分析方法的旅游可持续发展研究——以武夷山为例》，硕士学位论文，华侨大学，2006 年。

［38］徐娥：《盐城海滨湿地旅游生态足迹分析与生态旅游可持续发展研究》，硕士学位论文，南京师范大学，2006 年。

［39］宋红娟：《亚布力滑雪旅游度假区旅游生态足迹分析与研究》，硕士学位论文，东北林业大学，2007 年。

［40］韦达：《旅游者生态足迹比较分析——以桂林市 2005 年不同客源地团队旅游者为例》，硕士学位论文，广西师范大学，2007 年。

［41］罗佳：《九江市旅游生态足迹分析与研究》，硕士学位论文，华中师范大学，2008 年。

［42］王航：《森林公园型自然保护区生态功能与价值分析》，博士学位论文，吉林大学，2008 年。

［43］薛瑞芳：《基于生态足迹理论的天目山旅游生态可持续发展研究》，硕士学位论文，陕西师范大学，2009 年。

［44］张约翰：《西宁市旅游业生态足迹与可持续发展研究》，硕士学

位论文，青海师范大学，2009 年。

[45] 肖雄：《基于生态足迹模型的旅游环境承载力研究——以长阳清江风景名胜区为例》，硕士学位论文，华中师范大学，2011 年。

[46] 王忠成：《基于旅游生态足迹模型的海岛旅游可持续发展研究》，硕士学位论文，青岛大学，2010 年。

[47] 李杨：《长白山自然保护区旅游产业可持续发展研究》，博士学位论文，吉林大学，2012 年。

[48] 孙兴湄：《基于生态足迹理论的山地旅游空间结构优化研究——以浙江德清县为例》，硕士学位论文，成都理工大学，2013 年。

[49] 张志强、徐中民、程国栋：《生态足迹的概念及计算模型》，《生态经济》2000 年第 10 期。

[50] 徐中民、程国栋、张志强：《生态足迹方法的理论解析》，《中国人口·资源与环境》2006 年第 6 期。

[51] 徐中民、陈东景、张志强等：《中国 1999 年的生态足迹分析》，《土壤学报》2002 年第 3 期。

[52] 徐中民、张志强：《甘肃省 1998 年生态足迹计算与分析》，《地理学报》2000 年第 5 期。

[53] 徐中民、程国栋：《生态足迹方法：可持续定量研究的新方法——以张掖地区 1995 年的生态足迹计算为例》，《生态学报》2002 年第 9 期。

[54] 张志强、徐中民、程国栋：《中国西部 12 省（区市）的生态足迹》，《地理学报》2002 年第 5 期。

[55] 章锦河、张婕：《国外生态足迹模型修正与前沿研究进展》，《资源科学》2006 年第 8 期。

[56] 尹璇、倪晋仁、毛小苓：《生态足迹研究评述》，《中国人口·资源与环境》2004 年第 5 期。

[57] 陈冬冬、高旺盛、陈源泉：《生态足迹分析方法研究进展》，《应用生态学报》2006 年第 10 期。

[58] 杨开忠、杨咏、陈洁：《生态足迹分析理论与方法》，《地球科学进展》2000 年第 6 期。

［59］刘宇辉、彭希哲：《中国历年生态足迹计算与发展可持续性评估》，《生态学报》2004 年第 10 期。

［60］蒋依依、王仰麟、卜心国：《国内外生态足迹模型应用的回顾与发展》，《地理科学进展》2005 年第 2 期。

［61］龙爱华、张志强、苏志勇：《生态足迹评介及国际研究前沿》，《地球科学进展》2004 年第 6 期。

［62］刘钦普、曹建军：《生态足迹分析方法研究回顾和展望》，《南京晓庄学院学报》2007 年第 6 期。

［63］王书华、毛汉英、王忠静：《生态足迹研究的国内外进展》，《自然资源学报》2002 年第 6 期。

［64］刘希：《国内生态足迹研究范围的相关文献综述》，《福建建筑》2012 年第 7 期。

［65］吴文彬：《生态足迹研究文献综述》，《合作经济与科技》2014 年第 1 期。

［66］陈鹏、张立峰等：《国内生态足迹研究综述》，《安徽农业科学》2015 年第 9 期。

［67］周涛、王云鹏、龚健周等：《生态足迹的模型修正与方法改进》，《生态学报》2015 年第 7 期。

［68］普连仙、吴学灿：《生态足迹模型的缺陷及改进研究进展》，《环境科学导刊》2010 年第 2 期。

［69］王建军、张承亮：《基于 TFP 的生态足迹模型研究》，《生态经济》（学术版）2013 年第 1 期。

［70］余建国、张宏武：《生态足迹的修正研究前沿与动态》，《安徽农业科学》2009 年第 8 期。

［71］李剑泉、田康、陈绍志：《国际贸易生态足迹评估方法研究进展》，《世界农业》2016 年第 5 期。

［72］尹科、王如松、姚亮等：《生态足迹核算方法及其应用研究进展》，《生态环境学报》2012 年第 3 期。

［73］向书坚、柴士改：《生态足迹若干不足、修正与完善以及应用拓展》，《资源科学》2013 年第 5 期。

[74] 杨桂华、李鹏：《旅游生态足迹的理论意义探讨》，《旅游学刊》2007 年第 2 期。

[75] 杨桂华、李鹏：《旅游生态足迹：测度旅游可持续发展的新方法》，《生态学报》2005 年第 6 期。

[76] 周国忠：《旅游生态足迹研究进展》，《生态经济》2007 年第 2 期。

[77] 刘蕻：《我国旅游生态足迹研究进展》，《河南商业高等专科学校学报》2014 年第 2 期。

[78] 户朝雪、秦安臣：《国内旅游生态足迹研究进展》，《河北林果研究》2014 年第 2 期。

[79] 黄继华：《生态足迹理论在旅游研究中的应用与评述》，《广东农工商职业技术学院学报》2009 年第 3 期。

[80] 唐承财、钟林生、成升魁：《旅游地可持续发展研究综述》，《地理科学进展》2013 年第 6 期。

[81] 宋红娟：《旅游生态足迹模型的改进》，《生态经济》（学术版）2010 年第 10 期。

[82] 刘德威、徐树辉：《生态足迹：测度可持续性的指标框架》，《湖南师范大学社会科学学报》2001 年第 2 期。

[83] 章锦河、张婕、梁琳等：《九寨沟旅游生态足迹与生态补偿分析》，《自然资源学报》2005 年第 5 期。

[84] 席建超、葛全胜等：《旅游消费生态占用初探——以北京市海外入境旅游者为例》，《自然资源学报》2004 年第 2 期。

[85] 李华：《保护区旅游潜力评价体系初探——生态足迹理论的应用》，《绿色中国》2004 年第 14 期。

[86] 罗艳菊、吴章文：《鼎湖山自然保护区旅游者生态足迹分析》，《浙江林学院学报》2005 年第 3 期。

[87] 王辉、林建国：《旅游者生态足迹模型对旅游环境承载力的计算》，《大连海事大学学报》2005 年第 3 期。

[88] 刘年丰、姚瑞珍、刘锐等：《基于 EFA 的旅游景区生态承载力及可持续发展》，《环境科学与技术》2005 年第 5 期。

[89] 符国基:《海南省外来旅游者生态足迹测评》,《资源科学》 2006 年第 5 期。

[90] 程春旺、沙润、周年兴:《基于生态足迹理论的旅游地生态环 境监测指标的构建》,《安徽农业科学》2006 年第 6 期。

[91] 曹新向:《基于生态足迹分析的旅游地生态安全评价研究》, 《中国人口·资源与环境》2006 年第 2 期。

[92] 鲁丰先、秦耀辰、徐两省等:《旅游生态足迹初探——以嵩山景 区 2005 年"五一"黄金周为例》,《人文地理》2006 年第 5 期。

[93] 贾宁、金玲:《基于生态足迹模型的甘肃省旅游环境承载力研 究》,《干旱区地理》2009 年第 1 期。

[94] 谢高地、鲁春霞、成升魁等:《中国的生态空间占用研究》, 《资源科学》2001 年第 6 期。

[95] 刘宇辉:《中国 1961—2001 年人地协调度演变分析——基于生 态足迹模型的研究》,《经济地理》2005 年第 2 期。

[96] 刘建兴、王青、孙鹏等:《中国 1990—2004 年生态足迹动态变 化效应的分解分析》,《自然资源学报》2008 年第 1 期。

[97] 陈敏、张丽君、王如松等:《1978—2003 年中国生态足迹动态 分析》,《资源科学》2005 年第 6 期。

[98] 陈丽萍、杨忠直:《中国生态赤字核算与分析》,《北京理工大 学学报》(社会科学版) 2006 年第 4 期。

[99] 陈成忠、王晖:《基于生态足迹模型的中国生态可持续性动态 分析》,《安徽农业科学》2009 年第 10 期。

[100] 史丹、王俊:《基于生态足迹的中国生态压力与生态效率测度 与评价》,《中国工业经济》2016 年第 5 期。

[101] 陈东景、徐中民、程国栋:《中国西北地区的生态足迹》,《冰 川冻土》2001 年第 2 期。

[102] 赵新宇:《东北地区生态足迹评价研究》,《吉林大学社会科学 学报》2009 年第 2 期。

[103] 李政海、王海梅、高吉喜:《珠江三角洲地区生态足迹》,《内

蒙古大学学报》（自然科学版）2006 年第 5 期。

[104] 梁波：《基于生态足迹模型的中部地区可持续发展评价分析》，硕士学位论文，合肥工业大学，2013 年。

[105] 张青、任志远：《中国西部地区生态承载力与生态安全空间差异分析》，《水土保持通报》2013 年第 2 期。

[106] 汪凌志：《自然资本视角下贸易开放的环境效应——基于长江经济带的生态足迹分析》，《贵州财经大学学报》2015 年第 6 期。

[107] 徐中民、张志强、程国栋：《甘肃省 1998 年生态足迹计算与分析》，《地理学报》2000 年第 5 期。

[108] 邓砾：《四川省生态足迹的计算与动态分析》，硕士学位论文，西南交通大学，2003 年。

[109] 高长波、张世喜、莫创荣：《广东省生态可持续发展定量研究：生态足迹时间维动态分析》，《生态环境》2005 年第 1 期。

[110] 刘孝宝、高吉喜、何萍等：《西藏生态足迹研究》，《山地学报》2003 年第 S1 期。

[111] 李永奎：《浙江省生态足迹时序性研究及思考》，《环境保护与循环经济》2010 年第 7 期。

[112] 肖思思、余颖斐等：《生态赤字影响因素的定量分析及其动态预测研究》，《水土保持通报》2012 年第 6 期。

[113] 张红霞、苏勒、章锦河：《1990—1999 年安徽省生态足迹的动态测度》，《生态学杂志》2006 年第 1 期。

[114] 马莉娅、吴斌、张宇清：《基于生态足迹的宁夏盐池县生态安全评价》，《干旱区资源与环境》2011 年第 5 期。

[115] 闵庆文、余卫东、成升魁等：《仙居县城乡居民消费差异的生态足迹分析》，《城市环境与城市生态》2003 年第 4 期。

[116] 蒲鹏、傅瓦利：《基于生态足迹法的开县土地承载力》，《西南师范大学学报》（自然科学版）2011 年第 2 期。

[117] 焦雯珺、闵庆文、成升魁等：《基于生态足迹的传统农业地区可持续发展评价——以贵州省从江县为例》，《中国生态农业

学报》2009 年第 2 期。

[118] 李晖、范宇、李志英等：《基于生态足迹的香格里拉县生态安全趋势》，《长江流域资源与环境》2011 年第 S1 期。

[119] 杨平：《长岭县生态足迹分析与生态安全初步研究》，硕士学位论文，吉林大学，2007 年。

[120] 周丽萍：《1990—2010 年高台县生态足迹和生态承载力动态研究》，硕士学位论文，甘肃农业大学，2012 年。

[121] 汪霞、张洋洋、怡欣等：《基于生态足迹模型的舟曲县生态承载力空间差异》，《兰州大学学报》（自然科学版）2014 年第 5 期。

[122] 陈克龙、李峰等：《青海省可持续发展的定量分析》，《攀登》2004 年第 5 期。

[123] 梁勇、成申魁：《生态足迹方法及其在城市交通环境影响评价中的应用》，《武汉理工大学学报》（交通科学与工程版）2004 年第 6 期。

[124] 王青、顾晓薇、刘敬智等：《中国铁矿资源开发中的生态包袱》，《资源科学》2005 年第 1 期。

[125] 宋巍巍、刘年丰：《基于综合生态足迹的项目生态环境影响分析分析研究》，《华中科技大学学报》（城市科学版）2005 年第 1 期。

[126] 强文丽、刘爱民、成升魁：《中国大豆供给的生态足迹分析》，《生态经济》2013 年第 4 期。

[127] 陈冬冬、刘伟、钱骏：《中国水资源生态足迹与生态承载力时空分析》，《成都信息工程学院学报》2014 年第 2 期。

[128] 张军、夏训峰等：《小麦燃料乙醇循环产业生态足迹分析》，《环境科学研究》2010 年第 2 期。

[129] 姚猛、韦保仁：《我国轿车产业的生态足迹分析》，《汽车工程》2009 年第 3 期。

[130] 赖力、黄贤金：《全国土地利用总体规划目标的生态足迹评价研究》，《农业工程学报》2005 年第 2 期。

［131］韦良焕、赵先贵、高利峰：《基于生态足迹的青海省生态安全初步研究》，《水土保持通报》2007 年第 1 期。

［132］孙发平、李军海、刘成：《青海湖生态足迹评价及可持续发展的启示》，《青海社会科学》2008 年第 1 期。

［133］孙凌宇：《基于生态足迹模型的青海生态可持续状态评估》，《青海社会科学》2009 年第 2 期。

［134］李成英、陈怀录：《基于能值生态足迹的青海省耕地可持续发展研究》，《青海师范大学学报》（哲学社会科学版）2010 年第 3 期。

［135］赵莺燕：《基于 TEF 模型的青海省旅游业可持续发展评价》，《青海民族研究》2010 年第 1 期。

［136］张承亮、祁永寿、王建军：《青海省生态足迹演变规律》，《青海民族大学学报》（教育科学版）2011 年第 5 期。

［137］丁生喜：《环青海湖区域生态足迹的动态测度与分析》，《生态经济》2011 年第 1 期。

［138］赵治中：《青海藏区生态经济可持续发展评价》，《生产力研究》2011 年第 10 期。

［139］刘峻：《基于生态足迹理论的青海适度人口研究》，《青海社会科学》2013 年第 5 期。

［140］张玉珍、肖景义、赵霞等：《基于生态足迹的青海省海北州旅游业可持续发展测度》，《青海环境》2014 年第 3 期。

［141］尹万娟、李小雁、崔步礼等：《青海湖流域气候变化及其对湖水位的影响》，《干旱气象》2010 年第 4 期。

［142］杨占武、陈武生：《旅游干扰对青海湖景区沙化草地生物多样性的影响研究》，《青海农林科技》2012 年第 1 期。

［143］张剑勇：《基于低碳经济视角下青海湖景区的建设》，《青海师范大学学报》（哲学社会科学版）2011 年第 4 期。

［144］张帅、何梅青：《青海旅游景区核心利益相关者协调发展评价研究——以青海湖旅游景区为例》，《西南师范大学学报》（自然科学版）2016 年第 12 期。

［145］才让、刘峰贵、黄云玛等：《青海湖旅游自然环境对旅游安全的影响》，《干旱区资源与环境》2014 年第 5 期。

［146］陈敏、张海峰：《青海旅游景点（区）的时间可达性分析》，《云南地理环境研究》2013 年第 2 期。

［147］段兆雯、王兴中：《青海湖风景名胜区旅游可持续发展研究》，《西北大学学报》（自然科学版）2012 年第 2 期。

［148］张小红：《青海湖景区旅游资源开发对策研究》，《中国经贸导刊》2012 年第 17 期。

［149］陈慧慧：《青海湖旅游开发与环湖社区参与式发展研究》，硕士学位论文，青海民族大学，2015 年。

［150］王辉：《基于生态足迹的青海湖景区可持续性发展研究》，硕士学位论文，北京交通大学，2011 年。

［151］Mathis Wackernagel, Chad Monfrcad, et al. , "Ecological Footprint Time Series of Austria, The Philippines, and South Korea for 1961 – 1999: Comparing the Conventiongal Approach to an 'Actual Land Area' Aproach", *Land Use Policy*, Vol. 20, No. 3, 2004, pp. 261 – 269.

［152］Wackernagel M. , Onisdto L. , Bello P. , et al. , "National Natural Capital Accounting with the Ecological Footprint Concept", *Ecological Economics*, No. 29, 1999, pp. 375 – 390.

［153］Rees W. E. , "Ecological footprint and appropriated carrying capacity: What urban economicaleaves out", *Enviroment and Urbanization*, Vol. 4. No. 2, 1992, pp. 121 – 130.

［154］Wackernagel M. , Schulz N. B. , Deuming D. , et al. , "Tracking the ecological overshoot of the Human economy", Proc Natl Acad Scim, Washington, D. C. , Vol. 99, No. 12. 2002 .

［155］Vuuren D. P. van, Smeets E. M. W. , "Ecological footprints of Benin, Costa Rica and the Nether – lands", *Ecological Economics*, Vol. 34, 2000, pp. 115 – 130.

［156］Garry W. , Mc Donald and Murray G Patterson, "Ecological Footprints and interdepandencias of New Zealand regions", *Ecological Economics*, Vol. 50, No. 1, 2004, pp. 49 – 67.

[157] Alan Fricker, "The Ecological Footprint of New Zealand As a Step Towards Sustainability", *Ecological Economics*, Vol. 30, No. 6, 1998, pp. 559 – 567.

[158] Bicknell K. , Ball R. , Cullen R. , et al. , "New Methodolgy for the Ecological Footprints Associated with Production Activity", *Ecological Economics*, Vol. 27, No. 2, 1998, pp. 149 – 160.

[159] Rees W. E. , Wackernagel M. , "Urban ecological footprint: Why cities cannot be sustainable and why they are a key to sustainability", *Environmental Impact Assessment Review*, Vol. 16, No. 4, 1996, pp. 224 – 248.

[160] Wackernagel M. , Rees W. E. , "Perceptual and Structural Barriers to Investing in Natural Capital: Economics from an Ecological Footprint Perspective", *Ecological Economics*, Vol. 20, 1997, pp. 3 – 34.

[161] McCool S. , "Planning for Sustainable Nature Depend Tourism Development: The limits of Acceptable Changes System", *Ourism Recreation Research*, Vol. 19, No. 2, 1994, pp. 51 – 55.

[162] Colin Hunter, "Sustainable Tourism and the Touristic Ecological Footprint Enviornment", *Development and Sustainability*, No. 4, 2002, pp. 7 – 20.

[163] Barrett, John. Scott, Anthony, "The Ecoloical Footprint: A Metric for Corporate Sustainabi – Lity", *Corporate Environmental Strategy*, No. 4, 2001, pp. 316 – 325.

[164] P. W. Cerbens – Leenes, S. Nonhebel, "Consumption Patterns and Their Effects on Land Requiredfor Food", *Ecological Economics*, No. 4, 2002, pp. 185 – 199.

[165] Cole V. , Sinclair A. J. , "Measuring the Ecological Footprint of a Himalayan Tourist Center", *Mountain Research and Development*,

Vol. 22, No2, 2002, pp. 132 – 141.

[166] Bicknell K. K. , "New Methodology For the Ecological Footprint with an Application to the New Zealand Ecolomy", *Ecological Economics*, Vol. 27, 1998, pp. 149 – 160.

[167] Ayres R. U. , "Commentary on the Utility of the Ecological Footprint Concept", *Ecological Economics*, Vol. 32, 2000, pp. 347 – 347.

[168] Eva Roth, Harald Rosenthal, Peter Burbridge, "A Discussion of the Use of the Sustainability Indes: 'Ecological Footprint' for Aquaculture Proudction", *Aquat Living Resour*, No. 21, 2004, pp. 461 – 469.

[169] Haber L. H. , Erb K. H. , Krausmann F. , "How to Calculate and Interpret Ecological Footprint for Long Periods of Time, The Case of Austria 1926 – 1995", *Ecological Economics*, Vol. 28, No. 1, 2001, pp. 25 – 45.

[170] Nathan Fiala, "Measuring Sustainability: Why the Ecological Footprint is Bad Economics and Bad Environmental Science", *Ecological Economics*, Vol. 67, 2008, pp. 519 – 525.

[171] Best Foot Forward Ltd: 《Environment Report》 (http//www. besfootforward. com/env01).

[172] WWF, et al. Living planet Report 2000, 2002, 2004, 2006, 2008. http//www. panda. org/downloads/general/LPR. 2000 (2002, 2004, 2006, 2008). pdf.

[173] 发展再定义机构网 (http: //www. rprogress. org/)。

[174] 个人生态足迹测度网 (http//www. myfootprint. org)。

[175] 中国旅游网 (http: //www. cnta. com/)。

[176] 青海旅游政务网 (http: //www. qhly. gov. cn/)。

[177] 青海省青海湖景区保护利用管理局 (http: //www. qhh. gov. cn/)。